顾问 靳诺 刘伟

中国大学生创业报告

2019 REPORT ON COLLEGE STUDENTS ENTREPRENEURSHIP
EDUCATION AND PRACTICE IN CHINA

主编 杜 鹏 毛基业

执行主编 田传锋 白连永 窦志成 石明明

中国人民大学出版社
· 北京 ·

《中国大学生创业报告 2019》编委会

目 录 ▶

主报告　2019年中国青年人工智能创新创业研究报告

在新理论、新技术以及经济社会发展强烈需求的共同驱动下，人工智能的发展进入了新阶段。新一代人工智能相关学科发展引发链式突破，推动经济社会各领域从数字化、网络化向智能化加速跃升。

人工智能的飞速发展对我国的医疗、就业、教育等多个领域也产生了重大影响，并且有力地促进了我国经济结构转型、产业升级。国家对于发展人工智能高度重视，特别部署了智能制造等国家重点研发计划重点专项，印发实施了《"互联网＋"人工智能三年行动实施方案》，从科技研发、应用推广和产业发展等方面提出了一系列措施。为进一步提高我国整体科技水平和综合国力，发展人工智能已经成为国家重要战略的一部分。

如今青年人才正逐渐成为人工智能创新创业领域与教育科研领域的中坚力量，这一群体值得我们重视和研究。在构建开放协同的人工智能科技创新体系、人工智能技术属性和社会属性高度融合的过程之中，有高度的创新创业热情、坚实的学识和科学教育基础的高素质青年人才不可或缺。智能青年坚持人工智能研发攻关、产品应用和产业培育"三位一体"，以他们的力量推进人工智能成为我国的总体发展格局和"年轻化经济力量"格局中的重要引擎。

通过本报告对我国人工智能创新创业发展环境，青年人工智能及相关领域创新创业实践、创业案例等方面的研究，我们能够更深入地了解国内外人工智能的发展程度和相关政策，了解当下青年人才人工智能创新创业的现状、特点与模式，并在此基础上找到可行的解决措施，改善创新创业环境，推动人工智能创新创业进一步发展。

绪　论

　　21 世纪以来，随着数据爆炸式增长、机器学习算法进步、计算处理能力提升以及产业投资力度加大[①]，人工智能相关理论构建、科技研发、产业规划等正步入快速发展的新阶段[②]。新一代人工智能构筑起现代社会发展的新优势和新动能，不仅推动了仿生学、信息科学、伦理学等相关学科的发展，还对我国教育、医疗、金融等多个产业领域产生了重要影响，促进了中国经济产业从数字化、网络化向智能化跃升[③]。

　　人才是推动科学技术进步的重要驱动力。同样，人工智能技术的突破及相关产品应用的落地需要大量高科技人才和专家。然而，在人工智能领域，中国技术专家和科研人员处于相对短缺状态，同时人才缺口预计在未来将不断扩大。为了培养更多专业人才，我国自 2015 年相继部署了智能制造等国家重点研发战略，教育部在 2018 年印发了《高等学校人工智能创新行动计划》，旨在为人工智能发展不断输送专业人才。如今，青年人才已经逐渐成为人工智能创新创业的中坚力量，对于提升我国国际竞争力和话语权具有重要的战略价值。基于此，本报告旨在了解目前我国青年人工智能创业的发展现状，剖析其在创业过程中存在的各种问题，基于研究结论提出对策建议，以改善人工智能领域中国青年人才的创新创业现状，推动中国人工智能技术与产业可持续发展。

　　本报告重点关注中国青年在人工智能创新创业领域的重要作用，其研究目的及意义如下：第一，厘清青年人工智能创新创业的发展环境、基本模式与关键特征，阐述其在我国新兴发展战略中的重要意义，加深读者的认知和理解；第二，利用问卷调查与统计分析探究中国目前青年人工智能创新创业的发展现状及特点，提炼总结我国青年人工智能创新创业的基本情况，为人工智能与青年创新创业领域的相关研究提供新的思考方向和探索主题；第三，根据对人工智能企业管理层人士的深度访谈，在已有研究结论的基础上结合人工智能相关院校和科研机构专家学者的意见，针对未来人工智能教育、创业、政策发展等方面提出对策建议，为政府、高等院校和科研院所促进人工智能创新发展提供参考借鉴。

[①] 腾讯研究院，中国信通院互联网法律研究中心. 国家人工智能战略行动抓手 [M]. 北京：中国人民大学出版社，2017.

[②] 国务院关于印发新一代人工智能发展规划的通知 [EB/OL]. (2017-07-20) [2019-02-15]. http://www.gov.cn/zhengce/content/2017-07/20/content_5211996.htm.

[③] 刘坤. 如何迎接人工智能热潮 [N]. 光明日报，2017-10-31 (14).

青年人工智能创新创业这一主题内涵融合了教育学、行政学、计算机学、信息科学等多个学科领域，本报告采用文献研究、调研访谈、内容分析、问卷调查等多种方法，通过定性与定量相结合、理论与案例相结合、数据科学与政策科学相结合等方式，系统地阐述和剖析了中国青年人工智能创新创业的发展环境、重要特征、基本模式，既有针对性，也保证了科学性和严谨性。其主要研究内容包括三个部分：第一部分，介绍人工智能的发展历程，剖析我国人工智能发展的环境；第二部分，基于青年人工智能创新创业调查，了解大学生这一典型青年人才群体在人工智能领域创业的现状、特征及基本模式；第三部分，基于研究结论，结合国情提出促进青年投入人工智能创新创业、改善创新创业环境的对策建议。

一、中国人工智能创新创业发展环境分析

中国人工智能的高速发展，与经济社会各方面的革新息息相关，与人工智能所处宏观环境休戚与共。本节首先回顾了人工智能发展的沿革和历程，然后对我国人工智能创新创业发展的战略与政策环境、科研与教育环境、产业与应用环境等三方面的发展环境进行了分析，梳理了各方面环境的特点与特征。

（一）人工智能的发展沿革

总体而言，人工智能学科的发展，经历了"启蒙""低潮""复兴""遇冷"的风雨历程。1956年起数十年来，多次崭新的技术突破被实现时世人欢欣鼓舞，人工智能"置之死地而后生"的"涅槃"将被后辈铭记。

"人工智能"一词，最早于1956年在达特茅斯学院举办的一次会议上，由计算机专家约翰·麦卡锡提出，而此次会议也成了人工智能"从无到有"和"从框架到具体"的里程碑式的存在。1956年以来，人工智能研究几起几落，现在热议的人工智能处于第三次繁荣期。

人工智能经历了多次重大的科学技术突破。如图0-1所示，第一次繁荣期是从1956年到1976年，目的是利用机器证明的办法去证明和推理一些知识。第二次繁荣期是从1982年到1987年，核心关键词是连接主义。同时，神经网络逐渐在字符识别等诸多模式识别领域开始应用并发挥作用，但受限于数据量和大规模数据处理的能力，1987年之后人工智能逐渐进入了低谷期。研究普遍认为人工智能的第三次繁荣期是从2010年至今。Geoffrey E. Hinton, Simon Osindero 与 Yee-Whye Teh 共同撰写的 *A Fast Learning Algorithm for Deep Belief Nets* 是这一时期的代

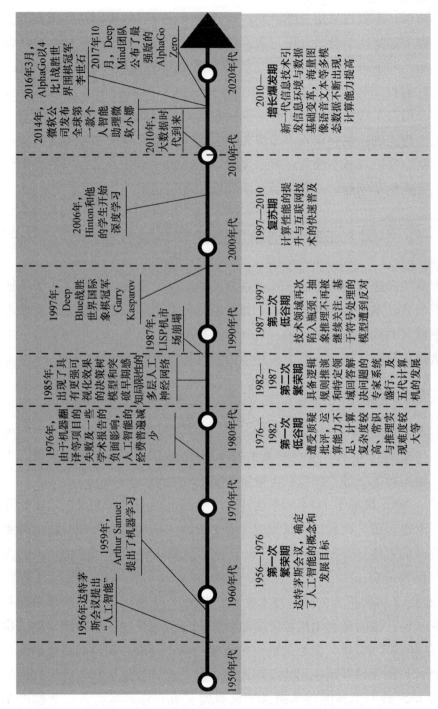

图 0-1 人工智能的重大科研突破

资料来源：中国电子技术标准化研究院. 人工智能标准化白皮书（2018版） [EB/OL]. （2018-01-24）[2018-12-15] http://www.cesi.cn/201801/3545.html.

表，标志着神经网络逐步走向深层①。

人工智能的第三次浪潮如同一场范式革命，迅速渗透进了各个研究领域以及各个行业，人工智能飞速与日常生活、企业创新、社会治理融合，基于人工智能的创新创业活动也如雨后春笋般勃然而兴。

（二）人工智能发展的战略与政策环境分析

首先，世界主要国家纷纷重视布局人工智能产业。随着人工智能第三次繁荣期的到来，截至2019年年底，全世界共有12个国家或地区业已发布人工智能国家战略计划。图0-2列示了部分国家的情况，直观地说明，美国正推行一系列的旨在

德国：发布《联邦政府人工智能战略要点》，计划到2025年投入30亿欧元，侧重利用人工智能技术转型升级（2018年7月）

瑞典：发布《国家人工智能战略》指导性文件，重点在于人才培养、基础和应用研究、AI治理（2019年3月）

意大利：发布《人工智能：为公民服务》白皮书，旨在促进AI技术在公共行政中的应用（2018年12月）

俄罗斯：针对人工智能发展制定了"十点计划"，组建了人工智能和大数据联盟，建立了国家人工智能培训和教育体系，组建了人工智能实验室，建立了国家人工智能中心（2018年7月）

日本：发布了第5版《下一代人工智能/机器人核心技术开发》计划，以扩大汽车、机器人优势，实现智能社会5.0（2018年4月）

韩国：审议通过了《人工智能研发战略》，将配套实施五年投资计划，在人才、技术和基础设施三方面，打造AI发展实力（2018年7月）

印度：发布了《印度人工智能战略》，关注技能培养、投资、应用、创新中心，以利用人工智能促进国家经济增长（2018年6月）

法国：公布了"人工智能开发计划"，制定了《国防部人工智能行动路线图》，计划在2022年前投资15亿欧元发展人工智能,力争成为人工智能强国（2018年3月）

英国：发布了《在英国发展人工智能》，从研发、投资、基础设施建设、人才、创新中心等多方面推动人工智能发展（2017年10月）

美国：推行全球人工智能持续领先战略；白宫成立了人工智能特别委员会，制定了四大目标：发布《美国机器智能国家战略》报告、公开《无人系统综合路线图（2017—2042）》、成立国家人工智能安全委员会、启动DAPRA"人工智能探索"项目，计划在未来5年内投资20亿美元（2018年5月）

图0-2 全球人工智能研发战略一览

资料来源：根据互联网公开资料整理。

---

① Geoffrey E. Hinton, Simon Osindero, et al., A Fast Learning Algorithm for Deep Belief Nets [J]. Neural Computation, 2006, 18 (7): 1527-1554.

确保其在全球人工智能领域持续领先地位的战略措施；英、法、德、俄等国家也争相加大投入力争跻身全球领先行列；日、韩、印等亚洲国家同步跟进，加大技术、人才、应用等方面投入；另有11个国家正在筹备制定其人工智能国家战略。

其次，我国人工智能研发与应用的政策环境逐步优化。2015年7月，国务院出台了《关于积极推进"互联网＋"行动的指导意见》（国发〔2015〕40号），将"互联网＋"人工智能列为11项重点行动之一。按照党中央、国务院的决策部署，国家发展和改革委员会采取一系列举措，加快推进我国人工智能产业发展。2016年5月，国家发展和改革委员会联合中央网信办、科技部、工业和信息化部等部门出台了《"互联网＋"人工智能三年行动实施方案》，这是我国人工智能领域第一份政策性文件。在2017年7月和12月，《新一代人工智能发展规划》《促进新一代人工智能产业发展三年行动计划（2018—2020年）》两项总领性政策相继出台。如图0-3所示，《新一代人工智能发展规划》提出了"三步走"战略目标，重点对2030年我国新一代人工智能发展的战略目标、发展路径、主要任务、保障措施进行了系统的规划和部署。

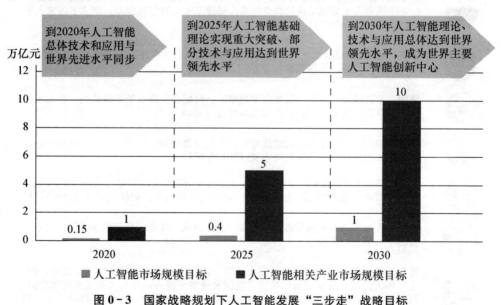

图0-3 国家战略规划下人工智能发展"三步走"战略目标

资料来源：国务院印发《新一代人工智能发展规划》［EB/OL］. (2017-07-20)[2019-12-25]. http://www.gov. cn/xinwen/2017-07/20/content_5212064. htm.

2019年，中央全面深化改革委员会第七次会议审议通过了《关于促进人工智能和实体经济深度融合的指导意见》，提出要促进人工智能和实体经济深度融合，把握新一代人工智能发展的特点，坚持以市场需求为导向、以产业应用为目标，深化改革创新，优化制度环境，激发企业创新活力和内生动力，结合不同行业、不同区域特点，探索创新成果应用转化的路径和方法，构建数据驱动、人机协同、跨界融合、共创分享的智能经济形态。在国家政策的指引和社会环境的促使下，我国各个领域和不同科研分支的实验室相继成立，更多科研人员致力于参与人工智能研发与应用。截至目前，我国已经初步形成了以发展新一代人工智能为主要内容的政策体系。

再次，我国人工智能的发展还有独特的时代机遇。中共中央政治局 2018 年10 月 31 日下午就人工智能发展现状和趋势举行了第九次集体学习。中共中央总书记习近平在主持学习时强调，我国经济已由高速增长阶段转向高质量发展阶段，正处在转变发展方式、优化经济结构、转换增长动力的攻关期，迫切需要新一代人工智能等重大创新添薪续力。政策红利还表现为国家鼓励扶持高校人工智能创新创业。2018 年，教育部发布《关于印发〈高等学校人工智能创新行动计划〉的通知》，引导高校瞄准当前世界科技发展的前沿，不断提高其在人工智能领域的科技创新、人才培养和国际合作交流等能力，为我国新一代人工智能发展提供战略支撑。

凭借快速的发展，我国在人工智能研究领域已经处于国际相对领先的位置，且正在巩固国际地位。在第三波人工智能发展浪潮之下，我国大量科研院所也提出了人工智能发展的相关战略。例如，中国工程院为推动人工智能与经济社会深度融合，提升我国人工智能科技创新能力，早在 2015 年就批准了由潘云鹤院士领衔负责的"中国人工智能 2.0 发展战略研究"重大咨询研究项目，将加强人工智能研究和应用作为我国创新发展战略非常重要的工作之一。目前，我国已经形成了以《新一代人工智能发展规划》《促进新一代人工智能产业发展三年行动计划（2018—2020 年)》为核心的国家人工智能战略发展体系。

(三) 人工智能发展的科研与教育环境分析

首先，人工智能科研与教育力量得到大力加强。随着近年来全球人工智能的飞速发展，人工智能科研与教育日益成为人工智能应用创新发展的基础与"原动力"。自 2016 年起，我国各大高等院校纷纷开设人工智能相关课程，完善人工智能学科体系。人工智能课程、教材也纷纷走进各地中小学课堂。2018 年 6 月，教育部印发了《高等学校人工智能创新行动计划》，提出了三大类 18 项重点任务，引导高校瞄准世界科技前沿，不断提高人工智能领域科技创新、人才培养和国际合作交流等能力。随着我国对人工智能基础教育、高等教育的投入逐步增加，近年来我国人工智能领域科研成果也不断涌现，对人工智能与社会经济生活加速融合发展的支撑作用日益凸显。全球计算机科学专业排名榜中，清华大学在 AI（含 5 项细分领域）排名中位列第一①。如图 0-4、图 0-5 所示，从近五年人工智能领域全球被引前 1%发文量领先的国家、研究机构的排名来看，我国已然位于全球人工智能领域研究的"第一梯队"。

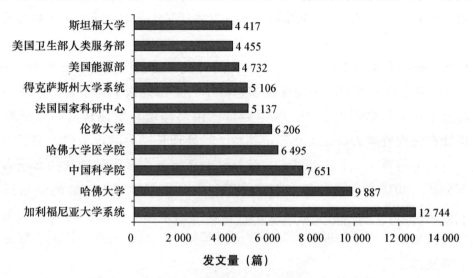

图 0-4　近十年全球被引前 1%发文量领先的研究机构

资料来源：根据 ESI，The Highly Cited Papers 自制。

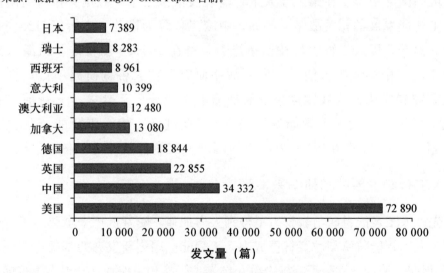

图 0-5　近十年全球被引前 1%发文量领先的国家

资料来源：根据 ESI，The Highly Cited Papers 自制。

---

　　① 2019CS 排名出炉！清华蝉联全球 AI 专业冠军 前十院校中国占四所［EB/OL］.（2019-12-24）［2020-01-15］. https://tech.ifeng.com/c/7sgShafSTq4.

其次，人工智能应用创新与人才生态已经形成。近年来，随着人工智能研发、应用的深入推进，大量的人工智能技术走出实验室，真正与产业发展融合。在人工智能领域，企业数量不断增加，涌现出了以寒武纪、商汤科技、深蓝科技、地平线、科大讯飞等为代表的一大批独角兽企业和瞪羚企业。

人工智能的人才生态也已经形成。为搭建雄厚的人才基础，我国着眼未来，超前部署引进全球领军人才工作，陆续推出了一系列引才政策。随着各种引才计划的深入实施，引才工作进入新阶段，国家、地方和用人单位更加强调"按需引才"和"精准引才"。我国人工智能领域的企业及人才数量正在快速增加。据腾讯研究院《中美两国人工智能产业发展全面解读》[①]统计，全球人工智能初创企业共计 2 617 家，美国以 1 078 家位居首位，中国以 592 家排名第二。领英的《全球 AI 领域人才报告》指出，中国的人工智能领域专业技术人才总数已经超过 5 万名，我国已成为全球人工智能产业和人才的"聚集地"。

再次，针对人工智能的教育体系专业化程度不断提高。2017 年 7 月，国务院印发《新一代人工智能发展规划》，提出在中小学阶段设置人工智能相关课程，旨在完善人工智能教育体系，建设人工智能学科。在《普通高中信息技术课程标准（2017 年版）》中，有关人工智能的课程内容在必修模块和选修模块中也都有所体现。如表 0-1、图 0-6 所示，我国开发了具有多种学习目标、组织形式、学习环境和适用于不同学段的阶段性创客课程与面向人工智能创客教育的 O2O 创客空间构建模型。

表 0-1 我国不同阶段创客课程体系

阶段	学习目标	活动组织形式	主要学习环境	适用学段
科普课程	理解人工智能的历史和基本概念；了解人工智能常用的核心技术；明确人工智能技术在生活中的切入点，体会人工智能技术给生活带来的便利；体验人机交互、虚拟现实等人工智能技术	在线体验与线下互动体验	虚拟环境、真实科技场馆、创客空间	K～6 年级
嵌入式课程	掌握基本的编程技术，掌握基本的工程设计思想，逐步形成创意思维，利用现有知识储备逐步完成学习项目	线上体验学习、学校创客社团活动	学校创客实验室、线上虚拟创客实验室	4～12 年级

---

① 腾讯研究院. 中美两国人工智能产业发展全面解读 ［EB/OL］. (2017-08-03)[2018-12-15]. https://www.sohu.com/a/161923215_651893.

续表

阶段	学习目标	活动组织形式	主要学习环境	适用学段
项目型课程	掌握核心的工程设计流程和计算思维思想，掌握先进的编程语言和项目开发策略，在多方力量的指导下完成项目研发	线上交流、学校集中竞赛培训活动	学校创客实验室	小学、初中、高中高年段
整合性课程	掌握人工智能核心开发技术，运用系统的工程设计流程逐步实现人工智能产品，在导师指引下实现项目升级和推广	线上研讨、高校创客空间	高校创客基地、社会性创客空间	大学研究生阶段

资料来源：根据互联网公开资料整理自制。

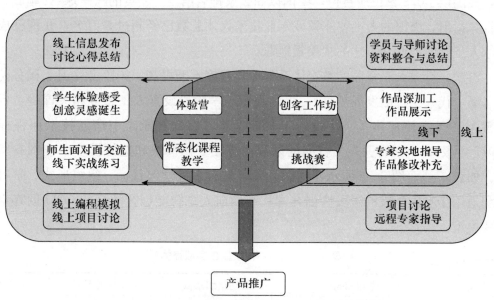

图 0-6　面向人工智能创客教育的 O2O 创客空间构建模型

资料来源：根据互联网公开资料整理自制。

在搭建人工智能教育体系的过程中，高校也是极为重要的参与方。我国高校正兴起人工智能学院的建设热潮，以积极响应国家战略，满足社会需求。国务院《新一代人工智能发展规划》明确指出要尽快在试点院校建立人工智能学院。教育部《高等学校人工智能创新行动计划》同样提及鼓励有条件的高校建立人工智能学院、人工智能研究院或人工智能交叉研究中心。2019 年 5 月 18 日，清华大学和北京大学在校园开放日双双宣布将设置人工智能学堂班和机器人工程专业，并且将在 2019年秋季开始招收本科生。如图 0-7 所示，全国高校的人工智能学院不断成立，2018 年以来进入了建设的密集期。2020 年 3 月，根据国务院印发的《新一代人工智能发展规划》，教育部、国家发展和改革委员会、财政部制定了《关于"双一流"建设高校促进学科融合 加快人工智能领域研究生培养的若干意见》，推动"双一流"建设高校着力构建赶超世界先进水平的人工智能人才培养体系，加快培养勇闯"无人区"的高层次人才。

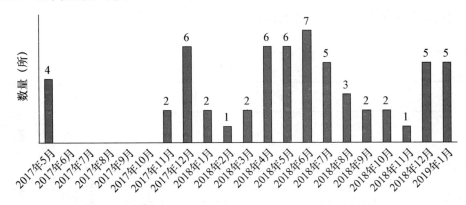

图0-7　我国高校人工智能学院成立的时间及数量分布示意图

资料来源：根据互联网公开资料整理自制。

（四）人工智能发展的产业与应用环境分析

我国人工智能发展的产业与应用环境正朝着更良好、更优化的方向不断发展。2017年我国工信部印发《促进新一代人工智能产业发展三年行动计划（2018—2020年）》，以产业化和集成应用为重点，推进人工智能和制造业深度融合。工信部提出力争到2020年人工智能重点产品规模化发展，智能产品应用成为行动计划下的发展重点。以智能翻译系统为例，到2020年，多语种智能互译取得明显突破，中译英、英译中场景下产品的翻译准确率超过85％。

科大讯飞成立于1999年，由刘庆峰、胡郁等中科大校友共同创立，管理层有着浓郁的"学霸"气息。企业在创立之初以语音技术起家，后来逐步发展成为全球知名的人工智能企业，被《麻省理工科技评论》评为全球十大最聪明公司，并多次获得机器翻译、自然语言理解、图像识别等领域的国际大奖。2017年，科大讯飞更是被科技部认定为国家新一代人工智能开放创新平台之一，与互联网巨头阿里巴巴、腾讯、百度齐名。2020年，科大讯飞交出了一份骄人的成绩单：营业收入达130亿元，同比增长29.23％；归母净利润达13.64亿元，首次突破10亿元大关，同比增长66.48％，是营业收入增幅的两倍有余；经营性净现金流达22.71亿元，创下历史最好水平。预计在2023年以后，科大讯飞在主要赛道的终端基础设施建设将初具规模，平台上将沉淀相当规模的用户数据，算法框架在经过多年的优化后将相对成熟，相关产品的用户接受度也将大大提升，从而逐步发展为类似华为的多元化产业巨头，成为人工智能行业的霸主之一。

如图 0-8 所示，我国智能企业的数量进入了快速增长期，同时，我国人工智能有关项目的投融资指标也不断攀升，在全球人工智能投融资领域所占的份额日益上升，我国已经成为全球人工智能领域创新创业和投融资的"高地"。

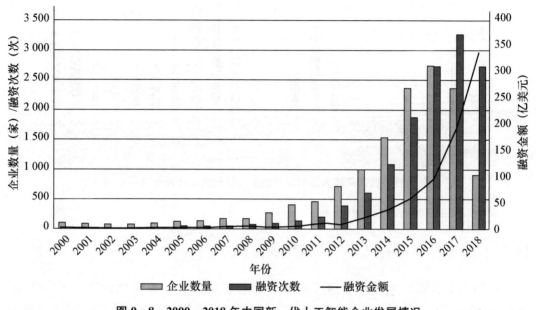

图 0-8　2000—2018 年中国新一代人工智能企业发展情况

资料来源：中国科学技术发展战略研究院. 中国新一代人工智能发展报告 2019 [EB/OL]. （2019-05-27）[2019-12-18]. http://www. casted. org. cn/channel/newsinfo/7352.

新一代人工智能的巨大优势就是深度学习与分析，可以更充分地利用金融交易数据以及金融监管部门积累的数据来进行知识发现、数据挖掘与预测预警，助力金融风险的防控与监管工作。银行业的创新也融合了人工智能发展带来的各项新特点，以数据为驱动，以技术为依托，进行模式革新和技术赋能，改善客户体验，增强竞争能力。人工智能已经在理财投资、资金交易、精准营销等领域得到更广泛的应用。

整体而言，人工智能在加速普及的过程中与产业紧密结合，促进了新兴技术向产业化运用的过渡。"以 5G、IoT、云计算、AI"为代表的数字技术创新，几乎给所有的产业带来了深刻的变革与创新，并驱动数字经济和实体经济进一步增长。如图 0-9 所示，我国已经形成了包含基础层、技术层以及产品与解决方案层的较为完善的产业链。

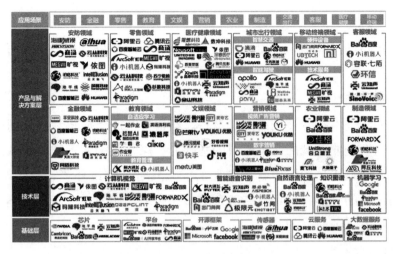

图0-9　人工智能产业链图谱

资料来源：艾瑞咨询. 2018年中国人工智能行业研究报告［EB/OL］. (2018-04-02)［2019-01-18］. http://report. iresearch. cn/report/201804/3192. shtml.

二、青年人工智能创新创业调查

（一）研究设计

1. 研究目标

第一，在中国青年人工智能创新创业的主题下，结合相关文献及国内外研究现状，探究我国人工智能领域的创新创业活动发展所处的整体环境，了解我国人工智能战略与政策环境、科研与教育环境、产业与应用环境的具体特征。

第二，运用全国性的大规模问卷调查，形成关于我国青年人工智能创新创业的现状与特点的分析框架，并应用实证数据进行分析研究。了解在校大学生的创业认知、创业意愿、创业预期、创业动力和创业过程中面临的问题。对于大学生自主创业者，了解其创业认知现状和创业过程中面临的现实问题。

第三，运用统计分析工具，基于实证研究与研究假设，梳理我国在校大学生与青年创业者在创新与创业实践中具有的主要特点，总结并阐述典型的创新创业模式。

第四，在案例研究，对企业家、专家学者深度访谈的基础上，综合考虑我国国情和新技术、新理念、新形势的影响，借鉴已有研究发现与结论，提出有效、现实、可操作、有针对性的对策建议和优化思路。

2. 研究方法

本报告在写作过程中，主要采取了定量分析与定性分析相结合的研究方法，具体方法如下：

（1）文献研究法。

文献研究法是本报告使用的方法之一。本报告在广泛搜集和整理国内外关于青年人工智能创新创业领域的文献资料的基础上，探究我国人工智能领域的创新创业活动发展所处的整体环境，了解我国人工智能战略与政策环境、科研与教育环境、产业与应用环境的具体特征，总结已有的研究成果，作为下一步开展调研、深度访谈、问卷调查等实证研究的基础。

（2）调研访谈法。

为了全面了解我国人工智能领域的创新创业活动的发展情况，本报告课题组在全国范围内进行了有目的、有计划地收集相关资料的调研活动，访谈了 20 余位相关领域的专家学者，走访了 30 余家青年人工智能创业企业的高级管理人员，力求获得最准确的原始资料，并对现实情况进行了客观真实的描述。

（3）问卷调查法。

为全面了解我国高校在校大学生对创业的理解、创业意愿和动机，以及各高校创业教育开展的情况，深入分析高校在校大学生创业心理和创业动机，本报告课题组在全国高等院校中开展了关于在校大学生自主创业的问卷调查。调查问卷分为 A 和 B 两种，A 问卷调查的对象为在校大学生，B 问卷调查的对象为大学生创业者。在校大学生调查样本一共覆盖全国 34 个省（区、市）的 89 所高校，共有 9 104 名在校大学生参与。

（4）统计分析法。

将通过问卷调查得到的基础数据加以清理、整理以及编码，构建专题数据库，并利用统计方法分析，识别出我国在校大学生与青年创业者创新与创业实践的主要特点与模式。

（5）内容分析法。

访谈及调研资料的汇集与分析阶段主要运用了内容分析法，具体通过文本分析、聚类分析、情感分析、词频分析等方法实现。本报告课题组对访谈获取的文字等定性资料和开放式问卷中的某些项目的频次、比例、关联性等定量数据进行统计与分析，从中提炼出与大学生创新创业实践的特点相关的研究结论与对策建议。

3. 研究思路

本报告以"一条主线，四个问题"为中心，展开具体研究。

"一条主线"是本报告研究的核心，紧紧围绕青年人工智能创新创业这一主题，沿着"发展环境分析—问卷调查分析—实证研究发现特点与模式—案例研究—基于研究结论提出有针对性的对策建议"这条基本思路主线去研究、分析。

"四个问题"即：

（1）我国人工智能领域的创新创业活动发展所处的整体环境是什么？其中，战略与政策、科研与教育、产业与应用的具体环境是什么？

（2）我国青年人工智能创新创业的基本情况是什么？现状和概况是什么？

（3）我国在校大学生与青年创业者在创新与创业实践中，有哪些主要特点？能否总结为若干种模式？

（4）基于以上问题的回答与解决，通过案例研究，对企业家、专家学者的深度访谈，能否识别出当前我国青年人工智能创新创业领域存在的不足，又能否找到更加有效、现实、可操作和针对性更强的对策建议和优化思路？这些对策和思路又是什么？

这四个问题层次递进，互为依托，也是本报告研究的出发点与落脚点，后续研究过程都将紧紧围绕这四个问题展开，通过综合性研究方法来进行解释和回答。

具体而言，本报告将首先结合相关文献及国内外研究现状，从相关理论与实践基础出发，探究我国人工智能领域的创新创业活动发展所处的整体环境及三个方面的具体环境，为后续研究奠定基础，解答问题一；

之后，本报告将着重运用全国性的大规模问卷调查，形成关于我国青年人工智能创新创业的现状与特点的分析框架，并将理论框架与实证框架进行对比分析研究，了解在校大学生的创业认知、创业意愿、创业预期、创业动力和创业过程中面临的问题，对于大学生自主创业者，了解创业者的创业认知现状和创业过程中面临的现实问题，解答问题二；

在此基础上，从问卷调查出发，综合运用统计分析工具，基于实证研究，总结并概述我国在校大学生与青年创业者创新与创业实践的主要特点与模式，解答问题三；

最后，通过案例研究，对企业家、专家学者的深度访谈，并基于已有研究发现与结论，指出当前我国青年人工智能创新创业领域存在的问题，提出贴近实际、具有操作性的对策建议和优化思路，解答问题四。

4. 研究路径

本报告的研究路径如图 0 - 10 所示。

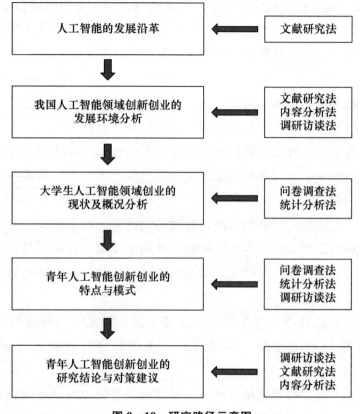

图 0 - 10 研究路径示意图

(二) 调查概况

为了解在校大学生及其中的大学生创业者群体的人工智能创新创业现状，本报告课题组在全国高等院校中开展了关于人工智能创新创业的问卷调查。

我们分别对在校大学生及其中的大学生创业者群体发放问卷，问卷由两部分组成：第一部分的目的是了解受访对象的人口学特征；第二部分的问题旨在了解在校大学生的创业认知、创业意愿、创业预期、创业动力和创业过程中面临的问题，对于大学生自主创业者，了解其创业认知现状和创业过程中面临的现实问题。调查采用无记名网络问卷的形式并随机发放。

本次调查问卷部分数据存在各选项总计数不等于各单独选项加总的问题，这是由于计算中采取了四舍五入的做法。此外，为保证分析的一致性，除原始选项中有

"其他"选项的问题以外，其余为"其他"的回答均予以删除。

1. 总体概览

在校大学生调查样本一共覆盖全国 34 个省（区、市）的 89 所高校，共收回在校大学生群体填答的有效问卷 9 104 份。共回收大学生创业者群体的有效问卷 513 份，其中 212 份来自人工智能领域。

2. 性别情况

填答问卷的在校大学生中，男性有 4 133 人，占比 45.4%；女性有 4 971 人，占比 54.6%。

3. 年龄分布

本次调查问卷中，年龄平均值为 20.12 岁，标准差为 1.903 岁，年龄分布较为集中，96% 的受调查者分布在 18～24 岁之间，样本年龄分布如图 0-11 所示。

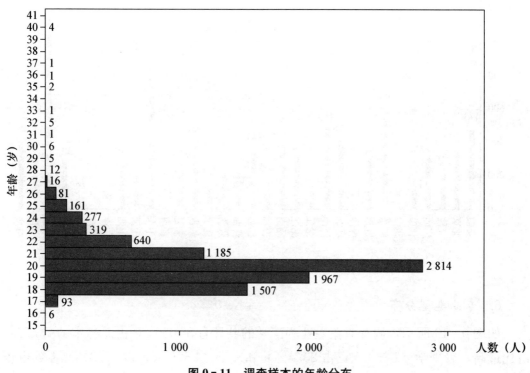

图 0-11 调查样本的年龄分布

4. 学历分布

如表 0-2 所示，调查样本的学历层次较为分明。本科居多，共有 5 544 人（占 60.90%），高职 2 926 人（占 32.14%），博硕占比仅为 6.96%。

表 0-2　调查样本的学历分布

样本学历		频数	百分比
有效	A 高职	2 926	32.14%
	B 本科	5 544	60.90%
	C 硕士	592	6.50%
	D 博士	42	0.46%
	总计	9 104	100%

5. 生源地分布

调查对象中，来自浙江省的样本人数最多，为 1 041 人，占总样本的 11.4%，其余省份样本人数与自身人口数量正相关；但由于调查方式所限，港澳台样本量仅有 8 人，如图 0-12 所示。

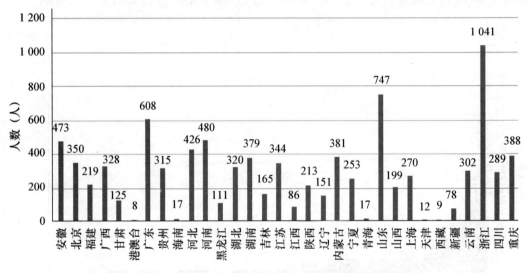

图 0-12　调查样本的生源地分布

6. 专业类型分布

如图 0-13 所示，调查对象专业为工学的共计有 2 703 人，占总样本的 29.7%，占比最高；管理学（1 853 人，占 20.4%）和理学（1 576 人，占 17.3%）人数也较多；除少数专业占比较低外，其余专业占比较为接近。

7. 学校层次分布

如表 0-3 所示，普通本科高校占比最高，为 35.9%，双一流高校占比 31.8%，但三个层次的学校所占比例相差不大，分布较均匀。

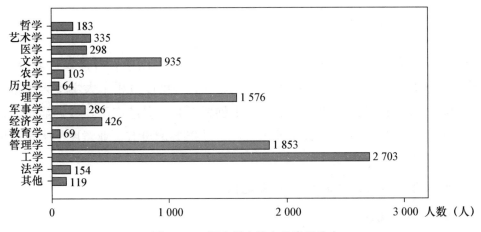

图 0-13　调查样本的专业类型分布

注：问卷中设置"其他"是为了考虑现实情况中双学位、实验班等大学生群体的存在。

表 0-3　调查对象学校层次分布

样本的学校层次		频率	百分比	累计百分比
有效	高职高专院校	2 938	32.3%	32.3%
	普通本科高校	3 272	35.9%	68.2%
	双一流高校	2 894	31.8%	100%
	总计	9 104	100%	

8. 学校类型分布

学校类型分布如图 0-14 所示，综合类高校占比较大，占总样本的 50.72%，理工类和农林类次之，而民族类、体育类、军事类和旅游类等类型的高校样本较少，合并为"其他"。

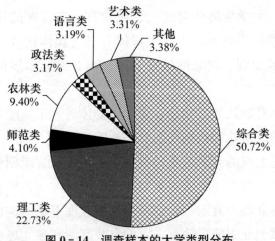

图 0-14　调查样本的大学类型分布

（三）大学生人工智能领域创业现状分析

通过对全国普通高等学校的大学生及其中的大学生创业者群体发放调查问卷，本节从创业认知、创业意愿、创业预期与创业问题等维度分析了大学生人工智能创新创业现状，并探讨了人工智能对于大学生创新创业的促进作用。数据显示，人工智能对大学生创新创业有显著的促进作用，超过 25% 的没有创业意愿的大学生因此燃起创业的火花。

1. 大学生群体人工智能领域创业现状

（1）创业认知现状。

为了便于刻画大学生群体对人工智能的认知程度，我们根据百度指数提供的初步搜索数据，选择了云计算、云政务、智慧交通、智能识别、物联网等五个人工智能相关领域。图 0-15 为大学生群体对这五个领域的认知程度。

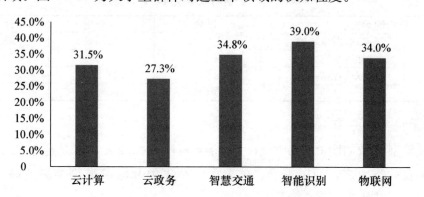

图 0-15 大学生对人工智能相关领域认知程度

通过数据可知，大学生群体对这些领域均有一定程度的认知，但还有很大比例的大学生对这些领域不熟悉。大学生群体对目前媒体比较关注的、涉及生活层面的智慧交通、智能识别、物联网的认知度较高，对技术层面的云计算、云政务的认知度较低。

与对人工智能本身的认知度相比，大学生群体对人工智能创业的风险认知程度还是较高的。具体的风险认知数据如图 0-16 所示。

数据显示，超过七成的大学生受访者对大学生人工智能创业风险有一定的认知度。其中有近四分之三的大学生认为风险点在于项目大多为概念炒作，没有实际效果以及创业者普遍专业能力有限，导致项目创新程度不足。这也充分反映出大学生群体对人工智能领域创业中的风险有一定的自我判断和独立思考。数据显示，风险认知度是有性别差异的，具体数据见图 0-17。

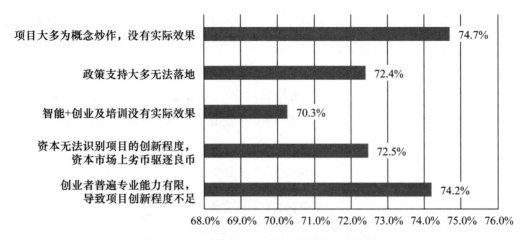

图 0-16　大学生对人工智能创业风险认知程度

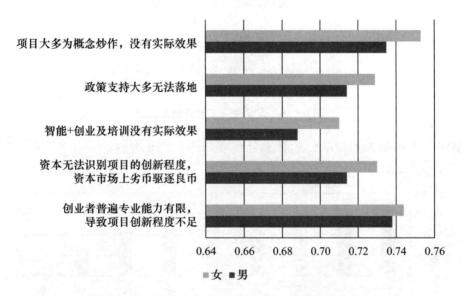

图 0-17　大学生人工智能创业风险识别性别差异

（2）创业意愿现状。

百度指数的初步搜索结果显示，大家倾向于选择智能教育、智能医疗、智能金融、智能安防、智能机器人、自然语言处理、语音识别以及计算机视觉等八个人工智能领域。这八个领域中，智能教育、智能医疗、智能金融、智能安防属于"行业＋智能"，以行业为主体，人工智能是一种应用技术。智能机器人、自然语言处理、语音识别以及计算机视觉属于"智能＋行业"，以人工智能技术为主体，行业是应用领域。

调查数据表明，人工智能对于大学生创业意愿有显著的正向影响，在超四分之一的没有创业意愿的大学生中种下了创业的种子。在没有人工智能创业选项时，调查群体中有42％的男性和38.4％的女性有创业的意愿，但将人工智能因素考虑在内时，在没有选择创业的大学生中有27.2％的男性和25.8％的女性改变了原有观念。总体而言，人工智能使超过25％的非创业大学生燃起了创业的火花。"智能＋行业"或"行业＋智能"对创业意愿均有提升，具体领域分布如图0-18所示。

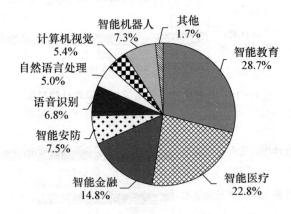

图0-18 大学生人工智能创业意愿

整体的大学生人工智能创业意愿分布则如图0-19所示。

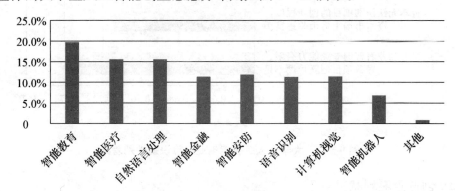

图0-19 大学生人工智能创业意愿分布

更进一步，大学生群体关于人工智能创业模式选择的数据如图0-20所示。

从数据可以看出，大学生群体关于人工智能创业模式的选择侧重于市场需求以及需求与技术共同驱动。选择技术创新的没有超过15％，这可能是因为人工智能技术发展迅速，大学生群体尚处在知识积累阶段，对于专业领域的技术创新把握不足。选择市场需求驱动的模式，可以充分利用大学生不同专业领域积累的知识，更有利于创业成功。这也说明大学生群体对于人工智能创业的认知是比较理性的。性别差异在模式选择上表现得比较明显，具体数据见图 0 - 21。

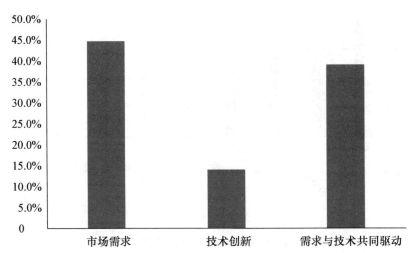

图 0 - 20 大学生人工智能创业模式

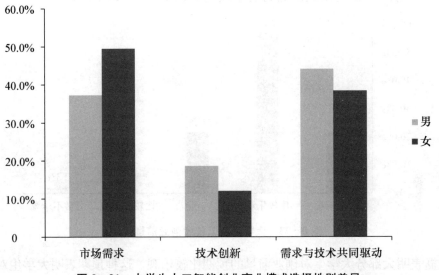

图 0 - 21 大学生人工智能创业商业模式选择性别差异

数据显示，男性大学生更注重技术创新，女性大学生更注重市场需求。这一点也反映在男女在创业领域的选择上，具体数据见图 0 - 22。

通过数据可以看出，女性大学生人工智能创新创业意愿偏向于行业＋人工智能的应用赋能型创业，而男性大学生则偏向于人工智能＋行业领域，这个领域是技术创新驱动领域，因此选择技术创新的男性会更多。

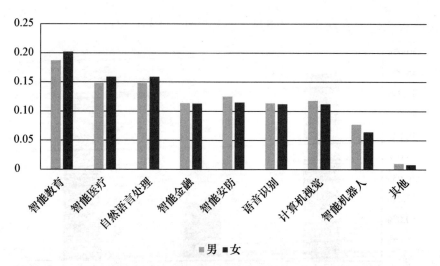

图 0 - 22　大学生人工智能创业意愿性别差异

（3）创业预期现状。

大学生对人工智能领域创业的前景预期数据如图 0 - 23 所示。

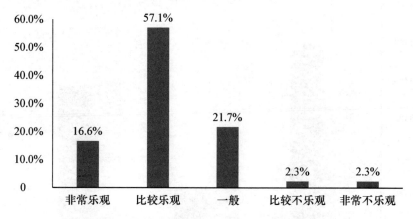

图 0 - 23　大学生人工智能创业前景预期

数据表明大部分大学生对创业前景的预期比较乐观。这种预期表明大学生对于人工智能创业的态度是正面的，结合前面大学生群体对创业风险的认识，这种乐观可以称为谨慎乐观。性别差异对关于创业前景的预期的影响也是比较显著的（见图 0 - 24）。

男性中对人工智能创业前景预期非常乐观的比例是女性的两倍，这反映出男性相比女性在创业的预期上要更加乐观，也没有女性那么谨慎。这也反映在如图 0 - 25 所示的关于预期回报满意度的数据中。

数据显示，有超过五分之一的男性对预期回报满意度非常认同，高出女性 5.4 个百分点。这说明男性大学生对人工智能创业领域的整体预期要高于女性。

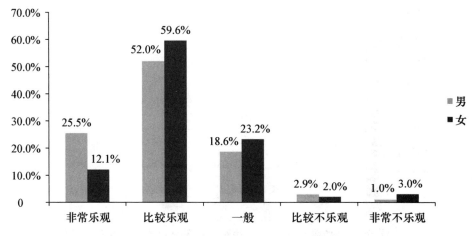

图 0 - 24　大学生人工智能创业前景预期性别差异

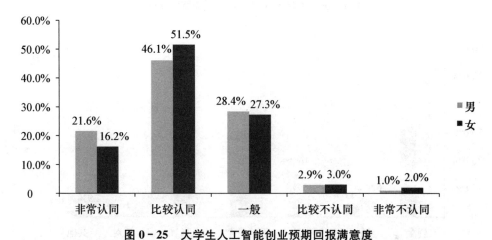

图 0 - 25　大学生人工智能创业预期回报满意度

（4）创业问题现状。

课题组结合百度指数初步筛选出资金、场地、项目、手续复杂、缺乏指导、家人反对等作为待选困难，得到大学生人工智能创业的困难分布数据，如图 0 - 26 所示。

以上数据表明，大学生群体对于人工智能创业的风险和困难有比较清晰的认知，近四成大学生认为创业面临的困难是资金，超过四分之一的大学生认为创业面临的困难是缺乏指导。数据表明，资金和缺乏指导是目前大学生创业面临的典型困难。未来可以着重从资金、创业教育和指导方面解决目前的问题。

同时更细分的数据显示，大学生群体对创业困难的认知存在性别差异。相比男性，女性对资金的重视程度更低，相反更加看重创业指导、项目和相关手续（见图 0 - 27）。

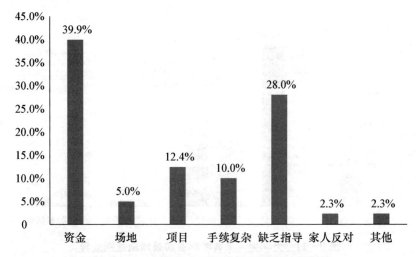

图0-26 大学生人工智能创业面临困难分布

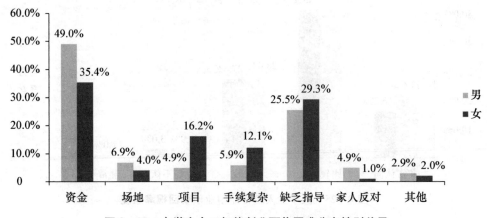

图0-27 大学生人工智能创业面临困难分布性别差异

为了了解面对困难时，大学生群体会如何面对，课题组同时选取了"符合专业所学，能够学有所用""能够为个人带来理想的经济回报和社会回报""能够实现人生理想""能够带来人生挑战""能够适应时代发展趋势"这五个因素来刻画大学生群体的创业动机，得到的具体数据如图0-28所示。

数据显示，超过四成的大学生进行人工智能创业的动力是能够带来人生挑战，这表明尽管有缺乏资金、缺乏指导等困难，但是大学生群体已做好了迎接这些人生挑战的准备，这些挑战恰恰显示出青年人不畏困难、敢于迎头直上的决心和信心。

2. 大学生创业者群体现状

（1）创业认知现状。

同样，课题组选择云计算、云政务、智慧交通、智能识别、物联网等五个人工

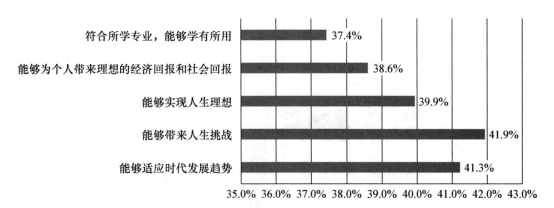

图 0-28　大学生人工智能创业动力

智能相关领域，考察大学生创业者群体对这五个领域的认知程度。

数据表明，相比整个大学生群体，大学生创业者对人工智能相关领域的认知程度更高，并且对生活应用领域的认知要高于对技术的认知。有超过四成的创业者对这五个领域都有相对较深的认知。这说明经过市场的洗礼，大学生创业者对人工智能领域的认知更深入（见图 0-29）。

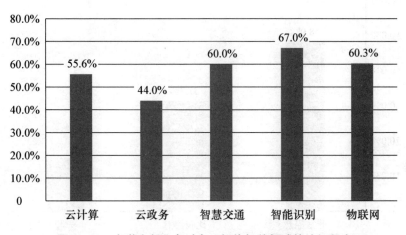

图 0-29　大学生创业者对人工智能相关领域的认知程度

（2）创业问题现状。

相比大学生群体，大学生创业者已经在创业的过程中，意愿和预期已经蕴含在创业行为中。对于大学生创业者，他们的需求更加明确。具体的需求数据如图 0-30 所示。

数据表明，大学生创业者在进行人工智能领域创业时，需求最强烈的是优惠的场租以及良好的办公场所和物业服务。这说明大学生创业者边读书边创业，企业尚在初创期，更多的时间以及资金花费在合适的办公场所上。这一点对于孵化器而

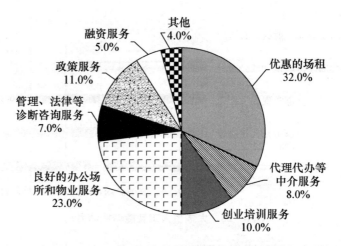

图 0 - 30　大学生创业者对创业支持的需求

言，需要重点关注。同时，为数不少的大学生创业者对创业培训服务和管理、法律等诊断咨询服务有明确的需求。大学生创业者关于接受创业培训及寻求咨询的意愿的数据如图 0 - 31 所示。

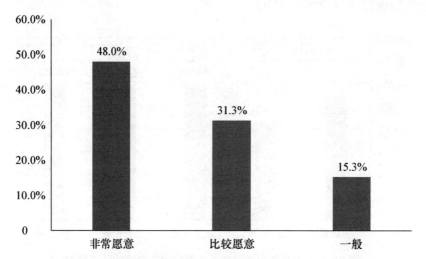

图 0 - 31　大学生人工智能创业者接受创业培训及寻求咨询的意愿

　　数据显示，超过七成的大学生创业者愿意接受相关的创业培训以及寻求创业相关的咨询服务。这一点对于大学和孵化器而言也是需要重点关注的。

　　3. 小结

　　（1）人工智能对大学生创业的赋能效应显著。超过四分之一的原本创业意愿不强的大学生有意在人工智能相关领域尝试创业。

　　（2）大学生群体对人工智能创新创业的风险和困难有着比较清晰的认知，但同时又保持着相当乐观的前景预期。总体而言，大学生群体对人工智能创业保持着谨慎乐观的态度。

（3）大学生对创业培训的需求比较明晰。无论准备创业还是正在创业的大学生都需要创业培训以及相关的咨询辅导，同时大学生创业者以及大学生群体也乐于接受相关的创业培训。

（4）大学生人工智能领域创业现状呈现出一定的性别差异。女性大学生人工智能的创业赋能明显，创业动机更多元，对人工智能创业风险的认知更清晰；男性大学生创业者则更偏向技术创新驱动，对创业风险的认识还需加强，但他们对创业前景以及回报更加乐观。

(四) 我国青年人工智能创新创业模式分析

本报告根据对三十余家人工智能创新创业企业高级管理人员的访谈，结合与十余位人工智能相关领域投资机构专业人士的交流及与十余位人工智能领域专家的座谈，运用文本分析、聚类分析等方法整理访谈内容，生成如图0-32所示的词云图。我们发现，青年人工智能创业模式的最大特点是以高层次人才为核心。从人才的来源角度可以将青年人工智能创新创业总结为四种主要模式，分别是：以海归人才为主的技术主导型创新创业、以大公司为依托的社会人才创新创业、结合高校资源的大学生创新创业和由科研机构主导的学术型创新创业。

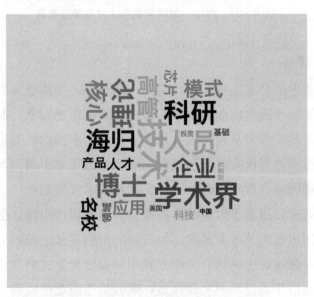

图0-32　青年人工智能创新创业关键词云

资料来源：据访谈内容及互联网公开资料整理。

1. 青年人工智能创新创业的模式一：以海归人才为主的技术主导型创新创业

经历了国外的学习、研究与工作之后，许多回国创业的海归人才也将视线聚焦到国内人工智能产业。从国家政策支持的层面来看，我国的人工智能产业发展大环境向好，加之近年来我国持续引进海外高层次人才，许多留学海外的人才纷纷回国创业，希望搭上国内人工智能发展这列高速运行的"顺风车"。

《中国海归人才吸引力报告》显示，2011—2017年间海外人才归国呈现逐年增长趋势，而且成熟人才归国数量不断攀升。2015年以来，30～40岁的成熟人才回国比例有极为明显的攀升（见图0-33）。这一群体多在海外工作多年，有着丰富的经验，他们回国后多担任企业的高级职位，挑起业务的大梁。同时，在2017海归人才就业前十大行业排名中，金融业和高科技行业分别高居前两位。

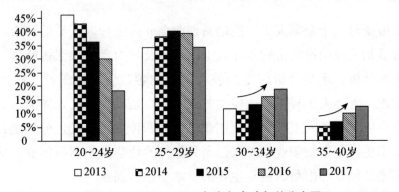

图0-33 2013—2017年海归人才年龄分布图

资料来源：领英. 中国海归人才吸引力［EB/OL］. （2018-06-26）［2019-02-13］. https://www.sohu.com/a/237877534_100012529.

以海归人才为主的技术主导型模式有几大优点。一是部分海归人才具有较高的知识资本。这些知识与国内创业者积累的行业知识在市场背景、制度情景上存在明显不同，有利于海归创业者从独特的视角来解读和判断国内转型期间相同行业的现状和发展趋势，进而进行机会搜索和机会识别，提出相对于国内而言较新的价值主张，也有利于开展国际合作，及时跟踪世界高新技术发展趋势。二是海外职场或创业经验丰富。成熟海归积累了大量海外经验后，探索国内市场，尝试新型技术，形成了更多适合中国市场的技术专利和更加新颖的价值主张。海归创业者融合中西方文化的管理模式，通过对更灵活的合作方式和利益分配方式的探索，有利于调动团队的创业热情并在协作的过程中实现共赢，更容易在商业模式的每个维度上实现创新，形成创新型商业模式的原型。三是资源充足。全球化智库发布的《2017中国海归就业创业调查报告》显示，客户资源和信息资源是海归创业者最重要的两项创业资源。他们曾在国外担任过高级职务，有广泛的海外人脉、供应链、技术网络，这有利于他们联动知识，整合各方资源。他们回国后也会迅速寻找商业机构、政府、投资机构、征信服务机构等合作，快速延伸原有资源，增强竞争优势。具有海外背景的人工智能创业团队创业模式示意图见图0-34。

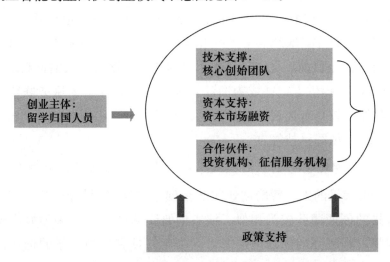

图0-34　具有海外背景的人工智能创业团队创业模式示意图

资料来源：访谈与调研。

以典型的冰鉴科技和亿方云为例。

冰鉴科技成立于2015年6月，专注于使用机器学习和人工智能对小微企业和个人进行信用评估。冰鉴科技创始人顾凌云博士毕业于美国卡内基梅隆大学计算机专业，毕业后在华尔街做对冲基金中高频交易的算法工程师；两年多后，他作为创始成员加入了美国FinTech公司，三年内为Zest Finance开发了六代模型后离开，后又加入主营小微企业征信和借贷的Kabbage公司，担任首席数据科学家。其领导的创业核心团队实力雄厚，其成员分别在芝加哥大学、普渡大学、卡内基梅隆大学、纽约大学和乔治华盛顿大学获得博士和硕士学位，在归国之前，他们在美国互联网金融和传统金融标杆性公司担任关键职务。自回国开始，其创业团队便得到了上海市各级政府的大力支持，享受到了实实在在的优惠政策，如被免除了入驻陆家嘴新兴金融产业园三年的房租。发展至今，冰鉴科技硕果累累，已服务500多家金融机构，标杆客户包括中国银行、中国工商银行、交通银行、南京银行等银行客户，捷信消费金融、中原消费金融等持牌消费金融机构，乐信、你我贷等上市互金公司，众安在线等保险企业，并荣列KPMG中国领先金融科技公司50强，荣获寻找中国创客"2016年度中国创客"大奖，跻身创业邦100"2019中国创新成长企业100强"。

亿方云专注于为企业提供海量文件的集中存储与管理、用户权限控制以及高级别的数据安全保障。其创始人程远同样毕业于美国顶尖的卡内基梅隆大学计算机专业，曾加入美国上市云存储公司 Box 任核心工程师。在市场融资以及业务合作方面，2015 年亿方云即获得了 500 万美元 A 轮融资，2016 年进一步获得了来自快的打车、UMCCapital、光速中国和经纬中国的 840 万美元 A＋轮融资，并与阿里云达成了业务上的战略合作，2018 年获得了由京东云和京东数科联合投资的 1 000 万美元的 B 轮融资。截至目前，亿方云已经是龙湖地产、森马等大型企业以及浙江大学等高校的 SaaS 服务提供方，并成为浙江省经信委"企业上云服务联盟"首批联盟成员单位。其他比较具有代表性的公司还有爱拼科技、旷视科技、文远知行、图森未来、小觅智能、依图科技等。

2. 青年人工智能创新创业的模式二：以大公司为依托的社会人才创新创业

具有大公司背景的人工智能创业团队在创业初期采用的模式（见图 0-35）与具有海外背景的创业团队较为相似。核心创始团队中的成员多为海内外著名高校毕业的工程师，有较强的创新创造能力。然而与具有海外背景的创业团队的不同之处在于：一是先前的大公司工作经历成为这一类创业团队内化学习、反思总结的有利素材，对所在行业的熟悉程度为其创业提供了新的视野和动力；二是除了过硬的技术和专利支撑外，创始团队有更为成熟的工作和管理经验以及丰富宽广的国内外信息和人脉资源，有利于拓展业务及资本合作，提升商业价值；三是创始团队皆具有大型公司或工程的工作背景，团队合作意识更强。

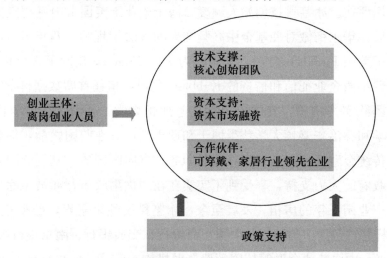

图 0-35　具有大公司背景的人工智能创业团队创业模式示意图

资料来源：访谈与调研。

出门问问是 Google 目前唯一投资的国内人工智能公司。其创始人、CEO 李志飞博士毕业于美国约翰霍普金斯大学计算机系，是自然语言处理专家、机器翻译专家、前谷歌总部 Research Scientist、谷歌翻译的开发者。2012 年，李志飞在拿到红杉资本和真格基金的天使投资之后，从谷歌美国总部辞职回国创办了上海羽扇智信息科技有限公司（Mobvoi），并立志打造下一代移动语音搜索产品——出门问问。通过近一年的研发，团队构筑起语音识别、语义分析、垂直搜索等核心技术基础。出门问问首先将语音搜索技术应用于微信平台，推出了出门问问微信服务号。此后，出门问问还先后在手机 App、谷歌眼镜、智能手表等平台进行尝试。李志飞博士将在 Google 获取的宝贵经验融入出门问问，构建工程师文化，以及首先从技术层面出发的问题解决方式。他从在 Google 工作的经历当中得到的最大收获就是：将出门问问投入面向消费者用户的产品中，获得的收益是最大的。谷歌崇尚的是"一定要做出产品"，不是做实验、发论文、做报告。因此出门问问一脉相承，始终专注于 To C（to customer）的产品，推进实现产品纵向深度集成、横向打通，使产品直接面对消费者，而不是寄希望于第三方把这个 AI 做好或者把这个 AI 的产品化做好。经过几年的发展后，其成就斐然。2017 年 5 月 18 日，在谷歌开发者大会上，出门问问成为 Google Assistant 的首批 11 家官方合作伙伴之一。类似企业有三角兽、触景无限、Growing IO、开数科技、达闼科技等。

小马智行是另一个经典案例。2016 年年底，百度首席架构师彭军、百度最年轻的 T10 级工程师楼天城同时离职，联合创立无人驾驶公司小马智行。因为有"楼教主"坐镇，小马智行开始无比顺利地招揽人马。随后不到两个月的时间，小马智行就火速获得天使轮融资，成为获得中国自动驾驶领域最高融资的初创公司。短短几年，小马智行已经成长为全球估值前五的自动驾驶初创公司，其技术水平更是处于世界行业内公认的第一梯队。联合创始人兼首席执行官彭军曾负责百度自动驾驶的整体战略规划和技术发展，楼天城则连续蝉联 TopCoder 中国区冠军，曾在 Google X 从事无人车技术开发，小马智行的架构师和工程师在百度公司积累了大量商业经验和行业资源，为小马智行的发展奠定了坚实的基础。

3. 青年人工智能创新创业的模式三：结合高校资源的大学生创新创业

2017 年 6 月 9 日，教育部在北京审议通过了《新工科研究与实践项目指南》，明确提出：从人工智能、智能制造等新技术出发，在现有工科专业的基础上探索新领域和新方向，形成一套新的课程体系；通过跨学科、跨专业的方式培养多学科交叉融合的工程人才，最终形成新的人才培养方案、师资队伍和管理模式；通过完善工科人才"创意—创新—创业"教育体系，形成以创新创业能力为导向的培养模式。国家支持为大学生创业提供了充足资源，营造了良好氛围，增强了大学生的创业意向。

《2017 年中国大学生创业报告》[①] 显示，近九成的大学生考虑过创业，其中 26％的在校大学生有强烈或较强的创业意愿，相比 2016 年的 18％有明显提高，但资金不足和团队缺乏始终是大学生创业的主要阻碍。

我国大学生的人工智能创业主要有分化拓展、技术风险、模拟孵化三种路径。大学生创业更具有创新性。其中模拟孵化模式是当前大学生人工智能创业的首选。具有高校背景的人工智能创业团队创业模式见图 0 - 36。

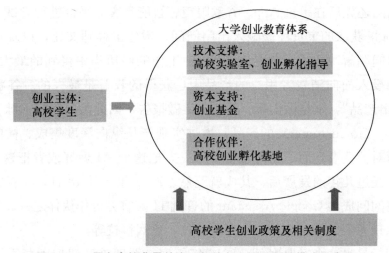

图 0 - 36　具有高校背景的人工智能创业团队创业模式示意图

资料来源：访谈与调研。

分化拓展是大学生首先加入高新技术企业，成为该企业的骨干员工，然后在公司准备变更或重塑主要发展方向时，该骨干员工来负责新业务或新项目。当资本、经验、人力资源发展到适当程度并判断有更好的商机出现时，该大学生就脱离原公司集团，以自己个人积累的资金为主体，创建新的法人企业。创业者参照原公司集团经营管理模式，根据自己的偏好做进一步改进。

技术风险模式是大学生将自己拥有的专长或技术发明通过"知本雇用资本"的方式发展成企业。大学生往往由于缺乏信用保证而难以通过信用机制从外部筹措所需的大量资金，于是大学生就以技术、专利、其他智力成果做资产估价，吸引有眼光的公司提供风险投资基金来创建企业。这种模式在经营形式上采取股份法人公司制，在管理上强调企业家精神和团队精神。

---

① 中国人民大学，等. 2017 年中国大学生创业报告 ［EB/OL］.（2018-01-06）［2018-02-15］. https://www.sohu.com/a/219696624_100008120.

模拟孵化模式是大学生受各种创业大赛的驱动和高校创业园区创业环境的熏陶、资助、催化而进行的创业活动。大学生在众多创业大赛中熟悉创业程序，储备创业知识，积累创业经验，同时高校建立科技园区或创业园区，园区中的科技创业基金中心或大学生创业投资公司对经过严格评估的优秀参赛项目进行股权形式的投资建立股份制公司，并且定期对投资项目进行评估，优胜劣汰，对项目进行创业催化。创业者可以得到政策的支持和创业园区的各项帮助，包括专家的培训和指导，免费提供的办公场所，公共文秘、财会、人事服务，项目咨询、辅导、评估和管理服务，证照办理，优惠政策落实，推荐申报，市场营销服务等。

以乐聚机器人为例，2015年创始人冷晓琨依托其所在学校哈尔滨工业大学为其提供的免费创业孵化基地创办了他的第一家公司。哈尔滨工业大学帮助这个初创公司对接投资方、市场资源，进行创业指导等，让冷晓琨得以专心投入研发当中，机器人小艾1代也在此诞生。在"双创"浪潮中，冷晓琨的公司在学校和国家的支持下迅猛发展，这更让冷晓琨坚定了创业的想法。2016年，24岁的冷晓琨带领着十几人的核心技术团队来到了深圳。刚刚成立两个月的乐聚机器人就吸引到了1 000万元天使投资，冷晓琨也入选了2017年福布斯中国30位30岁以下精英榜名单。

另外一个例子是纸贵科技。这是一家以区块链技术为特色，专注于服务金融、司法、政务等场景的高新技术企业。其创始人宣松涛、唐凌均来自西安交通大学，此前二人即合作创办了"微品交大"的公众号，积累了一定的合作经验。此后，在西安交通大法学院副院长马治国教授的指点下，他们萌发了运作一个平台协助版权管理的想法，合作创办了纸贵科技。公司成立后与西安交通大学的合作十分密切，清华大学、西安交通大学、西安电子科技大学、中国信通院等知名高校及科研院所的专家学者更是组成了顶尖的学术团队为纸贵科技提供技术指导。相类似的以学生团体为主的人工智能企业还有体素科技、深圳常锋、费马科技等。

4. 青年人工智能创新创业的模式四：由科研机构主导的学术型创新创业

以互联网、大数据、人工智能等新一代信息技术广泛应用为主要特征的新一轮产业革命引发了人们创新创业方式的巨大变化，其中一个突出现象是创业主体已不再仅仅是传统意义上的商业企业家，相当一部分是来自科研机构的科研人员。基于以新一代信息技术为代表的高新技术快速发展和广泛应用的现实，高校及科研机构的科研人员、团队乃至整个科研机构通过创新创业活动，使得科研成果更快实现产业化。吴翠青、周明的实证研究发现，科研人员管理体制越完善，越有利于推动科研人才离岗创业[①]。

目前青年人工智能的学术型创业模式大致有技术转让、联合攻关、内部一体化、组建研发实体、产业技术联盟等多种模式。第一种，技术转让是指产学研合作各方以契约的方式对专利技术、技术秘密、实施许可等无形资产进行使用权转让的一种经济法律行为，最常见的形式是科研院所、高校出让技术，企业受让技术。第二种，联合攻关是指针对一个科研课题，产学研各方共同寻找技术解决办法的一种经济法律行为。联合攻关多以科研课题为载体，以课题组为依托，由产学研各方派出人员组成临时性研发团队进行研究开发。第三种，内部一体化是指科研院所或者高校以开办企业的方式，通过组织创新将自身技术研究成果转化为产业生产力。20世纪80年代以来，我国涌现出了许多高科技校办企业，形成了典型的内部一体化模式。高科技校办企业利用技术优势和人才优势，强化了高校科研活动与现实经济的联系。第四种，组建研发实体是指产学研各方通过出资或技术入股的形式组建研发实体，进行技术开发或技术经营。研发实体以资金或技术为纽带把企业、科研院所和高校结合成紧密的利益共同体，有效地解决了风险分担和各方权益分配机制问题，适用于企业与科研机构、高校长期深入合作的情形。第五种，产业技术联盟是指一个或多个产业中彼此分工、相互关联的多个企业、高等院校、科研机构、中介组织、政府等，为了共享资源、开发技术、开拓市场等共同的目标而达成战略合作关系，通过资源共享、合作研发、互相代理等方式进行合作的一种新型产业组织形式[②]。具有科研机构背景的人工智能创业团队创业模式见图0-37。

学术型创业企业相比传统的商业型创业企业，更加依赖技术创新的驱动，科技研发及其产业化应用成为促进该类企业快速成长的根本力量。一方面，科研工作者拥有较高的理论知识水平、合理而完善的知识结构、较强的技术手段，作为人工智能领域的创业主体有较大的初始资源禀赋优势。依托其所属的科研机构，创业团队可以接触到国内外的学术研究成果，保证了其技术的领先性。此类科研成果的输出也往往基于相关领域重大项目的带动作用。另一方面，依靠政府政策的引导，来自市场的联合投资为其开展创业活动创造了良好的商业环境。此外，国内智能终端企业的快速崛起也为其产品的落地奠定了良好的基础，有利于推动学术成果的商业市场化。

寒武纪和云从科技是其中两个典型。

---

① 吴翠青，周明. "双创"背景下科研人员创业意愿研究：基于江西省的实证分析 [J]. 调研世界，2017（10）：30-34.

② 王文岩，孙福全，申强. 产学研合作模式的分类、特征及选择 [J]. 中国科技论坛，2008（5）：37-40.

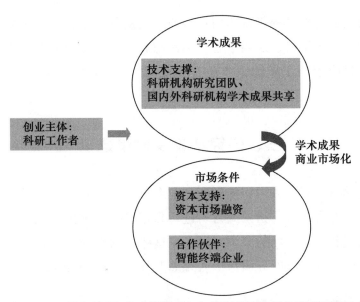

图 0 - 37 具有科研机构背景的人工智能创业团队创业模式示意图

资料来源：访谈与调研。

寒武纪是全球领先的智能芯片公司，2016 年创立于北京，被誉为研制出了世界上第一款专门为人工智能定制的智能芯片的中国公司。寒武纪创始团队源自学术界：创始人陈天石 1985 年出生，是中国科学院计算技术研究所（以下简称中科院计算所）研究员。这家由中科院孵化的企业，成立伊始就得到了资本和当地政府的大力支持。寒武纪前身是中科院计算所 2008 年组建的"探索处理器架构与人工智能的交叉领域" 10 人学术团队。2017 年 8 月，创立仅一年的寒武纪迅速完成 A 轮1 亿美元的融资，战略投资方包括阿里巴巴、联想、科大讯飞等企业。寒武纪成立短短 2 年时间以来，已迅速将实验室的科研成果转化成产品。中科院计算所、寒武纪团队已经引领了上百家国内外机构共同发展智能芯片，在世界芯片和智能生态链上生根发芽。此外，寒武纪秉承着学术界开放、协作的精神，以处理器 IP 授权的形式与全世界同行共享寒武纪最新的技术成果，使全球客户能够快速设计和生产具备人工智能处理能力的芯片产品。

云从科技孵化自中科院重庆研究院，是一家人脸识别技术及产品供应商，为银行、公安客户提供软硬件定制化服务。其创始人周曦 2011 年以"百人计划"专家身份回国，与李继伟、温浩等一同组建了中科院最大的人脸识别研究团队，2015年云从科技正式成立。一方面，中科院重庆研究院在云从科技创立之初提供了充足的技术人才和成果；另一方面，云从科技依靠"国家队"的标签，得到了政府政策的大力鼓励和引导。落户重庆两江新区时，政府即主动帮忙对接重庆银行，为接下来云从科技切入银行领域提供试验田；目前，云从科技已成为第一个同时承担国家发改委人工智能基础平台、应用平台，工信部芯片平台等国家重大项目建设任务的企业。此类由科研团队主导的企业还有壮龙无人机、DeepMind、商汤科技、云知声等。

三、研究结论及对策建议

基于在大学生及青年人工智能创新创业者群体中开展的人工智能创新创业现状调查的结果，对综合调研与访谈的材料进行数据挖掘与分析后，我们归纳出了人才方面的5个发现和市场方面的3个发现。从这些结论出发，我们有针对性地提出了教育方面、企业方面、政府方面与个人方面共计13条对策建议。

（一）发现与结论

1. 人才方面

（1）以人才为核心的青年人工智能创新创业路径逐渐明晰。

我们访谈发现，大多数人工智能创新创业者属于高知群体，如博士、海归、名校学生等，其创业模式一般以人才为核心、以技术为驱动。例如，商汤科技在刚成立时技术还没有落地，但依靠汤晓鸥及其团队的密切合作，短短四年就成为世界级的独角兽公司。在商汤的技术团队里，不少是来自汤教授曾经的实验室的博士、博士后，还有曾经在微软研究所共事的同事等。这些高精尖的青年人才持续为商汤的创新发展提供动力和支持，造就了商汤的成功。人工智能是以技术为支撑的高科技领域，因此精通技术、综合实力强的人才在创新创业过程中举足轻重。

（2）智能赋能青年创新创业趋势凸显。

研究结果表明过去青年创新创业的范围较为受限，人工智能的发展扩大了青年创业的领域，为创新创业赋能。人工智能带来了许多新兴行业与技术，如人脸识别、基因检测、文本写作等，这些都成为了青年创业的选择之一，为创新创业提供了更多的机会。除此之外，人工智能还能更好地为传统平台服务。例如，电商推荐、算法识别等技术可以优化许多电商平台、社交软件的设计与服务等，为青年创业在传统领域开拓新的空间。人工智能使得青年创新创业的内容更丰富、前景更广阔。

（3）人工智能创新创业急需复合型人才。

根据调查与访谈结果，许多创新企业有不少精通技术的人才，但十分缺少既精通人文社科，又了解新兴信息技术，同时还懂管理的复合型人才。例如，研发金融产品的人工智能人才既要懂得算法等信息技术知识，又需要懂得与股票、银行相关的金融知识，还需要懂得在实际操作过程中客户的需求。除此之外，有些企业技术成熟却难以落地，就是因为企业当中缺乏复合型人才协调、推动企业内部与外部的交流。然而目前大部分高校的课程设置难以满足人工智能时代对复合型人才的需求，因此教育观念、教学模式亟待改变。

（4）大学生人工智能创新创业能力亟待提升。

根据调查结果，部分大学生对人工智能未来的发展与应用的理解与实际存在偏差，且创业能力有限，缺乏相关的教育与培训。人工智能领域青年创业者普遍反映知识结构不全面、专业能力有限、项目创新程度不足。我国的基础教育中缺乏人工智能领域的相关课程安排，在高校教育中虽然逐渐重视人工智能领域并开设了相关专业，安排了相应课程，但在人工智能创新创业领域的学科建设则比较落后，同时忽略了相关技术应用落地的指导工作，很难满足有创业意向的学生的基本需求，使得大学生所理解的创业困难与企业实际遇到的困难存在偏差，因而还需更多的相关教育与培训。

（5）性别差异对青年人工智能创新创业影响显著。

大学生问卷调查结果表明，在人工智能领域，大学生创业群体性别差异对创业的领域选择、认知程度以及意向动机等方面都有显著的影响。女性偏向于应用赋能型创业，而男性偏向于技术创新型创业。女性更多地选择应用交叉型领域，如智能教育、智能医疗等，男性则偏好技术性领域，如智能机器人、计算机视觉等。这也在创业者商业模式的选择上有所体现：女性更注重市场需求而非技术创新。在人工智能领域，女性的创业动机更强烈，更大比例的女性认为从事人工智能创业能够适应时代发展趋势，能带来人生挑战，实现个人理想并获得相应经济回报和社会地位。

2. 市场方面

（1）人工智能创新创业向 To B（to business）转型。

调查发现，B 端需求将成为人工智能市场的主力。B 端市场的应用场景较多，例如医疗检测、自动驾驶、语音交互等。在检验医学领域中，人工智能是其未来发展的契机。在免疫学、血液学检验、染色体分析方面，数字图像技术等人工智能技术的自动判断、审核功能与自动化识别功能都大大提高了其工作效率，也为相关医疗研究提供了有力的保障。B 端市场的需求能为人工智能行业带来大量资本与订单，更能促进人工智能不断创新与发展，广阔的市场前景与空间将为青年创业者创造更多的机遇。

（2）企业扶持政策需持续深化。

根据调查发现，现有的人工智能企业扶持政策较为粗略，无法针对不同企业需求进行点对点的支持。青年人工智能创业对政策帮助的需求包括创业担保贷款、税费减免、优惠场租、技能培训、专利保护、注册手续简化等多个方面，需要针对不同企业的需求对症下药。同时，青年人工智能创业者对孵化器也有诸多需求未得到满足，涵盖创业培训服务、管理及法律等诊断咨询服务、融资服务等多个领域，这也在一定程度上制约了我国人工智能领域创新创业的进一步发展。

（3）当前青年人工智能创新创业盈利模式尚待清晰。

访谈结果表明，目前人工智能行业符合高科技行业的创业特点，即前期资本投入大、需求多，却回报慢。青年人工智能创业也面临这样的问题。青年创业缺乏资金支持、缺乏经验，而人工智能领域以技术为支撑，技术的开发需要资金与时间的投入，在这段时间缺乏资金来源，且大多数创业团队不像巨头企业那样拥有稳定的资金供给，因此需要外界帮助。未来人工智能行业的发展趋于成熟后，将会形成明确清晰的盈利模式，创新创业团队所面临的压力和风险也会相应降低和减少。

（二）政策与建议

1. 教育方面

（1）培养"有温度"的新工科复合型人才。

根据企业访谈结果，高校、研究院应注重培养有温度的复合型人才，将人文社科与人工智能相结合，鼓励学生全面发展，使其不仅懂技术，而且懂市场、懂需求，以推进青年人工智能创新创业，加速我国人工智能领域的发展。例如，美国斯坦福大学创立了"以人为本"人工智能研究院，强调科技以人为中心，致力于推动人工智能的跨领域合作。我国应鼓励人才跨校、跨机构联合培养，开设多领域跨学科的相关课程，加强与国际学术界的交流，推动国内外高校与企业的产学研合作，培养"人工智能＋金融""人工智能＋法律"等具有交叉学科背景的综合性人才。

（2）针对在校大学生加强人工智能创新创业基础指导。

调查问卷结果显示，为有创业想法但没有实践经验的大学生开设创新创业相关课程已经成为主流趋势。尤其对于新兴行业如人工智能，为增进大学生对创业的理解，消除其对人工智能创业的认知误区，更应设立以实践为主导和目的的课程来鼓励创新创业。高校首先应设立人工智能相关课程，让学生深入理解人工智能的发展与技术核心，提高学生的综合实力；其次可以邀请有创业经验的校友返校举办座谈会，回答大学生在创新创业阶段可能会面临的问题，答疑解惑，也可以邀请知名企业家在学校开办讲座，为有创新创业想法的大学生提供经验思路等。创新创业相关课程还应讲解相关的政府政策，如政府鼓励人工智能创业的优惠政策、税收减免措施等，增强课程指导实践的针对性。

（3）推动校企合作，"订单式"培养人工智能创新创业人才。

调查问卷与访谈表明，高校应推动与研究院、企业的合作，开展人工智能领域的职业培训与继续教育项目，以此扩大人工智能的行业规模，为更多青年提供学习机会，深化学校教育改革，充分利用企业资源，提升学生就业质量。可以采用一体两翼的方式，从企业端逆推，通过"订单式"人才培养模式，选拔适应企业和市场需求的高职应用型人才。鼓励职业技术学校等开发技术性、专业性强的人工智能课程，提高学生的专业能力，让学生有所专长，为人工智能企业提供保障，为青年创业团队提供人才支持，最终实现学校、企业、学生"三赢"。

（4）夯实人工智能创新创业的中小学教育。

高校调查问卷的结果显示，应将基础教育纳入人工智能创新创业阶段中。为推动其深化发展，同时普及人工智能知识，鼓励学生从小参与，应在中小学设立人工智能的相关科普课程，拓宽学生视野，并为学生日后发展奠定基础。除此之外，还应由非官方机构牵头，采用应用型竞赛、人工智能云课堂等方式，鼓励中小学生创新发展。例如腾讯的"犀牛鸟计划"如今覆盖了广大青少年，就是为了服务于新时代教育的"强基计划"，让人工智能成为我国教育改革的新动力。

2. 企业方面

（1）积极与高校合作，推动成果转化。

根据调查结果，目前创业主体除了过去传统意义上的商业企业家外，有相当一部分是来自科研机构的科研人员。因此需要利用企业资源、发挥自身优势，开展相应的课题研究，培养"订单型人才"，推动高校人工智能领域科技成果转化与示范应用。比如商汤科技与香港中文大学工程学院签订合作协议，根据协议，商汤科技将联合香港中文大学举办国际性中学生人工智能交流展示活动，在活动过程中发掘表现优异的学生。另外，双方还会在教育领域积极合作，鼓励学生探索人工智能科技，共同推动本地人工智能教育发展。再比如阿里巴巴和浙江大学合作，携手成立前沿技术联合研究中心，共同研发用户服饰搭配推荐系统，使人工智能研究成果直接聚焦行业应用。

（2）加强内外结合，促进企业创新。

内部创业指在企业内部创立新的商业组织，努力创新推出新产品。外部孵化指吸引外部投资，培育创新企业。采用并购等方式将内部创业和外部孵化相结合，有利于资源共享、促进人才融入，在中美贸易战的大背景下推动企业创新发展。以长虹为例，其作为第二批大众创业万众创新示范基地，采用内外结合的方式，完成了自身的转型，帮助新兴创业团队和项目走向成熟。对内，密切结合智能转型战略，采用更加灵活的管理制度，将产品经理负责制作为激励员工"双创"的重要机制。对外则是以深圳和成都为基地，打造专业众创空间，开展自由创新项目，寻求可孵化的创意和技术方案，并投资长虹产业相关初创和成长期企业。

（3）强化内部管理，提升业务水平。

调查及数据分析显示，目前多数人工智能创业者未进行有效的团队管理，更关注技术及市场方面的问题，因此有必要加强团队的内部管理，加强沟通、强化责任，避免企业产生内部矛盾、股权纠纷等问题，促进企业长远期的战略发展。与此同时，帮助企业提升对市场的理解、增强业务开拓能力，鼓励企业引进专业化人才。比如在发展"人工智能＋金融"时，可引进银保监会的专业人才；在发展"人工智能＋安防"时，可吸引传统安防制造厂商进入，如海康威视、科达、天地伟业及宇视科技等。AI激发了对安防的潜在需求，同时技术大拿助力安防新技术、新产品的开发，实现新的应用模式，开发新的市场，最终促进"人工智能＋安防"的蓬勃发展。

3. 政府方面

（1）与人工智能相关的政府产业基金长期持续投入。

资金困难是调查中青年创业者遇到的最大困难之一，而这些企业缺乏有效途径来解决此难题，新冠肺炎疫情的暴发更是对人工智能创业企业造成了很大的冲击。人工智能研发是一项长期耗时的工作，因此尽管因为疫情而处于削减开支的大环境下，政府仍需在保持日常运转的前提下保证政府资金的持续投入，包括产业引导资金以及对一系列孵化类项目的投入，以确保青年人工智能创新创业持续深入开展。

同时，调查结果表明，不同的企业具体的困难与需求不尽相同，包括缺少资金、订单、技术等，在政府政策执行的过程中要根据创业者的需求有针对性地提供相应的帮助。缺少资金就提供税收减免、融资培训等服务，缺乏技术就开办课程进行技术上的指导，确保政策真正落实并切实解决青年创业者所遇到的难题。

（2）发挥孵化器在帮助创业企业衔接外部资源方面的作用。

调查结果显示，大学生人工智能创业者对孵化器的需求包括优惠场租、代理代办等中介服务、政策服务、融资服务等多个方面。不难看出，青年创业者在创业初期缺乏经验，在与政府监管部门、金融机构等打交道方面存在不足。这就要求孵化器起到衔接作用，协调创业企业与政府、监管部门、金融机构等的合作，引导创业企业走向正轨。

孵化器同时应该承担起帮助创业企业开拓市场的责任，助力孵化器内部企业技术优势实现互补，帮助体量小的企业获取订单，成为创业企业的"技术经理人"。如中关村成立了中关村技术经理人协会，以促进高校院所、科技企业、服务机构与各分园加强对接，建立长效合作机制，为各类创新主体做好服务，尽快促进一批优质科技成果转化落地，进一步释放科技成果转化源头活力，进一步提升科技成果转化效率。

（3）为不同阶段的创新企业提供针对性扶持措施。

根据调查结果，我们发现资金短缺是大部分青年创业者面对的难题，但是对处于不同阶段的人工智能创业企业需要提供不同的金融服务。早期企业需要风险投资（VC），则帮助这些企业联系有意愿投资早期人工智能的 VC 机构；对于有一定规模或者发展到中后期的企业，需要帮助它们联系私募基金（PE）类公司的投资；对于具有上市规模的企业，则介绍对人工智能方向有兴趣的风投机构给创业企业，帮助企业上市。可见不同阶段的企业在金融服务方面的需求是不同的，需要更加精准地匹配相对应的资源给予创业企业有针对性的帮扶，拓宽人工智能创业企业的融资渠道。

4. 个人方面

（1）树立创新创业观念，培养开拓进取精神。

调查结果显示，部分有人工智能技术基础的大学生甚至高校教师、博士等高知人才缺乏创新创业意识与相应的拼搏进取精神，或因担心人工智能创业的风险而放弃。事实上，我国当前的政策环境极其优越。2018 年教育部印发了《高等学校人工智能创新行动计划》，2019 年深改委发布了《关于促进人工智能和实体经济深度融合的指导意见》，等等。这些政策对人工智能创新创业提供了保护，使得在职创业、停薪留职等成为可能，有力地推动了科技成果转化。因此，高知人才应放下担忧，积极主动参与到人工智能创业浪潮中，更好地实现人生价值。

（2）提早开展人工智能相关创新创业职业规划。

根据调查结果，少有在校大学生在进行职业规划时将与人工智能创新创业相关的企业作为自己的择业选择。实际上，人工智能发展迅速，未来的发展潜力也很宽广，人工智能与各行业各领域的融合是必然的趋势，因此，大学生应提早进行人工智能相关创新创业的职业规划，主动将人工智能行业纳入考虑范畴。其实，积极主动地加入中小型人工智能创新创业团队也是一种不错的选择。

（3）从兴趣出发鼓励学生主动学习人工智能相关知识。

经过调查及访谈，我们发现有部分大学生对人工智能相关知识缺乏了解，在一定程度上限制了他们未来的发展前景。在如今知识大爆发的时代，人们获取知识变得越来越容易，因此要鼓励大学生等青年群体发挥个人的主观能动性，从自身的兴趣出发去接触、了解、学习人工智能的相关知识，培养相关技能。人工智能是未来重要的发展方向，更应该鼓励青年群体跟随时代潮流，把握发展热点，突破专业限制，广泛学习人工智能知识。

参考文献

［1］丁力. 人工智能期待重大原创成果［J］. 中国设备工程，2018（8）：8-9.

［2］杜宴林，杨学科. 论人工智能时代的算法司法与算法司法正义［J］. 湖湘论坛，2019（5）：2，64-74.

［3］余乃忠. 人工智能时代的中国机遇：第四次科技革命的领导者［J］. 重庆大学学报（社会科学版），2020（2）：185-194.

［4］任友群，万昆，冯仰存. 促进人工智能教育的可持续发展：联合国《教育中的人工智能：可持续发展的挑战和机遇》解读与启示［J］. 现代远程教育研究，2019（5）：3-10.

［5］祝智庭，单俊豪，闫寒冰. 面向人工智能创客教育的国际考察和发展策略［J］. 开放教育研究，2019，25（1）：47-54.

［6］全球人工智能产业地图出炉中国 AI 企业数量全球第二［J］. 科技与金融，2018（10）：4.

［7］汤志伟，雷鸿竹，周维. 中美人工智能产业政策的比较研究：基于目标、工具与执行的内容分析［J］. 情报杂志，2019（10）.

［8］怀进鹏. 共创智能科技美好未来［J］. 中国科技产业，2019（9）：8.

［9］赵刚. 人工智能大国战略［J］. 当代县域经济，2017（6）：6-7.

［10］郭庆春，刘杰. 人工智能与实体经济深度融合研究［J］. 农家参谋 2019（17）：148.

［11］虞金坡. 人工智能技术在地方政府公共服务中的应用与发展［J］. 中国标准化，2019（4）：247-248.

［12］腾讯研究院，中国信通院互联网法律研究中心. 国家人工智能战略行动抓手［M］. 北京：中国人民大学出版社，2017.

［13］国务院关于印发新一代人工智能发展规划的通知［N］. （2017－07－20）［2019－02－15］. http：//www. gov. cn/zhengce/wntent/201707/20/content_52119 96. htm.

［14］刘坤，如何迎接人工智能热潮［N］. 光明日报，2017－10－31（14）

［15］阿里研究院. AI＋：2016 人工智能影响力微报告［R］. 浙江：阿里研究院，2017.

［16］中国电子技术标准化研究院. 人工智能标准化白皮书（2018）［EB/OL］.（2018－01－24）［2018－03－15］. http：//www. cesi. cn/201801/3545. html.

［17］Hinton，Geoffrey E.，Simon Osindero，etc. A fast learning algorithm for deep belief nets［J］. Neural Computation，2006，18（7）：1527－1554.

［18］2019CS 排名出炉！清华蝉联全球 AI 专业冠军前十院校中国占四所［EB/OL］.（2019－12－24）［2020－01－15］. https：//tech. ifeng. com/c/7sgShafSTq4.

［19］腾讯研究院. 中美两国人工智能产业发展全面解读［EB/OL］.（2017－08－03）［2018－12－15］. https：//www. sohu. com/a/161923215_651893.

［20］领英. 全球 AI 领域人才报告［EB/OL］.（2017－07－06）［2019－02－13］. https：//business. linkedin. com/zh-cn/talent-solutions/s/sem-report-resources/ai-report.

［21］杨涛. 对人工智能在金融领域应用的思考［J］. 国际金融，2016（12）：24－27.

［22］中国科学技术发展战略研究院. 中国新一代人工智能发展报告 2019［EB/OL］.（2019－05－27）［2019－12－18］. http：//www. casted. org. cn/channel/newsinfo/7352.

［23］艾瑞咨询. 2018 年中国人工智能行业研究报告［EB/OL］.（2018－04－02）［2019－01－18］. http：//report. iresearch. cn/report/201804/3192. shtml.

［24］张耀铭. 人工智能技术创新与大湾区青年发展［J］. 特区实践与理论，2019（4）：72－77.

［25］张朋，刘娜，常静，林漫漫. 人工智能视角下的创新创业教育研究［J］. 中国教育技术装备，2019（8）：3－6.

［26］张耀铭，张路曦. 人工智能：人类命运的天使抑或魔鬼：兼论新技术与青年发展［J］. 中国青年社会科学，2019，38（1）：1－23.

［27］赵宁. 高校共青团促进大学生创新创业社团发展模式构建与运行机制研究［J］. 安徽理工大学学报（社会科学版），2018，20（5）：105－108.

［28］潘柳. 面向后工业时代的众创空间改造设计研究［D］. 华南理工大

学，2018.

[29] 韩毅. 增强现代职业教育吸引力的制度及政策研究 [D]. 天津大学，2017.

[30] 郑晓静. 以创新精神和创业贡献谱写壮丽青春 [N]. 人民日报，2015-07-16（18）.

[31] 王佑镁，宛平，赵文竹，柳晨晨. 科技向善：国际"人工智能＋教育"发展新路向：解读《教育中的人工智能：可持续发展的机遇和挑战》[J]. 开放教育研究，2019，25（5）：23-32.

[32] 孙浩林. 全球科技创新版图的变化趋势与中国新位势 [J]. 科技中国，2019（10）：14-16.

[33] 专刊：中国科技 70 年·道路与经验 [J]. 中国科学院院刊，2019，34（9）：969.

[34] 领英. 中国海归人才吸引力 [EB/OL].（2018-06-26）[2018-08-30].https://www.sohu.com/a/237877534_100012529.

[35] 中国人民大学，等. 2017 年中国大学生创业报告 [EB/OL].（2018-01-06）[2018-02-15]. https://www.sohu.com/a/219696624_100008120.

[36] 吴翠青，周明."双创"背景下科研人员创业意愿研究：基于江西省的实证分析 [J]. 调研世界，2017，（10）：30-34.

[37] 王文岩，孙福全，申强. 产学研合作模式的分类、特征及选择 [J]. 中国科技论坛，2008（5）：37-40.

[38] 冉鸿雁，熊英. 基于"人工智能＋"视域下"5G＋"智慧网络创新技术研究 [J]. 计算机产品与流通，2019（12）：141.

[39] 刘刚，朱林森."互联网＋"背景下大学生创新创业思维养成教育研究：以吉林化工学院为例 [J]. 智库时代，2019（49）：147-148.

[40] 夏怡. 互联网时代高校大学生创新创业课程改革问题探究 [J]. 科技经济导刊，2019，27（31）：168.

[41] 苟和平，景永霞，吴岚，等."互联网＋"背景下计算机类专业创新创业教育的探索 [J]. 兰州教育学院学报，2019，35（10）：104-105，114.

[42] 张鑫，王明辉. 中国人工智能发展态势及其促进策略 [J]. 改革，2019（9）：31-44.

[43] 刘永梅，付则宇，王楠. 国际科技合作基地支撑下智能专业大学生创业能力培养 [J]. 教育现代化，2019，6（74）：18-20，23.

［44］赵占山，郑玉娟.人工智能实践创新平台建设教学实践问题探讨［J］.现代信息科技，2019，3（17）：91-93.

［45］黄丹妮.“人工智能＋医疗”背景下医学生就业创业教育模式的创新与改革研究［J］.太原城市职业技术学院学报，2019（8）：163-164.

［46］朱明，孙婉婷，陈莉，等.人工智能时代康复专业创新实践人才培养研究［J］.医学教育管理，2019，5（4）：293-296.

［47］张耀铭.人工智能技术创新与大湾区青年发展［J］.特区实践与理论，2019（04）：72-77.

［48］唐银，何思颖.“人工智能＋高职艺术专业”创业就业教育模式研究［J］.中国商论，2019（14）：223-225.

第一章　在校大学生创业调查报告

一、在校大学生创业问卷调查概述

(一) 调查说明

为全面了解我国高校在校大学生对创业的理解、创业意愿和动机、各高校创业教育开展情况，深入分析高校在校生创业心理和创业动机，进一步支持和鼓励大学生创新创业，做好创新创业教育支持工作，构建良好的高校创业生态系统，课题组在全国高等院校中开展了关于在校大学生自主创业的问卷调查。调查问卷分为 A 和 B 两种，A 问卷调查的对象为在校大学生，B 问卷调查的对象为大学生创业者。

本章的研究内容为在校大学生的创业调查，调查的对象为全国普通高等学校的在校大学生，问卷由两部分组成，第一部分为受访者的基本信息，旨在了解受访大学生的基本人口统计特征。第二部分共计 31 个问题，涉及在校大学生对创业的理解、创业意愿与领域偏好、高校创业教育评价等方面。调查采取的是无记名网络问卷调查的形式，接受调查者可在个人移动端或个人电脑端作答，每个 IP 地址或移动号码限填一份问卷。为保证调查结果的可信度，本次调查采取了随机抽样的形式，但由于经费限制抽样调查没有对作答者进行 GPS 定位和电话回访，因此在样本的数据分布上可能会有局部性的偏差。

在校大学生调查样本一共覆盖全国 34 个省（区、市）的 89 所高校，共有 9 104 名在校大学生参与。

(二) 调查数据基本描述性统计

1. 总体问卷类型

此次针对在校大学生的调查覆盖全国 34 个省（区、市）的 89 所高校，共收集到 9 104 名大学生关于创业调查问卷的结果。

2. 性别分布

在调查对象为在校大学生的问卷中，男性受访者有 4 133 人（占比 45.4%），女性受访者有 4 971 人（占比 54.6%）。

3. 年龄分布

本次调查问卷中，年龄平均值为 20.12 岁，标准差为 1.903 岁，年龄跨度较大，其中最小的 16 岁，最大的 40 岁；年龄分布较为集中，96% 的受调查者分布在 18~24 岁之间，其中 20 岁的受调查者共 2 814 人（占比 31%）。具体调查样本年龄分布如图 1-1 所示。

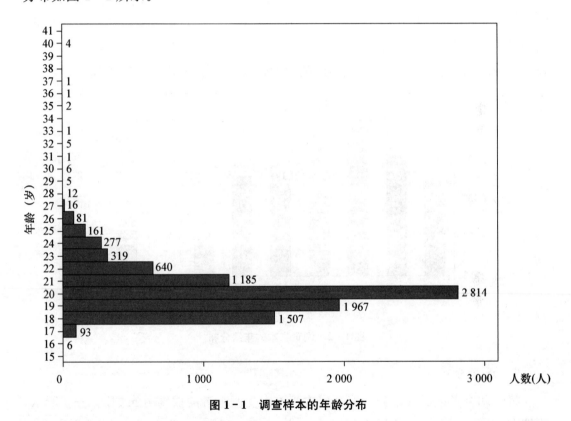

图 1-1　调查样本的年龄分布

4. 学历分布

调查样本学历分布如表 1-1 所示，本科 5 544 人（占比 60.90%），高职 2 926 人（占比 32.14%），调查对象以本科生为主，高职次之；博硕占比仅为 6.96%，其中硕士 592 人（占比 6.50%），博士 42 人（占比 0.46%）。

表 1-1　调查样本的学历分布

样本学历		频数	百分比	累计百分比
有效	A 高职	2 926	32.14%	32.14%
	B 本科	5 544	60.90%	93.04%
	C 硕士	592	6.50%	99.54%
	D 博士	42	0.46%	100%
	总计	9 104	100%	

5. 年级分布

在调查样本中，60.90% 是本科生，其中三年级占比最高，为总样本的 21.20%，二年级次之，为总样本的 17.31%，一年级和四年级所占比例大致相同。高职学生占比 32.14%，其中一年级和二年级所占比例大致相同，分别为总样本的 13.13% 和 14.29%；三年级和四年级的占比较少。具体分布如图 1-2 所示。

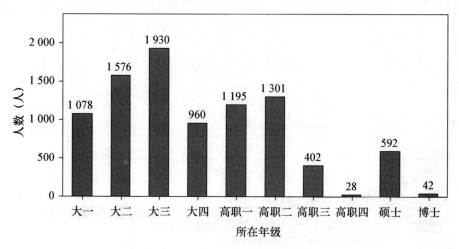

图 1-2　调查样本的年级分布

6. 成绩分布

将受调查者按成绩划分为五个层次，本次受调查者的成绩分布如图 1-3 所示。成绩在 20%～前 40% 的样本量较大，占比 31.96%；成绩在前 20% 次之，占比 27.04%；成绩分布在 40%～前 60% 和 60%～前 80% 的受调查者占总样本的比例相差不大；成绩在后 20% 的样本量最少，仅为总样本的 6.27%。

7. 家庭收入水平分布

在调查样本中，受调查者的家庭收入为当地的中等水平的占比最大，为

31.89%；其次是中下收入水平的家庭，占比 26.50%；高收入水平的家庭占比最小，为 5.34%。调查样本的家庭收入水平具体分布如图 1-4 所示。

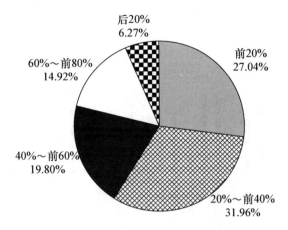

图 1-3 调查样本的成绩分布

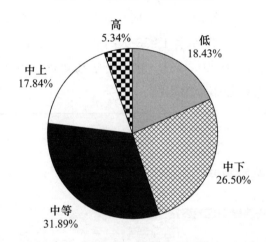

图 1-4 调查样本的家庭收入水平分布

8. 生源地分布

如图 1-5 所示，在本次受调查者中，生源地为浙江省的样本人数最多，为 1041 人，占总样本的 11.4%，其次是山东省和广东省，分别为 747 人（占比 8.2%）和 608 人（占比 6.7%）；港澳台样本量最少，仅有 8 人。

9. 专业类型分布

根据教育部 2011 年印发的《学位授予和人才培养学科目录（2011 年）》，我国大学共有 13 个学科，分别是哲学、经济学、法学、教育学、文学、历史学、理学、工学、农学、医学、军事学、管理学和艺术学。

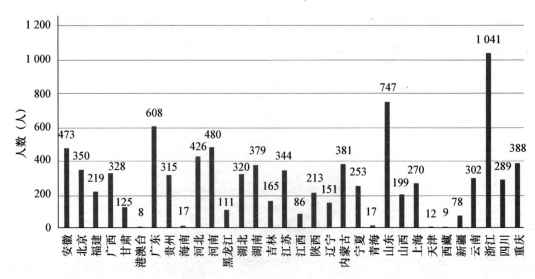

图 1-5　调查样本的生源地分布

本次受调查者的专业分布如图 1-6 所示，工学共计 2 703 人，占比最高，为总样本的 29.7%，其后依次是管理学 1 853 人（占比 20.4%），理学 1 576 人（占比 17.3%），文学 935 人（占比 10.3%）。除历史学和教育学占比不到 1% 以外，其余专业所占比例相差不大，分布较为均衡。

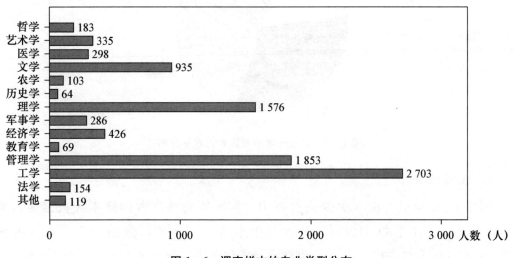

图 1-6　调查样本的专业类型分布

10. 学校层次分布

如表 1-2 所示，我们按照高职高专院校、普通本科高校和双一流高校对受调查者所在学校进行层次分类。在本次调查样本中，普通本科高校占比最高，为 35.9%，双一流高校占比最小，为 31.8%。总体上看，三个层次的学校所占比例相差不大，分布较为均衡。

表1－2　调查样本的学校层次分布

样本的学校层次		频率	百分比	累计百分比
有效	高职高专院校	2 938	32.3%	32.3%
	普通本科高校	3 272	35.9%	68.2%
	双一流高校	2 894	31.8%	100%
	总计	9 104	100%	

11. 学校类型分布

我国高校按学科范围可分为综合类高校、理工类高校、师范类高校、农林类高校、政法类高校、医药类高校、财经类高校、民族类高校、语言类高校、艺术类高校、体育类高校、军事类高校、旅游类高校。

在本次调查样本中，民族类、体育类、军事类和旅游类等类型的样本较少，合并为"其他"。受调查者的大学类型分布如图1－7所示，其中综合类高校占总样本的50.72%，理工类高校和农林类高校次之，分别占总样本的22.73%和9.40%；除民族类高校、体育类高校、军事类高校和旅游类等类型的高校占比较小外，师范类高校、政法类高校、语言类高校、艺术类高校所占比例相差不大。

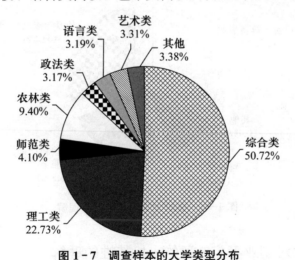

图1－7　调查样本的大学类型分布

二、在校大学生对创业活动的理解

为了更好地了解并反映在校大学生对创业内涵的理解，本部分的分析着眼于探究大学生对创业者人格特性偏好的理解，了解大学生关于创业过程中性别差异的立场，探索大学生职业成功观与是否选择创业之间的关系，并根据问卷调查数据进行个体异质性的分析。

（一）在校大学生对创业活动的理解

如图1-8所示，在针对"如何理解创业"这一问题所给的选项中，最受大学生认可的观点是将创业视作"开创一份新事业"（3 100人持有这种观点），占总体的34.1%；较多的大学生认为创业即"开办一家新公司"（2 867人持有这种观点），占总体的31.5%；此外，2 133人认为创业即"开发一项新产品或服务"，占总体的23.3%；相对来看，将创业理解为"开展一项冒险性活动"的大学生较少，仅有不到1 000人，占比10.7%。

将创业理解为"开创一份新事业"、"开办一家新公司"和"开发一项新产品或服务"的三类群体占比合计达到88.9%，并且持有这三种认识的在校大学生的比重均高于将创业视作"开展一项冒险性活动"的在校大学生的比重。可见，绝大多数在校大学生对创业的理解更倾向于客观实践层面上的理解（即开创一份新事业、开办一家新公司、开发一项新产品或服务），仅有较小比例的在校大学生倾向于主观体验层面上的理解（即开展一项冒险性活动）。

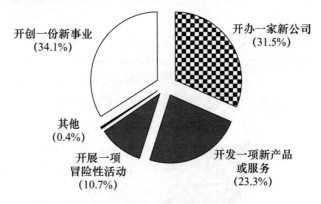

图1-8 在校大学生对创业的理解

（二）在校大学生对创业者应具备的人格特性的理解

创业精神是创业者在主观意识中形成的有关创业活动的认识、想法、观念、情感与态度，是创业者在创业过程中的重要行为特征的高度凝练，主要表现为勇于创新、敢担风险、团结合作、坚持不懈等人格特性。

针对创业者应该具备什么样的创业精神与人格特性这一问题，约58%的大学生认为创业者需具备"风险承担"的人格特性，侧面反映了大学生意识到创业活动的风险性；同时，有超 30％的大学生认为创业者也需要"自信"、"创造力"、"百折不挠"和"有理想抱负"等特性；相对而言，选择"追求自由"、"自控力"、"警觉性（商业嗅觉）"、"擅长交际"与"开放"的人比较少（见图1－9）。

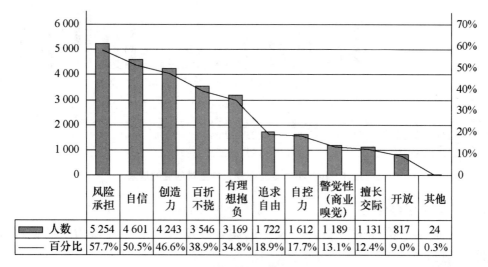

	风险承担	自信	创造力	百折不挠	有理想抱负	追求自由	自控力	警觉性（商业嗅觉）	擅长交际	开放	其他
人数	5 254	4 601	4 243	3 546	3 169	1 722	1 612	1 189	1 131	817	24
百分比	57.7%	50.5%	46.6%	38.9%	34.8%	18.9%	17.7%	13.1%	12.4%	9.0%	0.3%

图 1－9　创业者应具备的人格特性

（三）在校大学生对创业理解的差异

1. 不同专业的在校大学生对创业理解的差异

从专业角度来看，大学生对创业有不同的理解。绝大多数的专业子样本与总体结果相似，即偏向客观实践层面的创业理解占比高于偏向主观体验层面的创业理解；其中，教育学、医学、农学、管理学、工学、文学、军事学、理学及其他等 9个专业的大学生更偏向于将创业视作"开创一份新事业"，历史学、哲学、艺术学和经济学等 4个专业的大学生更偏向于将创业理解为"开办一家新公司"。然而，法学专业则为例外，超过六成的法学专业学生认为创业是"开展一项冒险性活动"，远高于其他专业的大学生（见图1－10）。

2. 不同学习成绩在校大学生对创业者人格特性理解的差异

接下来，我们从学习成绩角度来看不同大学生群体对创业者人格特性的理解。成绩排名在班级 20％～前 40％、40％～前 60％与后 20％的大学生群体的结果与总体结果基本一致——"风险承担"、"自信"、"创造力"、"百折不挠"和"有理想抱负"属于最受偏好的人格特性，且对这五种人格特性的偏好程度依次下降。成绩排名前 20％与 60％～前 80％的大学生群体与总体样本存在些许差异，例如成绩排名

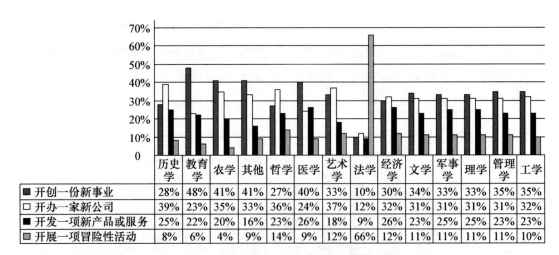

	历史学	教育学	农学	其他	哲学	医学	艺术学	法学	经济学	文学	军事学	理学	管理学	工学
■ 开创一份新事业	28%	48%	41%	41%	27%	40%	33%	10%	30%	34%	33%	33%	35%	35%
□ 开办一家新公司	39%	23%	35%	33%	36%	24%	37%	12%	32%	31%	31%	31%	31%	32%
■ 开发一项新产品或服务	25%	22%	20%	16%	23%	26%	18%	9%	26%	23%	25%	25%	23%	23%
▨ 开展一项冒险性活动	8%	6%	4%	9%	14%	9%	12%	66%	12%	11%	11%	11%	11%	10%

图 1－10　不同专业在校大学生对创业的理解

前 20％的大学生群体对"创造力"的偏好程度大于对"自信"的偏好程度；成绩排名 60％～前 80％群体对"百折不挠"的偏好程度大于对"创造力"的偏好程度（见图 1－11）。

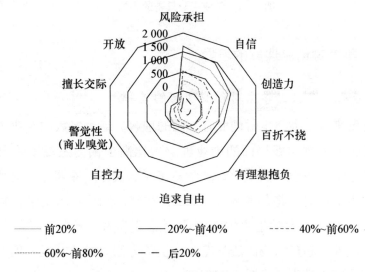

　　——　前20%　　　——　20%～前40%　　　----　40%～前60%

　　------　60%～前80%　　　－ －　后20%

图 1－11　不同学习成绩在校大学生对创业者应具备人格特性的偏好

　　3. 在校大学生对创业性别差异的理解

　　创业者性别差异是创业领域的一个重要话题，针对"创业过程中男性与女性谁更有优势"的问题，约有 65％的大学生认为男性在创业过程中会更有优势，且这一观点普遍存在于男性与女性大学生之间，表明大部分在校大学生认为女性在创业中处于弱势地位（见图 1－12）。

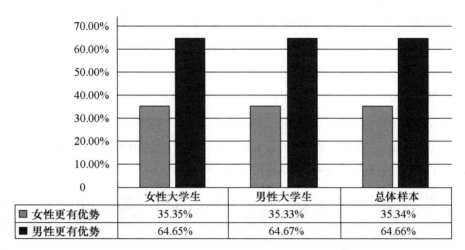

图 1 - 12　在校大学生对创业性别差异的理解

4. 不同年龄段在校大学生对创业性别差异的理解

从不同年龄段来看大学生对创业者性别差异的问题，可以发现在受调查人数比较集中的 17～26 岁年龄段中，调查结果与总体结果基本一致，即不同年龄段大部分的大学生认为男性在创业中更有优势（见图 1 - 13）。

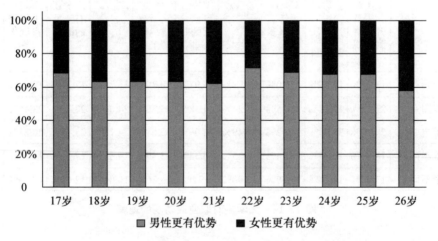

图 1 - 13　不同年龄段学生对创业性别差异的理解

（四）在校大学生对职业成功观的理解

1. 在校大学生对职业成功观的基本理解

职业成功观为人们心目中的职业成功标准，整体调查结果如图 1 - 14 所示。各类职业成功观的受认可程度较为相近，除了"工作之余还有充足的时间享受生活"这一观点外，其余职业成功观均是"不确定"占比最高，这表明受访大学生对职业成功观并没有坚定明确的态度，这或与受访大学生对职业成功的标准并没有明确统一的界定有关。

相对而言，部分职业成功观受认可的比重较高，包括"工作之余还有充足的时间享受生活"（44.41%）、"健康的身体"（42.60%）、"做到工作和家庭平衡"（42.72%）、"从事自己喜欢的职业"（42.35%）、"工作中有热情、有激情、感到充实"（40.87%）、"潜能得到充分发挥"（40.37%）、"不断从事有挑战性的工作"（36.55%）和"通过工作能赚很多钱"（36.05%）。

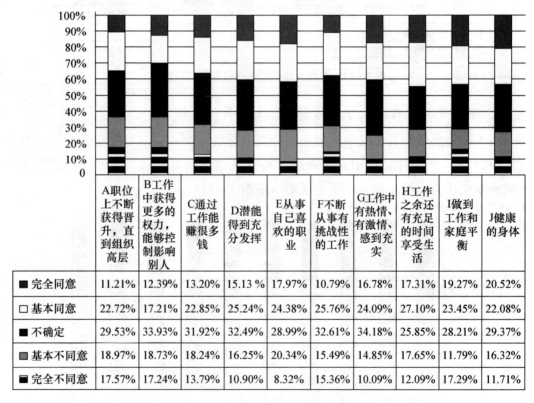

	A职位上不断获得晋升，直到组织高层	B工作中获得更多的权力，能够控制影响别人	C通过工作能赚很多钱	D潜能得到充分发挥	E从事自己喜欢的职业	F不断从事有挑战性的工作	G工作中有热情、有激情、感到充实	H工作之余还有充足的时间享受生活	I做到工作和家庭平衡	J健康的身体
■ 完全同意	11.21%	12.39%	13.20%	15.13%	17.97%	10.79%	16.78%	17.31%	19.27%	20.52%
□ 基本同意	22.72%	17.21%	22.85%	25.24%	24.38%	25.76%	24.09%	27.10%	23.45%	22.08%
■ 不确定	29.53%	33.93%	31.92%	32.49%	28.99%	32.61%	34.18%	25.85%	28.21%	29.37%
▨ 基本不同意	18.97%	18.73%	18.24%	16.25%	20.34%	15.49%	14.85%	17.65%	11.79%	16.32%
■ 完全不同意	17.57%	17.24%	13.79%	10.90%	8.32%	15.36%	10.09%	12.09%	17.29%	11.71%

图 1-14　大学生对职业成功观的理解

2. 在校大学生对三维度的职业成功观的理解

本研究进一步将问卷给定的 10 种职业成功观归纳为外在激励、内在满足与和谐平衡三个维度，维度划分如表 1-3 所示。从各维度的占比高低来看（见图 1-15），认同和谐平衡（43.24%）和内在满足（40.03%）两个维度的比重显著高于外在激励维度（33.19%），这说明在校大学生更多地是基于内在自我实现与外在平衡的角度去评判职业成功与否，追求的视角更为多元，更多地考虑了精神生活的满足，而非单一注重传统报酬维度。

表 1-3　职业成功观的三维度归纳

维度	职业成功观
外在激励	A 职位上不断获得晋升，直到组织高层 B 工作中获得更多的权力，能够控制影响别人 C 通过工作能赚很多钱
内在满足	D 潜能得到充分发挥 E 从事自己喜欢的职业 F 不断从事有挑战性的工作 G 工作中有热情、有激情、感到充实
和谐平衡	H 工作之余还有充足的时间享受生活 I 做到工作和家庭平衡 J 健康的身体

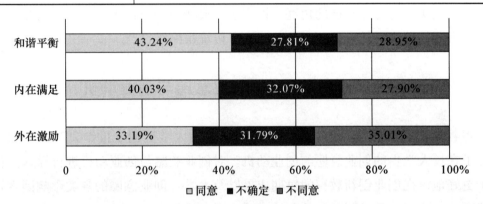

图 1-15　在校大学生职业成功观三维度的理解差异

（五）本部分总结

从大学生对创业活动的理解来看，接近 90％的在校大学生更倾向于客观实践层面上的理解（即开创一份新事业、开办一家新公司、开发一项新产品或服务），仅有较小比例的在校大学生倾向于主观体验层面上的理解（即开展一项冒险性活动）；而且从不同专业的在校大学生来看，绝大多数的专业样本与总体结果相似——偏向客观实践层面的理解的占比高于偏向主观体验层面的理解的占比，但法学专业例外，超过六成的法学专业学生认为创业是"开展一项冒险性活动"。

从大学生对创业者应具备的人格特性的理解来看，"风险承担"、"自信"、"创造力"、"百折不挠"和"有理想抱负"属于最受偏好的人格特性，且对这五种人格特性的偏好程度依次下降；从班级排名的角度来看，排名在班级 20％～前 40％、40％～前 60％与后 20％的学生群体的结果与总体结果基本一致，成绩排名前 20％

和 60%～前 80%的群体除了对个别特性的偏好与总体有差异外，其余基本与总体结果一致。

从在校大学生对创业性别差异的理解来看，无论是男生还是女生，绝大多数都认为男性在创业过程中更有优势，而且这一结果并不会因为年龄的不同而有所改变。

从在校大学生对职业成功观的理解来看，大学生对职业成功观并没有坚定明确的态度，对于每一种给出的职业成功描述，选择"不确定"态度的人数总是最多的；不过，将给定的职业成功描述从三个维度加以分类后，我们发现："和谐平衡"和"内在满足"两个维度比"外在激励"更受偏好，这说明在校大学生更多地是基于内在自我实现与外在平衡的角度去评判职业成功与否，追求的视角更为多元，更多地考虑了精神生活的满足，而非单一注重传统报酬维度。

三、在校大学生的创业意愿与创业动机

随着大学生创新创业教育的逐年开展，《中国大学生创业报告 2019》继续跟踪研究了在校大学生的创业意愿与创业动机。对创业意愿与创业动机进行深入分析有利于更好地审视创业创新教育的短期成果以及大学生创业意愿的各类影响因素，并厘清哪些影响因素是体制机制的制约，哪些因素是个人自身的问题。创业意愿是指对有意识地计划在未来某一时间点开展创业行为的承诺度，涉及意愿强度、创业领域及意愿产生时间。创业动机是指驱动个体创业的倾向或动力。本部分内容在整体分析在校大学生创业意愿及创业动机的同时进一步分析了不同在校大学生群体创业意愿与创业动机的差异性。

（一）在校大学生的创业意愿概述

本次问卷调查的结果显示，有超过 75%的在校大学生具有创业意愿（如图 1-16 所示），虽然他们的创业意愿的强度不同，但是该调查数据一定程度上表明了国家对创新创业教育的投入具有政策效果。进一步分析发现，76.23%的在校大学生样本表达了不同程度的创业意愿，其中 35.64%的在校大学生有创业意愿，但不强烈，表明有相当大比例的在校大学生未来具有创业创新的潜力。有强烈的意愿和一定要创业的在校大学生的比例分别达到了 12.77%和 13.51%，即 26.28%的大学生会成为未来创新创业的主要力量。

关于在校大学生对创业领域的选择，图 1-17 中的数据显示，整体看来，在校大学生最感兴趣的创业领域排名依次是医疗健康（11.63%）、消费电商（11.10%）、前沿科技（11.05%）、教育（11.01%）、文化产品（10.24%）、金融（10.17%）、餐饮（8.85%）、O2O（8.80%）、社交（8.43%）、企业服务（8.25%）。

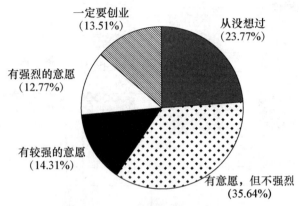

图1-16 在校大学生的创业意愿

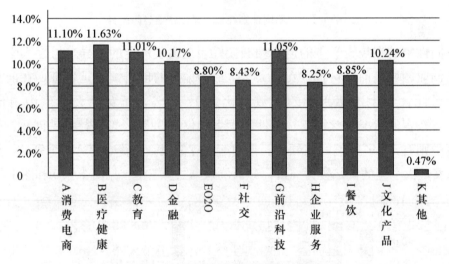

图1-17 在校大学生创业领域的偏好

（二）在校大学生创业意愿的详细分析

1. 不同性别在校大学生的创业意愿分析

从图1-18中可以看出，男性在校大学生和女性在校大学生的创业意愿与总体创业意愿不同强度的比例几乎一致，都是以"有意愿，但不强烈"的看法占多数，分别达到了33.54%和37.38%。但从整体上看，男性在校大学生中表现出较强及以上程度创业意愿的人所占比例达到了42.98%，而在女性在校大学生中表现出较强及以上程度创业意愿的人仅占 38.61%，可以看出性别对创业意愿强度有一定影响。回归分析结果也证实了这一发现，性别为男与创业意愿强度正相关，即相对于女性在校大学生，男性在校大学生的创业意愿更为强烈。

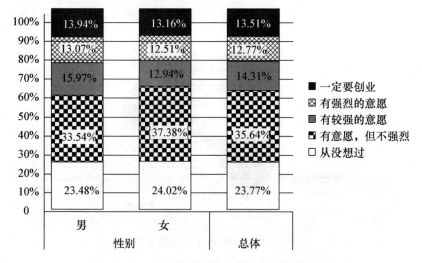

图 1-18 不同性别在校大学生创业意愿差异

不同性别的在校大学生的创业领域偏好表现出了一定的差异，男性大学生最为偏好的创业领域是前沿科技，女性大学生最为偏好的创新领域是教育，在前沿科技方向，男性大学生中感兴趣的人数占比达 12.73%，而女性大学生中占比仅为9.66%；教育的状况与此相反，男性大学生中仅有 9.85% 想进行相关创业，而女性大学生中则有 11.97% 偏好该领域。但对于医疗健康、消费电商这两个领域，男性大学生与女性大学生的偏好较为一致，分别位列第二、三位（见图 1-19 和图 1-20）。

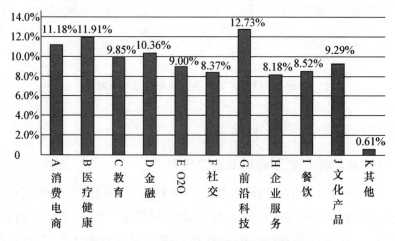

图 1-19 男性在校大学生创业领域偏好

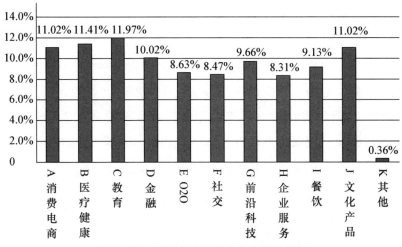

图 1-20 女性在校大学生创业领域偏好

2. 不同家庭收入水平在校大学生的创业意愿分析

从图 1-21 中可以看出，从来没有创业意愿的在校大学生在各家庭收入水平群体中占比相近，为 22%~24%。但在有创业意愿的在校大学生中，意愿的强弱随家庭收入的不同有较大变化，在中等及中下收入家庭中，创业意愿为较强及以上程度的在校大学生的占比随家庭收入水平的提高而降低；而在中上及高收入家庭中，相应的在校大学生的占比则随家庭收入水平的提高而提高。整体而言，来自高收入家庭的在校大学生创业意愿最强，表现出较强及以上程度创业意愿的人的占比高达50.82%。数据回归分析结果也证实了该项结论，相对于家庭收入水平中等的在校大学生，家庭收入水平最低的在校大学生、家庭收入水平中上和高的在校大学生的创业意愿更为强烈。

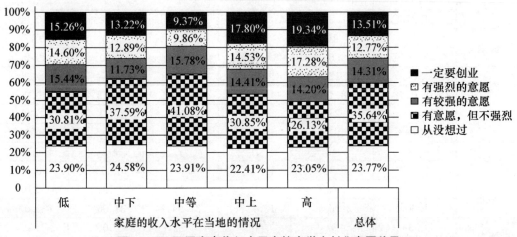

图 1-21 不同家庭收入水平在校大学生创业意愿差异

3. 不同生源地在校大学生的创业意愿分析

从表1-4可以看出，大部分省份在校大学生创业意愿以"有意愿，但不强烈"为主，其中多数省份占比能达到40%以上；而部分省份在校大学生创业意愿明显较低，如贵州、宁夏、云南、重庆这四个省份，从没想过创业的在校大学生人数占比均在35%以上；广西、湖北、江苏和上海这四个省份的在校大学生创业意愿强度高，有强烈的意愿及一定要创业的在校大学生占比均不低于50%。

表1-4 不同生源地在校大学生创业意愿强度分析

生源地	创业意愿					
	从没想过	有意愿，但不强烈	有较强的意愿	有强烈的意愿	一定要创业	总计
安徽	112	132	50	80	99	473
	23.68%	27.91%	10.57%	16.91%	20.93%	100.00%
北京	83	79	41	67	80	350
	23.71%	22.57%	11.71%	19.14%	22.86%	100.00%
福建	56	103	35	12	13	219
	25.57%	47.03%	15.98%	5.48%	5.94%	100.00%
甘肃	33	54	22	8	8	125
	26.40%	43.20%	17.60%	6.40%	6.40%	100.00%
港澳台	2	3	1	1	1	8
	25.00%	37.50%	12.50%	12.50%	12.50%	100.00%
广东	139	182	87	92	108	608
	22.86%	29.93%	14.31%	15.13%	17.76%	100.00%
广西	39	60	39	93	97	328
	11.89%	18.29%	11.89%	28.35%	29.57%	100.00%
贵州	130	135	39	4	7	315
	41.27%	42.86%	12.38%	1.27%	2.22%	100.00%
海南	6	10	1	0	0	17
	35.29%	58.82%	5.88%	0.00%	0.00%	100.00%
河北	81	121	58	99	67	426
	19.01%	28.40%	13.62%	23.24%	15.73%	100.00%
河南	95	260	52	44	29	480
	19.79%	54.17%	10.83%	9.17%	6.04%	100.00%
黑龙江	33	43	19	7	9	111
	29.73%	38.74%	17.12%	6.31%	8.11%	100.00%
湖北	37	69	42	70	101	319
	11.60%	21.63%	13.17%	21.94%	31.66%	100.00%
湖南	53	87	40	94	105	379
	13.98%	22.96%	10.55%	24.80%	27.70%	100.00%

续表

生源地	创业意愿					
	从没想过	有意愿，但不强烈	有较强的意愿	有强烈的意愿	一定要创业	总计
吉林	55	71	21	13	5	165
	33.33%	43.03%	12.73%	7.88%	3.03%	100.00%
江苏	31	74	41	100	98	344
	9.01%	21.51%	11.92%	29.07%	28.49%	100.00%
江西	16	51	11	1	7	86
	18.60%	59.30%	12.79%	1.16%	8.14%	100.00%
辽宁	49	55	21	13	13	151
	32.45%	36.42%	13.91%	8.61%	8.61%	100.00%
内蒙古	92	178	71	24	16	381
	24.15%	46.72%	18.64%	6.30%	4.20%	100.00%
宁夏	92	131	30	1	0	254
	36.22%	51.57%	11.81%	0.39%	0.00%	100.00%
青海	4	7	2	1	3	17
	23.53%	41.18%	11.76%	5.88%	17.65%	100.00%
山东	145	243	117	118	124	747
	19.41%	32.53%	15.66%	15.80%	16.60%	100.00%
山西	52	84	26	20	17	199
	26.13%	42.21%	13.07%	10.05%	8.54%	100.00%
陕西	46	88	40	14	25	213
	21.60%	41.31%	18.78%	6.57%	11.74%	100.00%
上海	24	29	37	83	97	270
	8.89%	10.74%	13.70%	30.74%	35.93%	100.00%
四川	75	136	32	13	33	289
	25.95%	47.06%	11.07%	4.50%	11.42%	100.00%
天津	4	5	2	0	1	12
	33.33%	41.67%	16.67%	0.00%	8.33%	100.00%
西藏	2	5	2	0	0	9
	22.22%	55.56%	22.22%	0.00%	0.00%	100.00%
新疆	20	36	11	6	5	78
	25.64%	46.15%	14.10%	7.69%	6.41%	100.00%
云南	109	146	35	7	5	302
	36.09%	48.34%	11.59%	2.32%	1.66%	100.00%
浙江	297	420	225	58	41	1041
	28.53%	40.35%	21.61%	5.57%	3.94%	100.00%
重庆	152	148	53	19	16	388
	39.18%	38.14%	13.66%	4.90%	4.12%	100.00%
总计	2 164	3 245	1 303	1 162	1 230	9 104
	23.77%	35.64%	14.31%	12.76%	13.51%	100.00%

在不同生源地在校大学生在创业领域的选择方面，从表1-5中的数据可以看出，各省份各领域占比整体上比较相似，本报告进一步将生源省份按东部、中部、

表 1-5 不同生源地在校大学生创业领域偏好差异

生源地	创业领域											总计
	A 消费电商	B 医疗健康	C 教育	D 金融	E O2O	F 社交	G 前沿科技	H 企业服务	I 餐饮	J 文化产品	K 其他	
安徽	49	43	57	46	44	40	62	43	38	50	1	473
	10.36%	9.09%	12.05%	9.73%	9.30%	8.46%	13.11%	9.09%	8.03%	10.57%	0.21%	100.00%
北京	32	44	23	33	32	43	39	34	35	35	0	350
	9.14%	12.57%	6.57%	9.43%	9.14%	12.29%	11.14%	9.71%	10.00%	10.00%	0.00%	100.00%
福建	38	34	28	22	9	14	16	15	21	22	0	219
	17.35%	15.53%	12.79%	10.05%	4.11%	6.39%	7.31%	6.85%	9.59%	10.05%	0.00%	100.00%
甘肃	14	8	13	14	10	7	19	10	15	15	0	125
	11.20%	6.40%	10.40%	11.20%	8.00%	5.60%	15.20%	8.00%	12.00%	12.00%	0.00%	100.00%
港澳台	0	0	1	0	0	0	1	3	1	0	2	8
	0.00%	0.00%	12.50%	0.00%	0.00%	0.00%	12.50%	37.50%	12.50%	0.00%	25.00%	100.00%
广东	58	65	48	55	69	58	62	50	76	66	1	608
	9.54%	10.69%	7.89%	9.05%	11.35%	9.54%	10.20%	8.22%	12.50%	10.86%	0.16%	100.00%
广西	32	39	17	28	33	30	38	35	38	37	1	328
	9.76%	11.89%	5.18%	8.54%	10.06%	9.15%	11.59%	10.67%	11.59%	11.28%	0.30%	100.00%
贵州	35	25	33	35	30	25	28	23	37	44	0	315
	11.11%	7.94%	10.48%	11.11%	9.52%	7.94%	8.89%	7.30%	11.75%	13.97%	0.00%	100.00%
海南	1	2	5	1	0	2	1	0	2	3	0	17
	5.88%	11.76%	29.41%	5.88%	0.00%	11.76%	5.88%	0.00%	11.76%	17.65%	0.00%	100.00%

续表

生源地	A 消费电商	B 医疗健康	C 教育	D 金融	E O2O	F 社交	G 前沿科技	H 企业服务	I 餐饮	J 文化产品	K 其他	总计
河北	45	58	38	41	38	37	56	36	33	44	0	426
	10.56%	13.62%	8.92%	9.62%	8.92%	8.69%	13.15%	8.45%	7.75%	10.33%	0.00%	100.00%
河南	32	42	94	42	60	27	56	41	35	47	4	480
	6.67%	8.75%	19.58%	8.75%	12.50%	5.63%	11.67%	8.54%	7.29%	9.79%	0.83%	100.00%
黑龙江	22	21	22	10	8	7	4	5	3	8	1	111
	19.82%	18.92%	19.82%	9.01%	7.21%	6.31%	3.60%	4.50%	2.70%	7.21%	0.90%	100.00%
湖北	30	32	20	38	30	27	35	33	33	40	1	319
	9.40%	10.03%	6.27%	11.91%	9.40%	8.46%	10.97%	10.34%	10.34%	12.54%	0.31%	100.00%
湖南	45	40	34	43	40	37	35	39	33	30	3	379
	11.87%	10.55%	8.97%	11.35%	10.55%	9.76%	9.23%	10.29%	8.71%	7.92%	0.79%	100.00%
吉林	22	20	41	14	3	13	10	11	15	13	3	165
	13.33%	12.12%	24.85%	8.48%	1.82%	7.88%	6.06%	6.67%	9.09%	7.88%	1.82%	100.00%
江苏	43	44	29	32	33	34	39	26	36	28	0	344
	12.50%	12.79%	8.43%	9.30%	9.59%	9.88%	11.34%	7.56%	10.47%	8.14%	0.00%	100.00%
江西	14	12	10	10	3	7	8	8	8	6	0	86
	16.28%	13.95%	11.63%	11.63%	3.49%	8.14%	9.30%	9.30%	9.30%	6.98%	0.00%	100.00%
辽宁	15	14	20	33	5	16	15	7	13	11	2	151
	9.93%	9.27%	13.25%	21.85%	3.31%	10.60%	9.93%	4.64%	8.61%	7.28%	1.32%	100.00%

创业领域

续表

生源地	创业领域											
	A 消费电商	B 医疗健康	C 教育	D 金融	E O2O	F 社交	G 前沿科技	H 企业服务	I 餐饮	J 文化产品	K 其他	总计
内蒙古	63	55	59	36	24	13	50	24	28	22	7	381
	16.54%	14.44%	15.49%	9.45%	6.30%	3.41%	13.12%	6.30%	7.35%	5.77%	1.84%	100.00%
宁夏	25	31	16	24	31	23	28	24	25	27	0	254
	9.84%	12.20%	6.30%	9.45%	12.20%	9.06%	11.02%	9.45%	9.84%	10.63%	0.00%	100.00%
青海	2	1	3	3	2	2	0	0	2	2	0	17
	11.76%	5.88%	17.65%	17.65%	11.76%	11.76%	0.00%	0.00%	11.76%	11.76%	0.00%	100.00%
山东	88	89	78	83	67	62	75	50	66	85	4	747
	11.78%	11.91%	10.44%	11.11%	8.97%	8.30%	10.04%	6.69%	8.84%	11.38%	0.54%	100.00%
山西	25	21	30	13	10	19	23	18	21	19	0	199
	12.56%	10.55%	15.08%	6.53%	5.03%	9.55%	11.56%	9.05%	10.55%	9.55%	0.00%	100.00%
陕西	19	20	30	26	19	16	26	17	17	21	2	213
	8.92%	9.39%	14.08%	12.21%	8.92%	7.51%	12.21%	7.98%	7.98%	9.86%	0.94%	100.00%
上海	32	34	9	27	27	33	28	31	21	28	0	270
	11.85%	12.59%	3.33%	10.00%	10.00%	12.22%	10.37%	11.48%	7.78%	10.37%	0.00%	100.00%
四川	27	42	23	34	14	27	36	26	26	33	1	289
	9.34%	14.53%	7.96%	11.76%	4.84%	9.34%	12.46%	9.00%	9.00%	11.42%	0.35%	100.00%
天津	3	0	2	0	1	1	2	2	0	1	0	12
	25.00%	0.00%	16.67%	0.00%	8.33%	8.33%	16.67%	16.67%	0.00%	8.33%	0.00%	100.00%

续表

生源地	A 消费电商	B 医疗健康	C 教育	D 金融	E O2O	F 社交	G 前沿科技	H 企业服务	I 餐饮	J 文化产品	K 其他	总计
西藏	1	0	2	2	0	0	0	2	1	1	0	9
	11.11%	0.00%	22.22%	22.22%	0.00%	0.00%	0.00%	22.22%	11.11%	11.11%	0.00%	100.00%
新疆	7	8	5	13	4	6	6	8	2	19	0	78
	8.97%	10.26%	6.41%	16.67%	5.13%	7.69%	7.69%	10.26%	2.56%	24.36%	0.00%	100.00%
云南	27	29	27	43	24	22	35	31	19	44	1	302
	8.94%	9.60%	8.94%	14.24%	7.95%	7.28%	11.59%	10.26%	6.29%	14.57%	0.33%	100.00%
浙江	128	155	154	93	86	85	129	57	63	83	8	1041
	12.30%	14.89%	14.79%	8.93%	8.26%	8.17%	12.39%	5.48%	6.05%	7.97%	0.77%	100.00%
重庆	36	32	31	32	45	34	44	42	43	48	1	388
	9.28%	8.25%	7.99%	8.25%	11.60%	8.76%	11.34%	10.82%	11.08%	12.37%	0.26%	100.00%
总计	1010	1060	1002	926	801	767	1006	751	806	932	43	9104
	11.09%	11.64%	11.01%	10.17%	8.80%	8.42%	11.05%	8.25%	8.85%	10.24%	0.47%	100.00%

创业领域

西部进行区域划分，发现不同区域在校大学生对创业领域的偏好不同，西部地区的在校大学生更愿意进行文化产品方面的创业，中部地区的在校大学生在教育领域的创业意愿更加明显，而东部地区的在校大学生在医疗健康和消费电商这两个领域的创业意愿更强烈，在企业服务领域的创业意愿则明显较弱。

4. 不同学历在校大学生的创业意愿分析

分析不同学历在校大学生的创业意愿时，基于本次调查数据，我们发现普通高等院校在校大学生随着学历的提升"一定要创业"的学生的占比基本上逐渐降低，本科生"一定要创业"的意愿占比为 6.88%，硕士生该意愿的占比为 7.11%，博士学历该项占比仅为 3.33%，与调查数据中高职高专学生"一定要创业"的 26.00% 的比例相差较大。本次调查数据亦显示高职高专学生的整体创业意愿较强，"从没想过"创业的仅占 15.60%，"一定要创业"是各类学历中占比最高的，达 26.00%（见图 1-22）。其他学历类型的在校大学生创业意愿较为相近。回归分析结果也显示，相对于高职高专学生，本科生、硕士生、博士生的创业意愿强度较低，学历与创业意愿之间存在较强的负相关关系。不同学历群体的创业意愿差异表明，学历教育特别是博士教育受到职业规划的限制，博士的就业导向更多地为未来在高校任职，从事科学研究工作，与高职高专学历学生的就业、创业导向形成较为鲜明的对比。

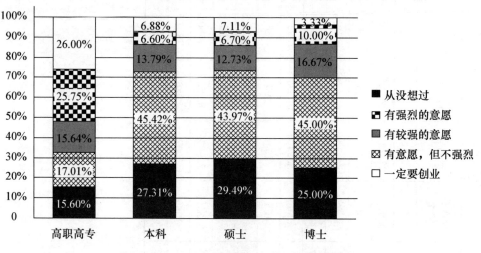

图 1-22　不同学历在校大学生创业意愿差异

5. 不同在读年级在校大学生的创业意愿分析

不同在读年级在校大学生的创业意愿差异，如图 1-23 所示。在高职高专各年级学生中，表现出较强及以上程度创业意愿的人在各年级的占比都在 60% 以上，其中高职高专三年级学生的创业意愿最强，有创业意愿者的占比达到了 87.6%，高职高专二年级和一年级次之。但在本科各年级、硕士和博士中表现出较强及以上程度创业意愿的人的占比均不到 30%，并呈现随年级上升整体创业意愿强度略微下降的趋势。

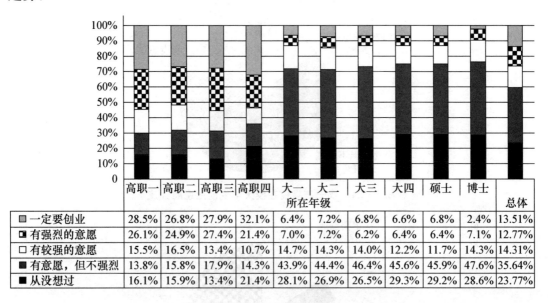

	高职一	高职二	高职三	高职四	大一	大二	大三	大四	硕士	博士	总体
▨ 一定要创业	28.5%	26.8%	27.9%	32.1%	6.4%	7.2%	6.8%	6.6%	6.8%	2.4%	13.51%
▩ 有强烈的意愿	26.1%	24.9%	27.4%	21.4%	7.0%	7.2%	6.2%	6.4%	6.4%	7.1%	12.77%
□ 有较强的意愿	15.5%	16.5%	13.4%	10.7%	14.7%	14.3%	14.0%	12.2%	11.7%	14.3%	14.31%
■ 有意愿，但不强烈	13.8%	15.8%	17.9%	14.3%	43.9%	44.4%	46.4%	45.6%	45.9%	47.6%	35.64%
■ 从没想过	16.1%	15.9%	13.4%	21.4%	28.1%	26.9%	26.5%	29.3%	29.2%	28.6%	23.77%

所在年级

图 1-23 不同在读年级在校大学生创业意愿差异

6. 不同层次学校在校大学生的创业意愿分析

按照双一流高校体系将学校层次划分为双一流高校和非双一流高校，对比图 1-24 和图 1-25 可知，双一流高校在校大学生整体创业意愿相比非双一流高校在校大学生的创业意愿较低，有意愿创业的在校大学生样本占总样本的比例约为 70%，非双一流高校大学生相应占比约为 88%，且二者大学生创业意愿强度分布不同。双一流高校大学生的创业意愿集中于"有意愿，但不强烈"选项，占比为 54.11%，且随着创业意愿强度的上升，人数占比持续下降；非双一流高校则有 31.78% 的大学生创业意愿比重集中于"有意愿，但不强烈"选项，其余创业意愿强度人数分布较为均匀。根据回归结果，学校层次（双一流与非双一流高校）与创业意愿强度的回归系数为 -0.431（在 1% 的显著性水平上显著），这表明相对于非双一流高校，双一流高校在校大学生的创业意愿较弱。

不同层次高校的在校大学生创业意愿领域并没有显著差异。如图 1-26 和图 1-27 所示，不同学校层次在校大学生的创业领域偏好接近，且各自领域偏好分布较为均匀。其中"医疗健康"、"前沿科技"、"教育"和"消费电商"排名普遍靠前，占比均在10%～14%之间，这说明大学生创业倾向于新兴技术和国家政策鼓励的方向。"企业服务"与"餐饮"占比较低，低于10%，这说明在校大学生对传统领域的创业兴趣较弱。

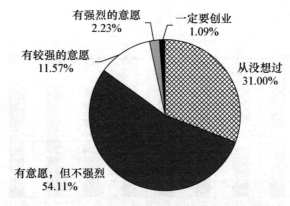

图1-24　双一流高校在校大学生创业意愿强度

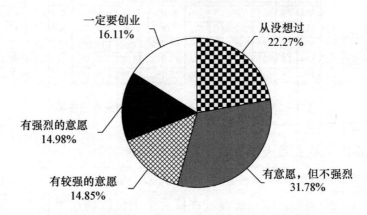

图1-25　非双一流高校在校大学生创业意愿强度

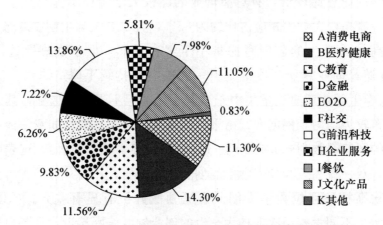

图1-26　双一流高校在校大学生创业领域偏好

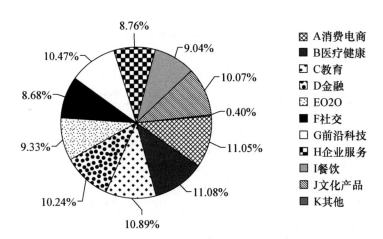

图 1-27 非双一流高校在校大学生创业领域偏好

7. 不同专业在校大学生的创业意愿分析

不同专业的在校大学生创业意愿强度有较为明显的差异。从描述性统计结果看,教育学等人文社科专业以及医学专业大学生的创业意愿较低,"从没想过"在各专业中的占比靠前。军事学专业大学生"一定要创业"的意愿显著高出其他专业。总体来看,不同专业在校大学生创业意愿的强度还是集中在"有意愿,但不强烈"这个选项上(见表1-6)。

表1-6 不同专业在校大学生的创业意愿强度

专业	创业意愿					总计
	A 从没想过	B 有意愿,但不强烈	C 有较强的意愿	D 有强烈的意愿	E 一定要创业	
法学	40	81	18	8	7	154
	25.97%	52.60%	11.69%	5.19%	4.55%	100.00%
工学	647	945	386	355	370	2703
	23.94%	34.96%	14.28%	13.13%	13.69%	100.00%
管理学	459	679	299	212	204	1853
	24.77%	36.64%	16.14%	11.44%	11.01%	100.00%
教育学	26	22	15	3	3	69
	37.68%	31.88%	21.74%	4.35%	4.35%	100.00%
经济学	127	200	62	18	19	426
	29.81%	46.95%	14.55%	4.23%	4.46%	100.00%

续表

专业	创业意愿					
	A 从没想过	B 有意愿，但不强烈	C 有较强的意愿	D 有强烈的意愿	E 一定要创业	总计
军事学	27	38	41	72	108	286
	9.44%	13.29%	14.34%	25.17%	37.76%	100.00%
理学	406	531	196	231	211	1575
	25.78%	33.71%	12.44%	14.67%	13.40%	100.00%
历史学	18	31	10	3	2	64
	28.13%	48.44%	15.63%	4.69%	3.13%	100.00%
农学	23	53	16	5	6	103
	22.33%	51.46%	15.53%	4.85%	5.83%	100.00%
文学	170	341	123	144	158	936
	18.16%	36.43%	13.14%	15.38%	16.88%	100.00%
医学	92	158	24	12	12	298
	30.87%	53.02%	8.05%	4.03%	4.03%	100.00%
艺术学	56	66	72	68	73	335
	16.72%	19.70%	21.49%	20.30%	21.79%	100.00%
哲学	60	79	24	7	13	183
	32.79%	43.17%	13.11%	3.83%	7.10%	100.00%
其他	13	21	17	24	44	119
	10.92%	17.65%	14.29%	20.17%	36.97%	100.00%
总计	2164	3245	1303	1162	1230	9104
	23.77%	35.64%	14.31%	12.76%	13.51%	100.00%

受所学专业的影响，不同专业在校大学生在创业领域上存在不同偏好，如医学专业的学生创业偏好"医疗健康"领域的占比在所有专业学生中是最高的，高达 37.58%。教育学专业学生创业意愿也相应地偏好"教育"领域，占比为 40.58%，远高于其他领域。而对于"文化产品"、"餐饮"、"社交"和"消费电商"等专业门槛低、进入壁垒低的领域，各个专业学生的意愿比较均衡，占比多在 10% 左右（见表 1-7）。

表1-7 不同专业在校大学生创业领域偏好

专业	创业领域											总计
	A 消费电商	B 医疗健康	C 教育	D 金融	E O2O	F 社交	G 前沿科技	H 企业服务	I 餐饮	J 文化产品	K 其他	
法学	21	10	17	11	13	15	21	12	8	24	2	154
	13.64%	6.49%	11.04%	7.14%	8.44%	9.74%	13.64%	7.79%	5.19%	15.58%	1.30%	100.00%
工学	322	299	243	258	232	208	351	267	265	247	11	2703
	11.91%	11.06%	8.99%	9.54%	8.58%	7.70%	12.99%	9.88%	9.80%	9.14%	0.41%	100.00%
管理学	236	195	197	212	155	162	161	144	173	205	13	1853
	12.74%	10.52%	10.63%	11.44%	8.36%	8.74%	8.69%	7.77%	9.34%	11.06%	0.70%	100.00%
教育学	12	5	28	1	5	5	3	1	3	6	0	69
	17.39%	7.25%	40.58%	1.45%	7.25%	7.25%	4.35%	1.45%	4.35%	8.70%	0.00%	100.00%
经济学	43	43	38	73	30	45	47	28	30	45	4	426
	10.09%	10.09%	8.92%	17.14%	7.04%	10.56%	11.03%	6.57%	7.04%	10.56%	0.94%	100.00%
军事学	32	26	15	41	27	26	29	28	29	33	0	286
	11.19%	9.09%	5.24%	14.34%	9.44%	9.09%	10.14%	9.79%	10.14%	11.54%	0.00%	100.00%
理学	151	192	212	168	132	132	195	113	127	147	6	1575
	9.59%	12.19%	13.46%	10.67%	8.38%	8.38%	12.38%	7.17%	8.06%	9.33%	0.38%	100.00%
历史学	9	8	9	5	3	5	3	6	4	12	0	64
	14.06%	12.50%	14.06%	7.81%	4.69%	7.81%	4.69%	9.38%	6.25%	18.75%	0.00%	100.00%
农学	8	17	15	11	4	6	10	5	13	13	1	103
	7.77%	16.50%	14.56%	10.68%	3.88%	5.83%	9.71%	4.85%	12.62%	12.62%	0.97%	100.00%

续表

专业	A 消费电商	B 医疗健康	C 教育	D 金融	E O2O	F 社交	G 前沿科技	H 企业服务	I 餐饮	J 文化产品	K 其他	总计
文学	92	83	136	66	114	91	94	79	72	107	2	936
	9.83%	8.87%	14.53%	7.05%	12.18%	9.72%	10.04%	8.44%	7.69%	11.43%	0.21%	100.00%
医学	19	112	23	20	21	15	30	13	25	18	2	298
	6.38%	37.58%	7.72%	6.71%	7.05%	5.03%	10.07%	4.36%	8.39%	6.04%	0.67%	100.00%
艺术学	30	38	35	34	42	27	30	28	23	47	1	335
	8.96%	11.34%	10.45%	10.15%	12.54%	8.06%	8.96%	8.36%	6.87%	14.03%	0.30%	100.00%
哲学	23	14	26	17	18	20	16	13	17	19	0	183
	12.57%	7.65%	14.21%	9.29%	9.84%	10.93%	8.74%	7.10%	9.29%	10.38%	0.00%	100.00%
其他	12	18	8	9	5	10	16	14	17	9	1	119
	10.08%	15.13%	6.72%	7.56%	4.20%	8.40%	13.45%	11.76%	14.29%	7.56%	0.84%	100.00%
总计	1010	1060	1002	926	801	767	1006	751	806	932	43	9104
	11.09%	11.64%	11.01%	10.17%	8.80%	8.42%	11.05%	8.25%	8.85%	10.24%	0.47%	100.00%

创业领域

8. 不同创业教育情况在校大学生的创业意愿分析

图 1-28 显示，按照创业教育课程数量，将学校划分为 A（"无"）、B（"有，但很少"）、C（"不少，且越来越多"）、D（"很多"）四类。没有开设创业教育相关课程的学校的在校大学生创业意愿较弱，有创业意愿的比重仅约为 60%，而开设了很多创业教育课程的学校的在校大学生创业意愿较强，占比约为 94%。同时，随着创业教育课程数量的增加，"一定要创业"的大学生比重上升，说明创业教育课程能在一定程度增强学生创业的认知、意愿及信念。

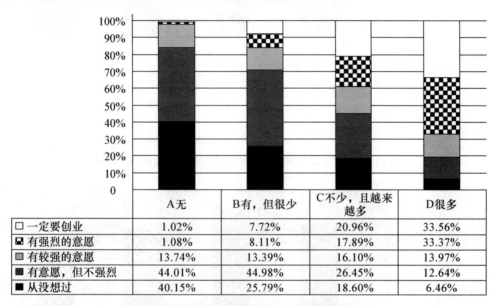

	A无	B有，但很少	C不少，且越来越多	D很多
□ 一定要创业	1.02%	7.72%	20.96%	33.56%
▣ 有强烈的意愿	1.08%	8.11%	17.89%	33.37%
▤ 有较强的意愿	13.74%	13.39%	16.10%	13.97%
■ 有意愿，但不强烈	44.01%	44.98%	26.45%	12.64%
■ 从没想过	40.15%	25.79%	18.60%	6.46%

图 1-28 创业教育对在校大学生创业意愿的影响

如图 1-29 所示，在举办了很多创业活动的学校中，有 32.24% 的大学生表示"一定要创业"，仅有 7.80% 的大学生"从没想过"创业；但在没有举办过创业活动的学校中，仅有 0.84% 的大学生表示"一定要创业"，而"从没想过"创业的人占比高达 39.22%。数据回归分析也证实了这一结论，即高校举办创业活动的情况对在校大学生的创业意愿有较为强烈的影响，二者呈现正相关关系，在一定范围内，随着创业活动举办频率的提升，大学生整体的创业意愿也有所提升。

如图 1-30 所示，在校大学生对高校创业教育帮助的评价情况对其创业意愿有较为显著的影响，二者表现出正相关关系，即当在校大学生认为创业教育对自己的帮助较大时，其会相应地对创业产生更大的意愿。在认为创业教育有"十分给力的帮助"的在校大学生中，有 35.81% 表示"一定要创业"，仅有 5.73% 的受访者表示"从没想过"创业；而在认为创业教育"没有任何帮助"的大学生中，仅有

0.79％的受访者表示一定要创业，但有 37.10％的受访者表示从没想过创业。

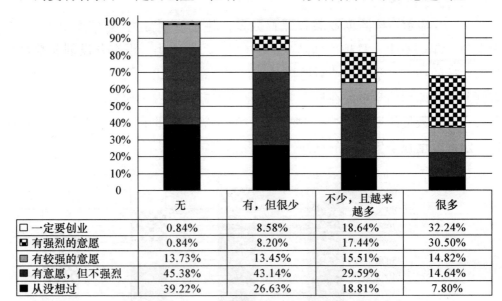

	无	有，但很少	不少，且越来越多	很多
□ 一定要创业	0.84%	8.58%	18.64%	32.24%
▨ 有强烈的意愿	0.84%	8.20%	17.44%	30.50%
▦ 有较强的意愿	13.73%	13.45%	15.51%	14.82%
■ 有意愿，但不强烈	45.38%	43.14%	29.59%	14.64%
■ 从没想过	39.22%	26.63%	18.81%	7.80%

图 1－29　创业活动举办情况对在校大学生创业意愿的影响

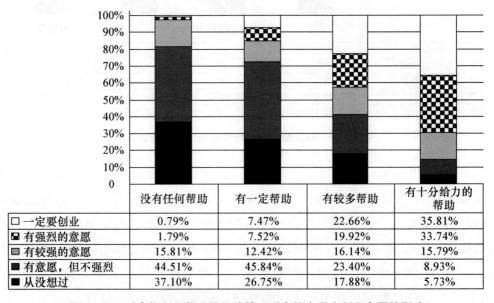

	没有任何帮助	有一定帮助	有较多帮助	有十分给力的帮助
□ 一定要创业	0.79%	7.47%	22.66%	35.81%
▨ 有强烈的意愿	1.79%	7.52%	19.92%	33.74%
▦ 有较强的意愿	15.81%	12.42%	16.14%	15.79%
■ 有意愿，但不强烈	44.51%	45.84%	23.40%	8.93%
■ 从没想过	37.10%	26.75%	17.88%	5.73%

图 1－30　对高校创业帮助的评价情况对在校大学生创业意愿的影响

（三）在校大学生的创业动机概述

心理学研究表明：25～29 岁是创造力最为活跃的时期，这个年龄段的青年正处于创造能力的觉醒时期，对创新充满了渴望和憧憬。他们思维活跃、创新意识强烈，同时所受的约束较少，按照 ERG 理论，对成长的需要也更为强烈。另外，由于大学生所处的环境，他们往往更容易接触一些新的发明和学术上的新成果，或者其中部分大学生可能自身拥有自主知识产权的科研成果，从而激发其创业欲望。根据马斯洛的需求层次理论，人的需求大体上可以分为生理需求、安全需求、社交需求、尊重需求和自我实现需求五种需求。基于自我实现需求进行创业的大学生会努力把握已获知的商业机会，充分发挥自己的能力，将创业事业作为其实现抱负的最好舞台。

根据创业动机的不同，可将创业活动划分为生存型创业和机会型创业。生存型创业是创业者以满足自身目前的生活需求为立足点，在无其他合适职业选择的情况下从事的创业。机会型创业是指创业者以满足自身愿望、兴趣与实现价值为出发点，通过发现市场中的商机而选择的创业。从事机会型创业的人通常不会选择自我雇佣的形式，而是具有明确的创业梦想，进行了创业机会的识别和把握，有备而来。在校大学生的整体创业动机如图 1-31 所示。

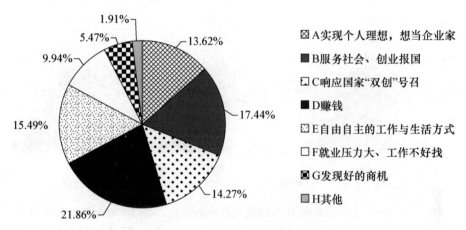

图 1-31　在校大学生的创业动机

66.56%的在校大学生创业属于机会型创业，包括"服务社会、创业报国"（17.44%），"自由自主的工作与生活方式"（15.49%），"响应国家'双创'号召"（14.27%），"实现个人理想，想当企业家"（13.62%）以及"发现好的商机"（5.74%）；其中超30%的在校大学生创业是为了"服务社会、创业报国"和"响应国家'双创'号召"，表明大学生个人创业动机与国家发展能够有机结合。而约有32%的在校大学生创业属于生存型创业，包括"赚钱"（21.86%）、"就业压力大、工作不好找"（9.94%），其中"赚钱"是所有创业动机中占比最高的。综上所述，在校大学生创业更多地是出于自我价值实现动机，而不全是被动地逃避现实压力。

（四）在校大学生创业动机的详细分析

1. 不同性别在校大学生的创业动机分析

在性别对创业动机的影响方面，如图1-32所示，男性在校大学生、女性在校大学生的创业动机与总体情况相似，超过65％的男性或女性在校大学生主要为机会型创业，即性别对在校大学生"生存型创业"和"机会型创业"的动机选择影响并不显著。不同性别的创业动机存在一定差异，例如从细分维度上看，男性在校大学生更注重"实现个人理想，想当企业家"（15.34％）、"服务社会、创业报国"（18.44％），而女性更希望得到"自由自主的工作与生活方式"（17.26％）。从以上分析可以看出，男性在校大学生的创业动机主要是自我价值实现和社会地位、社会身份的认同，女性在校大学生则更注重获得经济收益和提高生活舒适度。

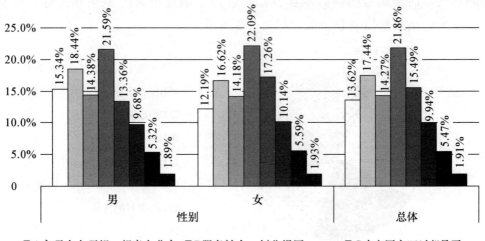

图1-32 不同性别在校大学生的创业动机

2. 不同家庭收入水平在校大学生的创业动机分析

不同家庭收入水平的在校大学生在创业动机上有一定差异。根据回归结果，相对于家庭收入水平中等的在校大学生，家庭收入水平低的大学生的创业动机更可能偏向"生存型创业"，以改善经济条件。从细分维度上看，如图1-33所示，家庭收入中等和低的在校大学生"赚钱"的动机明显强于家庭收入高的在校大学生，平均人数占比高4％左右；家庭收入中等的在校大学生更偏好"自由自主的工作与生活方式"；而家庭收入水平高的在校大学生创业时则更多地出于"服务社会、创业报国""响应国家'双创'号召"等动机，即家庭收入中等的大学生具有获取经济收益和提高生活舒适度的双重需求，而家庭收入高的大学生则更多地出于情怀和责任而选择创业。

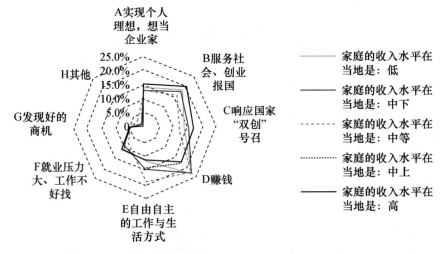

图 1-33　不同家庭收入水平在校大学生的创业动机

3. 不同生源地在校大学生的创业动机分析

不同生源地的在校大学生创业动机差别较大，其中以下几个省份特征比较突出：来自河南、黑龙江、江西、山东和新疆等省份的在校大学生的创业动机中，"赚钱"都是主要动机，比重超 25%（见表 1-8）。进一步将生源省份按东部、中部、西部进行区域划分，根据回归分析结果发现，不同生源地的在校大学生创业动机差异并不明显，相比西部地区，中部地区生源的在校大学生选择机会型创业的概率差异显著，但是差异系数并不大。

4. 不同学历在校大学生的创业动机分析

如表 1-9 所示，高职高专和博士学历大学生的创业动机中占比最高的为"服务社会、创业报国"，其中高职高专主要是通过技能创业回馈社会，而博士则更多地是学术创业，推动学术成果商业化。本科和硕士学历大学生创业动机中占比最高的则是"赚钱"，其原因或是社会经济转型下，本科生和硕士生的就业压力增加，提高了"生存型创业"成为二者创业动机选择的概率，这一发现和回归分析的结果一致。在排除"其他"选项后，高职高专、本科和硕士学历大学生创业动机中最微弱的均是"发现好的商机"，说明大学创业教育可进一步注重培养和提升学生发现创业机会的能力。

表1-8 不同生源地在校大学生的创业动机

生源地	创业动机								总计
	A 实现个人理想，想当企业家	B 服务社会、创业报国	C 响应国家"双创"号召	D 赚钱	E 自由自主的工作与生活方式	F 就业压力大，工作不好找	G 发现好的商机	H 其他	
安徽	61 12.90%	90 19.03%	72 15.22%	88 18.60%	69 14.59%	41 8.67%	35 7.40%	17 3.59%	473 100.00%
北京	48 13.71%	59 16.86%	64 18.29%	73 20.86%	46 13.14%	39 11.14%	17 4.86%	4 1.14%	350 100.00%
福建	39 17.81%	38 17.35%	10 4.57%	48 21.92%	43 19.63%	17 7.76%	18 8.22%	6 2.74%	219 100.00%
甘肃	14 11.20%	25 20.00%	17 13.60%	25 20.00%	30 24.00%	9 7.20%	3 2.40%	2 1.60%	125 100.00%
港澳台	2 25.00%	0 0.00%	0 0.00%	3 37.50%	3 37.50%	0 0.00%	0 0.00%	0 0.00%	8 100.00%
广东	86 14.14%	103 16.94%	116 19.08%	121 19.90%	73 12.01%	75 12.34%	33 5.43%	1 0.16%	608 100.00%
广西	31 9.45%	60 18.29%	63 19.21%	58 17.68%	49 14.94%	48 14.63%	15 4.57%	4 1.22%	328 100.00%
贵州	41 13.02%	55 17.46%	50 15.87%	72 22.86%	43 13.65%	41 13.02%	11 3.49%	2 0.63%	315 100.00%
海南	3 17.65%	0 0.00%	2 11.76%	5 29.41%	2 11.76%	2 11.76%	2 11.76%	1 5.88%	17 100.00%

续表

生源地	A 实现个人理想，想当企业家	B 服务社会、创业报国	C 响应国家"双创"号召	D 赚钱	E 自由自主的工作与生活方式	F 就业压力大，工作不好找	G 发现好的商机	H 其他	总计
河北	59	81	65	94	56	41	24	6	426
	13.85%	19.01%	15.26%	22.07%	13.15%	9.62%	5.63%	1.41%	100.00%
河南	51	69	46	155	97	37	15	10	480
	10.63%	14.38%	9.58%	32.29%	20.21%	7.71%	3.13%	2.08%	100.00%
黑龙江	27	13	6	29	18	10	6	2	111
	24.32%	11.71%	5.41%	26.13%	16.22%	9.01%	5.41%	1.80%	100.00%
湖北	35	53	43	71	53	45	16	3	319
	10.97%	16.61%	13.48%	22.26%	16.61%	14.11%	5.02%	0.94%	100.00%
湖南	36	66	73	76	51	47	23	7	379
	9.50%	17.41%	19.26%	20.05%	13.46%	12.40%	6.07%	1.85%	100.00%
吉林	34	18	12	37	31	9	10	14	165
	20.61%	10.91%	7.27%	22.42%	18.79%	5.45%	6.06%	8.48%	100.00%
江苏	37	69	57	61	55	40	22	3	344
	10.76%	20.06%	16.57%	17.73%	15.99%	11.63%	6.40%	0.87%	100.00%
江西	12	12	5	24	15	12	5	1	86
	13.95%	13.95%	5.81%	27.91%	17.44%	13.95%	5.81%	1.16%	100.00%
辽宁	28	38	14	29	26	8	6	2	151
	18.54%	25.17%	9.27%	19.21%	17.22%	5.30%	3.97%	1.32%	100.00%

创业动机

续表

生源地	创业动机								
	A 实现个人理想，想当企业家	B 服务社会、创业报国	C 响应国家"双创"号召	D 赚钱	E 自由自主的工作与生活方式	F 就业压力大、工作不好找	G 发现好的商机	H 其他	总计
内蒙古	94	53	21	102	64	15	21	11	381
	24.67%	13.91%	5.51%	26.77%	16.80%	3.94%	5.51%	2.89%	100.00%
宁夏	28	48	44	52	42	28	11	1	254
	11.02%	18.90%	17.32%	20.47%	16.54%	11.02%	4.33%	0.39%	100.00%
青海	0	2	4	4	3	3	1	0	17
	0.00%	11.76%	23.53%	23.53%	17.65%	17.65%	5.88%	0.00%	100.00%
山东	106	112	84	200	114	61	46	24	747
	14.19%	14.99%	11.24%	26.77%	15.26%	8.17%	6.16%	3.21%	100.00%
山西	23	23	21	45	39	24	13	11	199
	11.56%	11.56%	10.55%	22.61%	19.60%	12.06%	6.53%	5.53%	100.00%
陕西	36	35	35	35	40	16	11	5	213
	16.90%	16.43%	16.43%	16.43%	18.78%	7.51%	5.16%	2.35%	100.00%
上海	22	52	52	51	32	42	19	0	270
	8.15%	19.26%	19.26%	18.89%	11.85%	15.56%	7.04%	0.00%	100.00%
四川	50	44	39	57	52	25	17	5	289
	17.30%	15.22%	13.49%	19.72%	17.99%	8.65%	5.88%	1.73%	100.00%
天津	1	0	1	3	3	0	1	3	12
	8.33%	0.00%	8.33%	25.00%	25.00%	0.00%	8.33%	25.00%	100.00%

续表

生源地	创业动机								总计
	A 实现个人理想，想当企业家	B 服务社会、创业报国	C 响应国家"双创"号召	D 赚钱	E 自由自主的工作与生活方式	F 就业压力大，工作不好找	G 发现好的商机	H 其他	
西藏	1	2	1	1	1	0	2	1	9
	11.11%	22.22%	11.11%	11.11%	11.11%	0.00%	22.22%	11.11%	100.00%
新疆	10	12	6	25	12	5	5	3	78
	12.82%	15.38%	7.69%	32.05%	15.38%	6.41%	6.41%	3.85%	100.00%
云南	32	43	56	66	52	33	18	2	302
	10.60%	14.24%	18.54%	21.85%	17.22%	10.93%	5.96%	0.66%	100.00%
浙江	140	248	161	214	131	75	53	19	1041
	13.45%	23.82%	15.47%	20.56%	12.58%	7.20%	5.09%	1.83%	100.00%
重庆	53	66	59	66	65	56	19	4	388
	13.66%	17.01%	15.21%	17.01%	16.75%	14.43%	4.90%	1.03%	100.00%
总计	1240	1589	1299	1990	1410	904	498	174	9104
	13.62%	17.45%	14.27%	21.86%	15.49%	9.93%	5.47%	1.91%	100.00%

表1-9 不同学历在校大学生创业动机

创业动机

在读学历	A 实现个人理想，想当企业家	B 服务社会、创业报国	C 响应国家"双创"号召	D 赚钱	E 自由自主的工作与生活方式	F 就业压力大、工作不好找	G 发现好的商机	H 其他	总计
A 高职高专	355	583	544	558	371	352	152	1	2 916
	12.17%	19.99%	18.66%	19.14%	12.72%	12.07%	5.21%	0.03%	100.00%
B 本科	762	893	654	1 254	901	493	289	136	5 382
	14.16%	16.59%	12.15%	23.30%	16.74%	9.16%	5.37%	2.53%	100.00%
C 硕士	114.00	98.00	98.00	167.00	131.00	56.00	49.00	33.00	746.00
	15.28%	13.14%	13.14%	22.39%	17.56%	7.51%	6.57%	4.42%	100.00%
D 博士	9	14	3	11	7	4	8	4	60
	15.00%	23.33%	5.00%	18.33%	11.67%	6.67%	13.33%	6.67%	100.00%
总计	1 240	1 588	1 299	1 990	1 410	905	498	174	9 104
	13.62%	17.44%	14.27%	21.86%	15.49%	9.94%	5.47%	1.91%	100.00%

5. 不同层次学校在校大学生的创业动机分析

如图 1-34 和图 1-35 所示，将学校层次划分为双一流高校和非双一流高校，通过对比可以发现，不同层次高校的在校大学生的创业动机占比基本一致。其中占比最高的均为"赚钱"，其次是"服务社会、创业报国"、"自由自主的工作与生活方式"、"实现个人理想，想当企业家"和"响应国家'双创'号召"，其占比为 12%～19%。排除"其他"选项后，占比最低的仍为"发现好的商机"，占比低于 6%。

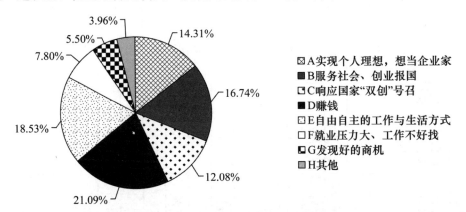

图 1-34　双一流高校在校大学生创业动机

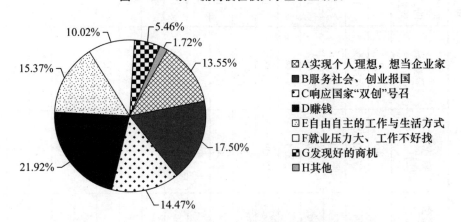

图 1-35　非双一流高校在校大学生创业动机

6. 不同专业在校大学生的创业动机分析

不同专业在校大学生的创业动机与整体创业动机相似。不同专业的在校大学生的创业动机中占比较高的为"服务社会、创业报国"（接近 20%）和"赚钱"（约占 22%）。与创业意愿受不同专业影响的结果不同，在校大学生的专业对创业动机的影响很小，各个专业的各种创业动机占比相差很小，细分创业动机在各个专业学生中的占比之差很少超过 5 个百分点（见表 1-10）。

表 1-10 不同专业在校大学生创业动机

专业	A 实现个人理想，想当企业家	B 服务社会、创业报国	C 响应国家"双创"号召	D 赚钱	E 自由自主的工作与生活方式	F 就业压力大、工作不好找	G 发现好的商机	H 其他	总计
法学	15	31	27	33	21	18	8	1	154
	9.74%	20.13%	17.53%	21.43%	13.64%	11.69%	5.19%	0.65%	100.00%
工学	404	467	413	576	406	255	139	43	2703
	14.95%	17.28%	15.28%	21.31%	15.02%	9.43%	5.14%	1.59%	100.00%
管理学	258	291	224	448	312	162	123	35	1853
	13.92%	15.70%	12.09%	24.18%	16.84%	8.74%	6.64%	1.89%	100.00%
教育学	10	13	3	24	7	5	2	5	69
	14.49%	18.84%	4.35%	34.78%	10.14%	7.25%	2.90%	7.25%	100.00%
经济学	61	71	62	90	56	45	36	5	426
	14.32%	16.67%	14.55%	21.13%	13.15%	10.56%	8.45%	1.17%	100.00%
军事学	32	50	47	60	35	42	20	0	286
	11.19%	17.48%	16.43%	20.98%	12.24%	14.69%	6.99%	0.00%	100.00%
理学	220	265	229	306	254	181	72	48	1575
	13.97%	16.83%	14.54%	19.43%	16.13%	11.49%	4.57%	3.05%	100.00%
历史学	9	18	10	11	9	6	0	1	64
	14.06%	28.13%	15.63%	17.19%	14.06%	9.38%	0.00%	1.56%	100.00%
农学	15	22	11	17	22	7	5	4	103
	14.56%	21.36%	10.68%	16.50%	21.36%	6.80%	4.85%	3.88%	100.00%

续表

专业	创业动机								总计
	A 实现个人理想，想当企业家	B 服务社会、创业报国	C 响应国家"双创"号召	D 赚钱	E 自由自主的工作与生活方式	F 就业压力大、工作不好找	G 发现好的商机	H 其他	
文学	109	168	133	236	142	97	43	8	936
	11.65%	17.95%	14.21%	25.21%	15.17%	10.36%	4.59%	0.85%	100.00%
医学	32	67	33	64	46	21	14	21	298
	10.74%	22.48%	11.07%	21.48%	15.44%	7.05%	4.70%	7.05%	100.00%
艺术学	40	71	53	68	48	34	20	1	335
	11.94%	21.19%	15.82%	20.30%	14.33%	10.15%	5.97%	0.30%	100.00%
哲学	14	38	28	34	38	20	11	0	183
	7.65%	20.77%	15.30%	18.58%	20.77%	10.93%	6.01%	0.00%	100.00%
其他	21	17	26	23	14	11	5	2	119
	17.65%	14.29%	21.85%	19.33%	11.76%	9.24%	4.20%	1.68%	100.00%
总计	1240	1589	1299	1990	1410	904	498	174	9104
	13.62%	17.45%	14.27%	21.86%	15.49%	9.93%	5.47%	1.91%	100.00%

7. 不同课业成绩在校大学生的创业动机分析

如图 1-36 所示，课业成绩对于创业动机的影响并不明显。"赚钱"与"服务社会、创业报国"的创业动机在各成绩段的学生中的占比仍较高，"赚钱"在不同成绩段的占比约为 20%，"服务社会、创业报国"的占比也有 17%左右。其他创业动机在不同成绩段的占比趋于一致，差异较小。

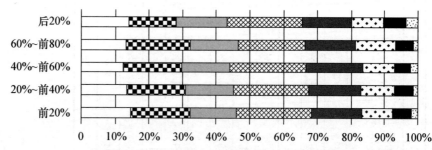

	前20%	20%~前40%	40%~前60%	60%~前80%	后20%
□A实现个人理想，想当企业家	14.74%	13.51%	12.49%	13.18%	14.01%
■B服务社会、创业报国	17.47%	17.42%	17.31%	19.00%	14.19%
▨C响应国家"双创"号召	13.77%	14.36%	14.37%	14.51%	15.06%
▨D赚钱	22.38%	21.99%	22.42%	19.73%	22.24%
■E自由自主的工作与生活方式	14.70%	15.67%	16.98%	14.87%	14.71%
□F就业压力大、工作不好找	9.22%	9.97%	9.49%	11.93%	9.46%
■G发现好的商机	5.61%	5.53%	4.77%	5.52%	6.65%
□H其他	2.11%	1.55%	2.17%	1.26%	3.68%

图 1-36　课业成绩对在校大学生创业动机影响

8. 不同创业教育情况在校大学生的创业动机分析

就目前而言，创业教育课程数量、创业活动数量以及受访者对高校创业帮助的评价的差异对在校大学生创业动机的影响并不明显。可见，高校创业教育并不会对高校大学生选择"生存型"抑或"机会型"创业动机产生外部的引导作用。具体从细分维度上看，与没有开设创业教育课程的大学的大学生各类创业动机的占比相比，在开设了创业教育课程的学校，大学生的创业动机中"赚钱"和"自由自主的工作与生活方式"占各自类别的比重更高，但随着创业教育课程数量的增加，上述两种动机的占比呈现下降趋势。而"服务社会、创业报国"则呈现倒 U 形趋势，其中创业课程数量"不少，且越来越多"的学校学生该创业动机比重最高（见图 1-37）。这从侧面反映了学校创业教育注重倡导服务社会与报效国家，其倡导的创业理念会在一定程度上影响学生的创业动机。由此可见，创业教育课程并不是数量越多越好，而应注重创业教育质量，更好地引导学生的创业动机。

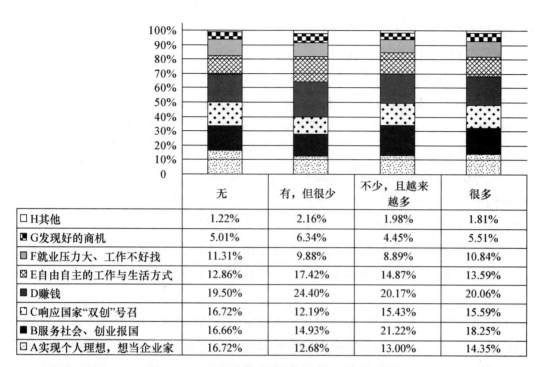

	无	有，但很少	不少，且越来越多	很多
□ H其他	1.22%	2.16%	1.98%	1.81%
■ G发现好的商机	5.01%	6.34%	4.45%	5.51%
▨ F就业压力大、工作不好找	11.31%	9.88%	8.89%	10.84%
⊠ E自由自主的工作与生活方式	12.86%	17.42%	14.87%	13.59%
■ D赚钱	19.50%	24.40%	20.17%	20.06%
▢ C响应国家"双创"号召	16.72%	12.19%	15.43%	15.59%
■ B服务社会、创业报国	16.66%	14.93%	21.22%	18.25%
▨ A实现个人理想，想当企业家	16.72%	12.68%	13.00%	14.35%

图 1-37　创业教育对在校大学生创业动机影响

（五）本部分总结

从整体上看，在创业意愿方面，有超过 75％的受访在校大学生具有创业意愿，其中有超过 25％的在校大学生的创业意愿较强，与 2016 年相比，处于中间状态犹豫不定的大学生有所减少，受访者有更明确的发展方向，较为清楚地知道自己是否选择创业。在受访者中，男性的创业意愿较女性而言依然更强，但二者之间的差距有所缩小。

从创业领域来看，在校大学生最感兴趣的创业领域前三名依次是医疗健康（11.64％）、消费电商（11.09％）、前沿科技（11.05％），与 2016 年相比，在校大学生计划的创业领域有向互联网与科技方向逐渐转移的趋势。

从家庭收入来看，大学生的创业意愿呈沙漏形，低收入和高收入家庭的大学生更愿意创业，其中高收入家庭的大学生创业意愿更强烈一些，中等收入家庭的大学生创业意愿相对较弱。

从学校方面来看，学校层次、学历、专业和创业教育均对大学生的创业意愿有较大影响，双一流高校在校大学生整体创业意愿比非双一流高校在校大学生的创业意愿弱，高学历大学生创业意愿弱于低学历大学生，尤其是高职高专学生的整体创业意愿较强，"一定要创业"的学生的占比远高于其他学历。在专业方面，人文社科专业以及医学专业大学生的创业意愿弱，而军事学专业大学生的创业意愿强出其他专业。开设了创业教育课程的学校的在校大学生创业意愿明显增强，说明创业教育课程能在一定程度增强学生创业的认知、意愿及信念。

2019年度在校大学生创业动机总体上可分为机会型动机和生存型动机。机会型动机占比较大，超过30％的在校大学生创业是为了"服务社会、创业报国"和"响应国家'双创'号召"，表明大学生个人创业动机与国家发展能够有机结合。约有32％的在校大学生出于生存型动机，包括"赚钱"（21.86％）、"就业压力大、工作不好找"（9.94％）。但是这两种动机占比上的较大差异表明，大学生选择创业更多地是出于自我价值实现动机，而非全是被动地逃避现实压力。

家庭收入水平对在校大学生创业动机存在一定影响。整体来看，家庭收入偏低的大学生更多地是生存型创业；随着家庭收入水平的提高，机会型创业占比越来越高。

不同课业成绩和不同生源地的在校大学生创业动机差别并不明显。对不同学历在校大学生的创业动机的分析表明，本科和硕士学历大学生中生存型动机占比高于博士，博士更多地是学术创业，推动学术成果商业化。在高校创业教育对创业动机的影响方面，研究结果表明，创业教育课程并不是数量越多越好，而应注重创业教育质量，更好地引导学生的创业动机。

四、在校大学生创业教育与创业政策及其效果

本部分根据调查数据分析高校创业创新教育与创业政策情况，分别从高校创业氛围、创业教育形式、创业教育需求以及创业教育指导效果等几个方面进行分析。

（一）在校大学生就读高校创业氛围分析

1. 就读高校创业氛围概述

在关于"如何评价你就读院校的创业文化"的调查中，如图1-38所示，17.53％的受访者认为"学校高度重视创业，相关机构很多，各种课程、活动扑面而来，创业氛围浓厚"，与上年的调查结果基本一致。45.87％的受访者认为"学校开始重视创业，成立了相关机构，相关课程、活动越来越多，创业氛围正在形成"，相比上年的调查结果略有下降。36.60％的受访者认为"相关课程、活动较少，创业宣传和支持力度有限，对创业仍然缺少认知"。相比上年的调查结果，对学校创业氛围做出消极评价的学生的占比略有上升，说明部分高校尚未意识到培育创业氛

围的重要性，学生对所处高校的创业氛围评价不高。当然，这一结果也因调查数据的局限性而稳健性一般。

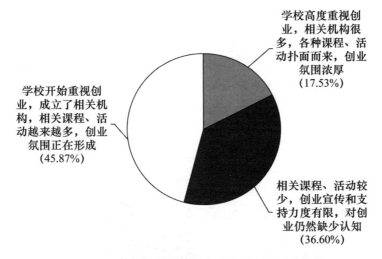

图 1－38　在校大学生对所在学校创业氛围的评价

2.　不同学校层次的创业氛围分析

本次调查数据的分析结果显示，有 38.72％的双一流高校受访者认为自己所在的学校在创业相关方面处在"相关课程、活动较少，创业宣传和支持力度有限，对创业仍然缺少认知"的状态中；有 17.21％的双一流高校受访者认为自己的"学校高度重视创业，相关机构很多，各种课程、活动扑面而来，创业氛围浓厚"；有 44.07％的双一流高校受访者认为所在"学校开始重视创业，成立了相关机构，相关课程、活动越来越多，创业氛围正在形成"。这说明目前多数双一流高校仍处在培养良好创业氛围的初期，有占比较低的高校营造了良好的创业氛围（见图 1－39）。

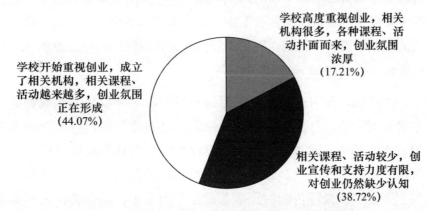

图 1－39　双一流高校学生对所在学校创业氛围的评价

如图 1 - 40 所示，对于普通本科高校而言，有 17.40％ 的在校大学生受访者认为"学校高度重视创业，相关机构很多，各种课程、活动扑面而来，创业氛围浓厚"，略低于样本平均水平。有 37.50％ 的普通本科高校受访者选择"相关课程、活动较少，创业宣传和支持力度有限，对创业仍然缺少认知"选项，认为自己所在的学校在创业氛围的营造方面比较滞后。普通本科高校学生对自身所在学校创业氛围的看法与双一流高校学生相似。

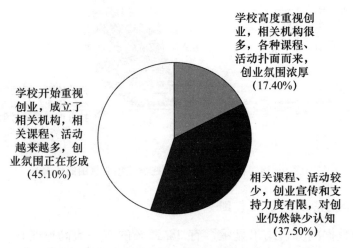

图 1 - 40　普通本科高校学生对所在学校创业氛围的评价

对于高职高专院校而言，17.90％ 的高职高专学生选择了"学校高度重视创业，相关机构很多，各种课程、活动扑面而来，创业氛围浓厚"这一选项，对自己学校的创业氛围表示了肯定；33.40％ 的学生认为自己所在的学校"相关课程、活动较少，创业宣传和支持力度有限，对创业仍然缺少认知"（见图 1 - 41）。相对而言，高职高专院校学生对自己所在学校的创业氛围给出了相对更好的评价，一定程度上反映出高职高专院校在创业氛围的营造上相对更为成功，但仍有相当大一部分学生对自己所在学校的创业氛围并不满意，这与高职高专院校较强的创业意愿形成了对比。

3. 不同类型学校的创业氛围分析

如图 1 - 42 所示，就对高校创业氛围的积极评价"学校高度重视创业，相关机构很多，各种课程、活动扑面而来，创业氛围浓厚占比"而言，不同类型学校的样本结果差异较大。其中，政法类、语言类、民族类、农林类高校受访者中给予所在高校创业氛围积极评价的占比显著高于平均水平；师范类、理工类高校受访者中给予所在高校创业氛围积极评价的占比显著低于平均水平；综合类、艺术类高校受访者中给予所在高校创业氛围积极评价的占比与平均水平大致相当。

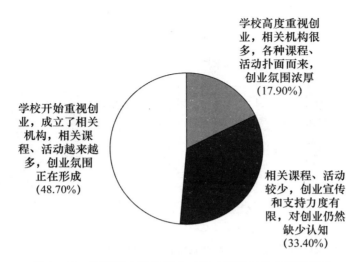

图 1 - 41 高职高专院校学生对所在学校创业氛围的评价

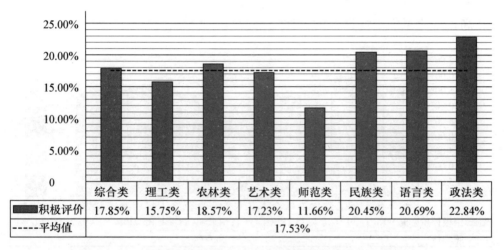

	综合类	理工类	农林类	艺术类	师范类	民族类	语言类	政法类
积极评价	17.85%	15.75%	18.57%	17.23%	11.66%	20.45%	20.69%	22.84%
平均值	17.53%							

图 1 - 42 不同类型高校学生对学校创业氛围的评价（积极评价）

如图 1 - 43 所示，就对高校创业氛围的中性评价"学校开始重视创业，成立了相关机构，相关课程、活动越来越多，创业氛围正在形成"而言，不同类型高校的样本结果差异较小。其中，艺术类、师范类、农林类高校受访者中给予所在高校创业氛围中性评价的占比显著高于平均水平；语言类、政法类、民族类高校受访者中给予所在高校创业氛围中性评价的占比显著低于平均水平；综合类、理工类高校受访者中给予所在高校创业氛围中性评价的占比与平均水平大致相当。

如图 1 - 44 所示，就对高校创业氛围的消极评价"相关课程、活动较少，创业宣传和支持力度有限，对创业仍然缺少认知"而言，不同类型高校的样本结果存在一定差异。其中，师范类、理工类、语言类高校受访者中给予所在高校创业氛围消极评价的占比显著高于平均水平；艺术类、农林类、政法类高校受访者中给予所在

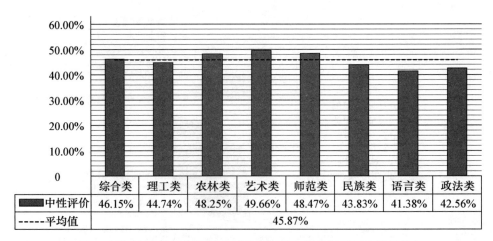

图 1-43　不同类型高校学生对学校创业氛围的评价（中性评价）

高校创业氛围消极评价的占比显著低于平均水平；综合类、民族类高校受访者中给予所在高校创业氛围中性评价的占比与平均水平大致相当。

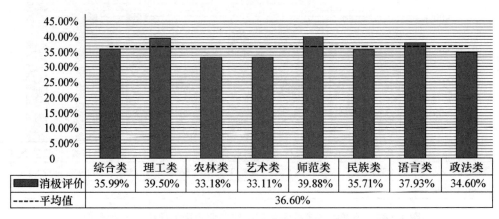

图 1-44　不同类型高校学生对学校创业氛围的评价（消极评价）

（二）在校大学生就读高校创业教育形式分析

1. 创业教育课程开展分析

根据本次调查结果，学校创业教育课程开设现状如图 1-45 所示。其中，学校开办了创业教育课程但数量少的情况占比最大，为 42.90%；其次为学校创业教育课程数量不少且数量在逐渐增加的情况，占比 29.40%；11.60% 的大学生则认为自己所在的学校的创业教育课程数量很多。这表明高校逐渐意识到创业教育的重要性，但创业教育的开展大部分还处于初级阶段。

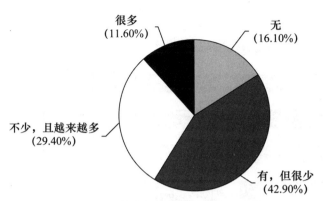

图 1 - 45 大学创业教育课程开展现状

2. 创业实践活动开展分析

关于学校开展创业实践活动的情况的调查结果如图 1 - 46 所示。其中，40.37％的大学生认为自己所在的学校虽然开办了创业相关的实践类培训活动，但是数量很少；31.35％的大学生表示自己所在的学校创业相关的实践类培训活动为数不少，且数量在逐渐增加；12.66％的大学生则认为自己所在的学校的创业相关的实践类培训活动数量很多。以上结果表明现阶段高校创业实践活动的发展仍处于初级阶段，但其表现略优于创业教育课程的开展情况。

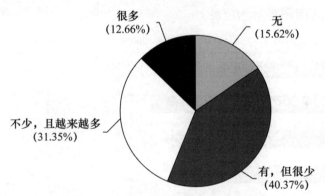

图 1 - 46 大学创业实践活动开展现状

3. 创业教育开展形式分析

学校开展创业教育活动的形式如图 1 - 47 所示。其中，47.25％的学校采用理论讲授的形式进行创业教育；56.34％的学校采用实践分享的形式进行创业教育；58.33％的学校采用案例分析的形式进行创业教育；45.61％的学校采用模拟创业的形式进行创业教育；33.19％的学校采用创业能力培养的形式进行创业教育。总的来说，我国大学创业教育形式较为多样，大多数学校都采用了多种创业教育形式，其中以案例分析、实践分享最为常见。

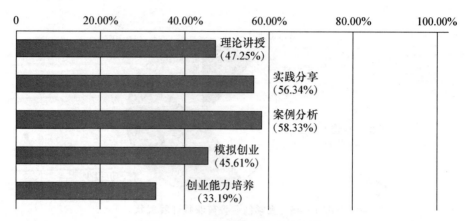

图 1 - 47   大学创业教育形式现状

4. 不同层次学校的创业教育形式分析

如图 1 - 48 所示，双一流高校大学生中，表示接受过理论讲授形式的创业教育的占 51.60%；表示参与过实践分享形式的创业教育的占 55.1%；表示参加过案例分析形式的创业教育的占 52.00%；表示自己所在学校组织学生进行过模拟创业形式的创业教育的占 40.40%；表示接受过创业能力培养形式的创业教育的占 36.70%。由此可见，双一流高校创业教育形式较为多样，以理论讲授、实践分享、案例分析三种形式应用得最为广泛。

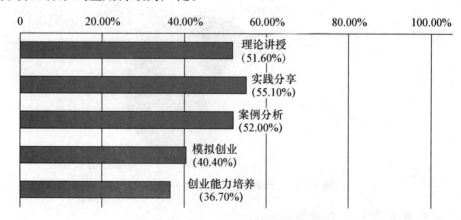

图 1 - 48   双一流高校的创业教育形式

如图 1 - 49 所示，普通本科学生中，表示接受过理论讲授形式的创业教育的占 48.60%；表示参与过实践分享形式的创业教育的占 56.70%；表示参加过案例分析形式的创业教育的占 59.30%；表示自己所在学校组织学生进行过模拟创业形式的创业教育的占 46.60%；表示接受过创业能力培养形式的创业教育的占 30.80%。由此可见，普通本科高校采用的创业教育方式也较为多样且均受重视，与双一流高校的创业教育方式差异不大，但案例分析、模拟创业和实践分享的比重更高，理论讲授和创业能力培养比重更低。

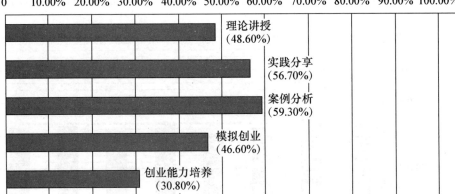

图1-49 普通本科高校的创业教育形式

如图1-50所示，高职高专院校学生中，表示接受过理论讲授形式的创业教育的占41.60%；表示参与过实践分享形式的创业教育的占57.1%；表示参加过案例分析形式的创业教育的占63.40%；表示自己所在学校组织学生进行过模拟创业形式的创业教育的占49.50%；表示接受过创业能力培养形式的创业教育的占32.50%。由此可见，在高职高专院校中，实践分享和案例分析是最受重视的创业教育形式，理论讲授形式采用得相对较少。

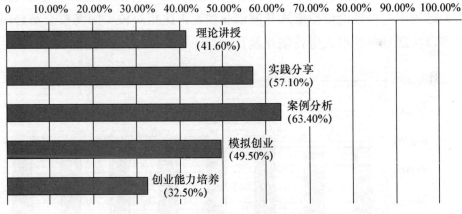

图1-50 高职高专院校的创业教育形式

5. 不同类型学校的创业教育形式分析

(1)理论讲授形式。

如图1-51所示，不同类型高校的创业教育都较为普遍地以理论讲授形式开展，且各类型高校之间占比差异不大。其中理工类、师范类高校应用得最多；民族类、艺术类、农林类、政法类、语言类高校应用得较少；综合类院校更为接近平均水平。这表明不同类型的高校依据学校实际和学生创业需求因校制宜地开展理论讲授。

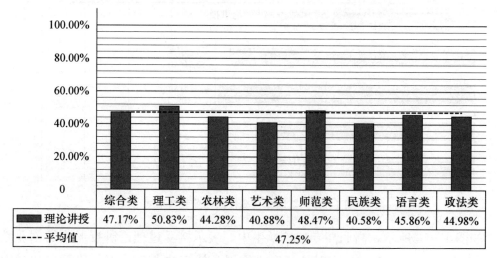

	综合类	理工类	农林类	艺术类	师范类	民族类	语言类	政法类
■ 理论讲授	47.17%	50.83%	44.28%	40.88%	48.47%	40.58%	45.86%	44.98%
----- 平均值	47.25%							

图 1-51　不同类型高校理论讲授形式的应用

（2）实践分享形式。

如图 1-52 所示，不同类型高校的创业教育都极为普遍地以实践分享形式开展，但各类型高校之间占比有一定差异。其中农林类、民族类、政法类高校应用最多；师范类、理工类高校应用较少；综合类、艺术类、语言类高校应用更为接近平均水平。这表明，以理论讲授形式开展创业教育占比相对较少的高校会结合高校实际，更多以实践分享的形式进行创业教育。

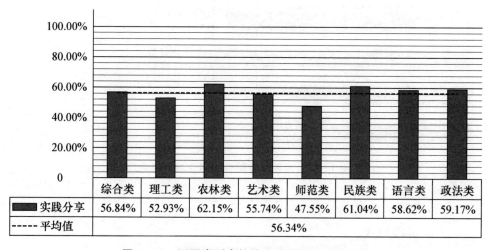

	综合类	理工类	农林类	艺术类	师范类	民族类	语言类	政法类
■ 实践分享	56.84%	52.93%	62.15%	55.74%	47.55%	61.04%	58.62%	59.17%
----- 平均值	56.34%							

图 1-52　不同类型高校的实践分享形式的开展

（3）案例分析形式。

如图 1－53 所示，就案例分析形式而言，艺术类、民族类、语言类、农林类高校应用最多；师范类高校应用较少；综合类、政法类、理工类高校应用更为接近平均水平。大部分类型的高校对以案例分析形式开展创业教育都有极大的兴趣，案例分析形式是高校创业教育中最为普遍的形式之一。

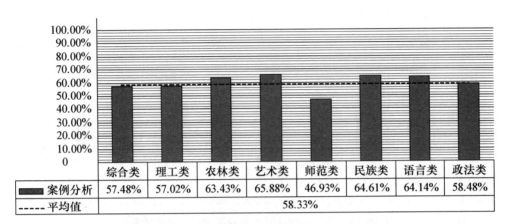

	综合类	理工类	农林类	艺术类	师范类	民族类	语言类	政法类
案例分析	57.48%	57.02%	63.43%	65.88%	46.93%	64.61%	64.14%	58.48%
平均值	58.33%							

图 1－53　不同类型高校的案例分析形式的开展

（4）模拟创业形式。

如图 1－54 所示，不同类型高校的创业教育都较为普遍地以模拟创业形式开展，且各类型高校之间存在一定差异。其中政法类、民族类、艺术类、语言类高校对模拟创业形式应用较多；师范类高校中应用较少；综合类、理工类、农林类高校更为接近平均水平。这表明，不同类型高校在以模拟创业形式开展创业教育方面有差异化的规划安排。

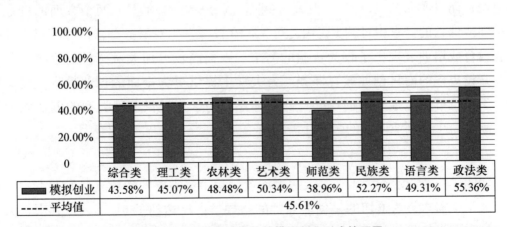

	综合类	理工类	农林类	艺术类	师范类	民族类	语言类	政法类
模拟创业	43.58%	45.07%	48.48%	50.34%	38.96%	52.27%	49.31%	55.36%
平均值	45.61%							

图 1－54　不同类型高校的模拟创业形式的开展

（5）创业能力培养形式。

如图1-55所示，就以创业能力培养形式进行高校创业教育而言，各类型高校都处在探索阶段。其中，师范类、艺术类、综合类、语言类高校应用创业能力培养形式相对较多，但各种类型高校的应用基本相近。这表明，不同类型高校在以创业能力培养形式开展创业教育方面都处在发展前期。

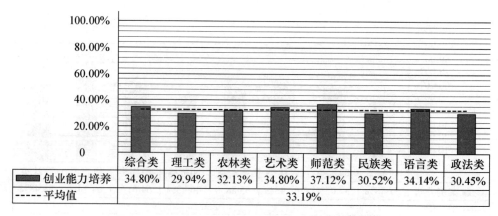

	综合类	理工类	农林类	艺术类	师范类	民族类	语言类	政法类
创业能力培养	34.80%	29.94%	32.13%	34.80%	37.12%	30.52%	34.14%	30.45%
平均值	33.19%							

图1-55 不同类型高校的创业能力培养形式的开展

（三）关于在校大学生创业教育需求的分析

1. 创业教育课程或培训内容需求

根据对问卷调查结果的分析，大学生对创业教育课程或培训内容的需求情况如下：在校大学生偏好财务（54.00%）、营销（48.70%）、运营（47.20%）、管理（40.50%）、法律（39.60%）等方面与创业教育相关的培训或课程，相应的需求较为迫切；而对产品开发（32.00%）、创业案例分析（21.30%）两个方面的创业教育培训或课程的需求相对较少。由此可见，在校大学生对财务、营销等商科方面的创业教育或培训表现出了较为普遍的需求，因而高校可加大对商科创业教育的投入，开设更多的商科创业教育课程，为大学生提供更为全面的创业教育支持。同时，学校也可完善现有的创业教育课程体系，为学生提供多种类型的创业教育课程，满足学生对创业课程的多样化需求。

2. 创业教育实践支持需求

如图1-56所示，关于在校大学生创业过程中最需要的学校支持的调查中，首先，大学生需求最为迫切的是创业导师的指导，占比达到了61.20%；其次，大学生比较需要学校提供创业场地，占比为52.40%；再次，大学生需要学校提供创业实践训练（47.60%）和资金资助（47.10%）；最后，少部分大学生表示需要创业孵化平台支持、创业课程教育以及创业政策咨询服务，占比分别为 36.20%、36.00%和18.30%。

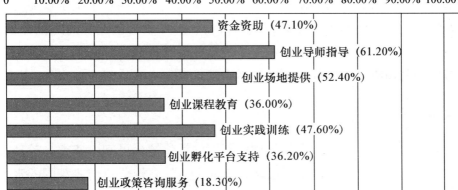

图 1-56 大学生创业所需的学校支持情况

由此可见，比起制度支持，在校大学生更需要与创业活动密切相关的经验和物质支持。学校可以有针对性地出台相关政策，提升对创业教育实践的支持力度。

(四) 高校创新创业教育指导效果的分析

1. 关于创业教育指导效果的分析

如图 1-57 所示，在关于大学生对所接受的创业教育指导的评价的调查中，超过七成的大学生认为创业教育培训对自身有帮助，其中 46.60%的学生表示自己接受的创业教育与指导对自身有一定的帮助，只有 11.80%的学生认为自己所接受的创业教育与指导帮助十分给力。由此可见，现阶段的大学生创业教育与指导总体上有积极作用，对大部分大学生都起到了不同程度的帮助与指导作用。

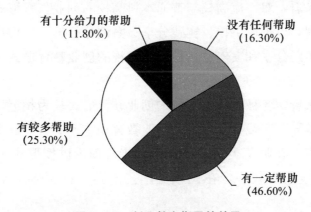

图 1-57 创业教育指导的效果

2. 关于创业教育指导的建议

根据问卷调查的反馈，部分大学生对大学的创新创业教育提出了一些改进建议。有部分大学生表示目前的创业课程存在脱离实践的问题，希望学校能将创业课程与实践结合起来，例如提供参观企业的机会、举办成功创业者的经验分享会等；也有部分大学生表示学校现有的创业支持政策并没有得到很好的落实，学校需要提高创业政策的落地率，为有创业意愿的学生提供真实有效的帮助。

（五）本部分总结

从受访在校大学生对就读高校的创业氛围的评价情况可知，各类高校都意识到了营造创业氛围的重要性，但不同层次、不同类型的高校营造创业氛围的水平不尽相同，大学生对学校创业氛围的评价存在一定差异，但对所在高校的创业氛围做出消极评价的学生占比较高，说明我国高校在创业氛围的营造方面仍需加大投入，应通过各种措施改善学校的创业氛围，鼓励更多的学生投入创新创业之中。

从学校层次来看，高职高专院校学生对所在学校的创业氛围的评价更为积极，普通本科高校学生的评价更偏消极，而双一流高校学生的评价更为中性。因此，普通本科高校更应当提升对营造创业氛围的重视程度，为学生提供一个更好的创业氛围。从学校类型角度来看，政法类、农林类、民族类高校学生对所在学校创业氛围的评价更为积极；师范类、理工类高校学生的评价更偏消极；语言类高校学生的评价较为两极分化；综合类、艺术类高校学生对学校创业氛围的评价更为中性。

从创业教育课程与创业实践活动的开展情况来看，高校开设的创业课程与创业实践活动数量仍然较少，创业教育的开展大部分还处于初级阶段。但与2016年同期相比有明显改善，这表明高校逐渐意识到了创业教育与实践活动的重要性。

从学校层次来看，双一流高校与普通本科高校的创业教育形式较为多样，各种形式都比较受重视，以理论讲授、实践分享、案例分析形式应用得最为广泛。在高职高专院校中，实践分享和案例分析是最受重视的创业教育形式，理论讲授形式采用得相对较少。

从学校类型来看，各种类型的高校的创业教育形式较为相近，但不同类型高校也有较为细微的差异。实践分享形式的创业教育在艺术类、民族类、语言类、农林类高校应用得较多，在师范类高校应用得较少；理论讲授形式的创业教育在理工类、师范类高校应用得较多，在民族类、艺术类、农林类、政法类高校应用得较少。

总体而言，各类高校都意识到了创业教育的重要性，采取了多种形式的创业教育。但不同层次、不同类型的高校对创业教育形式的选择不尽相同。高校应当根据自身实际情况，制定符合自身特点的创业教育方案，为学生提供最需要的创业教育，从而更好地帮助大学生进行创新创业活动。从在校大学生对创业教育课程或培训内容需求情况来看，绝大多数大学生对财务、营销、运营等商科课程表现出了迫切的需求，因而高校应该加大对商科创业教育的投入。同时，大学生对法律、产品开发等方面的需求也较为普遍，因此，高校应该构建更为完整的创业教育课程体系，为大学生提供更为全面的创业教育支持。

第二章　大学生自主创业者调查报告

　　为持续关注我国大学生自主创业者的创业现状，了解大学生自主创业者在自主创业过程中的需求和遇到的困难，进一步了解大学生自主创业者和创业支持机构的联动关系，更好地支持和鼓励大学生创新创业，将创新创业扶持工作落到实处，课题组在全国普通高等学校中开展了大学生自主创业者问卷调查。

　　本章的研究内容为在校大学生自主创业调查，调查的对象为全国普通高等学校的在校大学生，问卷由两部分组成：第一部分为受访者的基本信息，主要是想了解受访大学生的基本人口统计特征；第二部分共计 57 个问题，涉及大学生自主创业者的创业经历、创业现状、对创业支持机构的评价以及对人工智能创业领域的了解情况等方面。调查采取的是无记名网络问卷调查的形式，填答者可在个人移动端或个人电脑端作答，每个 IP 地址或移动号码限填一份问卷。为保证调查结果的可信度，本次调查采取了随机抽样的形式，但由于经费限制，没有对作答者进行 GPS 定位和电话回访，因此在样本的数据分布方面可能会有局部性的偏差。

一、大学生自主创业者概况

　　本部分围绕大学生自主创业者的个人特征和创业现状进行分析，通过整合问卷相关内容，重点从受访大学生自主创业者的基本特征及其分布、创业经历、创业特质和对人工智能创新创业项目的理解等四个方面展开。

（一）受访大学生自主创业者的基本特征及其分布

　　如图 2-1 所示，在本次调研收回的 1 009 份大学生自主创业者有效问卷中，

81.5%的创业者是第一次创业，5.9%的创业者曾经创业并且现在仍在创业，12.6%的创业者曾经创业但目前未创业。

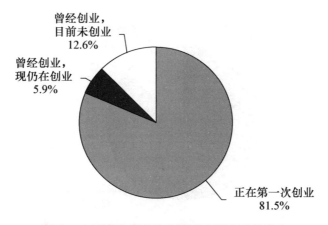

图 2-1　受访大学生自主创业者创业现状分布

1. 性别比例

根据调查问卷反馈的情况，受访的女性创业者的比例较高，达63.2%，男性创业者占比为36.8%。

2. 年龄分布

如图2-2所示，受访的大学生自主创业者中，20岁以下者超过了总人数的一半，达到了52.78%，20~29岁的大学生自主创业者则占45.65%，而30岁及以上的创业者仅占1.57%。

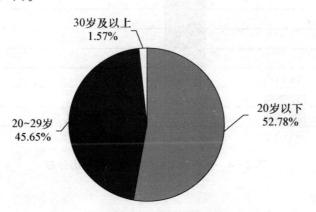

图 2-2　受访大学生自主创业者年龄分布

3. 学校分布

如图2-3所示，受访大学生自主创业者绝大多数都来自普通本科高校，占比为

82.33%，其次是高职高专院校，占比为 13.62%，来自双一流高校的创业者相对较少，占 4.05%。

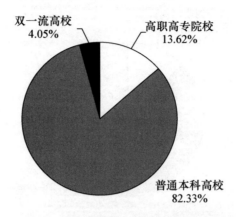

图 2-3 受访大学生自主创业者学校分布

4．学历分布

在受访者学历分布上，如图 2-4 所示，学历为本科的最多，占比为 80.56%；其次是高职高专学历者，占比为 16.11%；而硕士和博士学历者则相对较少，占比均不足 5%，硕士占比 3.01%，博士占比仅为 0.31%。

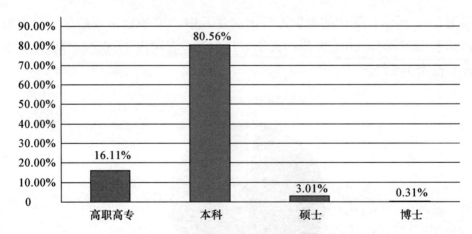

图 2-4 受访大学生自主创业者学历分布

5．专业分布

从专业分布来看，如图 2-5 所示，受访者中专业为管理学和工学的创业者的占比居前两名，分别为 24.64% 和 23.80%，而农学（0.31%）、哲学（0.31%）、历史学（0.52%）和医学（0.73%）专业的创业者相对较少，占比均不足 1%。

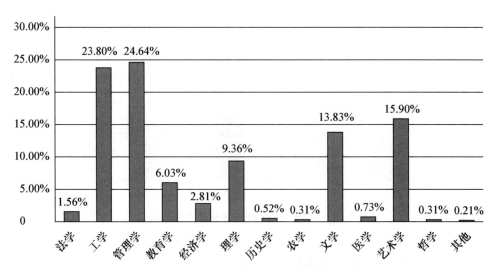

图 2-5　受访大学生自主创业者专业分布

6. 成绩分布

如图 2-6 所示，在受访大学生自主创业者中，各个成绩段的创业人数比例与课业成绩呈负相关关系，在创业者中，成绩在前 20％的仅占总人数的 4.16％，而成绩在后 20％的占 37.94％。

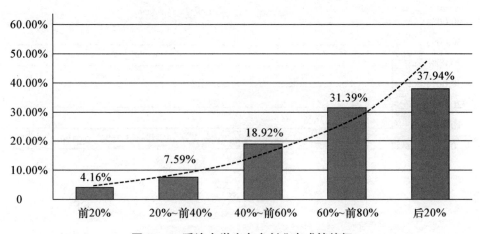

图 2-6　受访大学生自主创业者成绩特征

7. 家庭收入分布

如图 2-7 所示，问卷反馈的数据显示，受访创业者中，家庭收入中等的创业者超过了半数，占比达到了 54.47％；以中等收入为界，偏低收入家庭的创业者占比达到了 32.53％，远超过偏高收入家庭的创业者的占比（12.99％）。

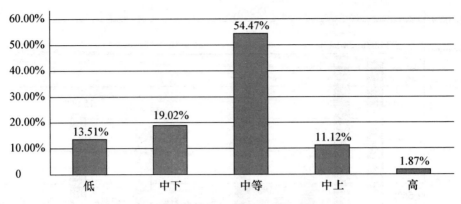

图 2-7 受访大学生自主创业者家庭收入分布

（二）受访大学生自主创业者的创业经历

1. 开始创业时间

如图 2-8 所示，在受访创业者群体中，随着年级的上升开始创业的人数逐步减少。大一就开始创业的人数几乎达到了创业者总人数的一半，占比高达 49.27%，大二开始创业的人数就锐减至不足大一的一半，占比为 23.39%。毕业五年及以上才开始创业的人数为总人数的 4.47%。

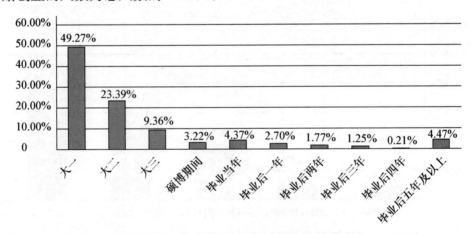

图 2-8 受访大学生自主创业者开始创业时间

2. 跨行业工作经历

如图 2-9 所示，受访者中没有跨行业工作经历的人占大多数，为总人数的 84.82%。在有跨行业工作经历的创业者中，曾跨一个行业工作的创业者占 6.55%，曾跨两个行业工作的创业者占 4.78%，曾跨三个及以上行业工作的创业者占 3.85%。

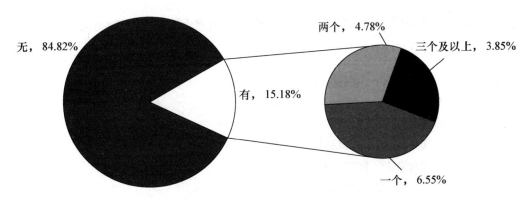

图 2 - 9 受访大学生自主创业者跨行业工作经历

3. 创业过程中的主要困难

如图 2 - 10 所示，受访大学生自主创业者在创业过程中面临的主要困难集中在资金（39.19%）和缺乏指导（27.86%）这两个方面，其他困难包括手续繁杂（11.43%）、项目（10.91%）、场地（5.51%）等。

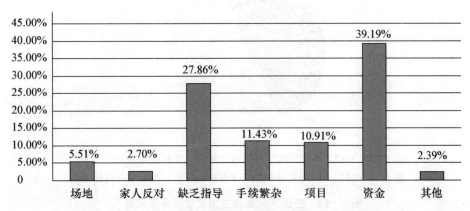

图 2 - 10 受访大学生自主创业者创业过程中的主要困难

4. 创业失败原因

如图 2 - 11 所示，大学生自主创业者创业失败的一个突出原因是资金短缺（29.14%）。此外，技术/产品问题（16.45%）、管理不善（15.36%）和团队问题（14.37%）也比较突出。

(三) 受访大学生自主创业者的创业特质

1. 机会识别能力

如图 2 - 12 所示，大学生自主创业者寻找合适的创业方向时主要存在两种类型：一种是根据市场找方法的市场导向型；另一种则是根据方法找市场的方法导向型。在调查样本中，总体看来，二者差距不大，方法导向型占比 47.77％，市场导向型占比 52.23％。

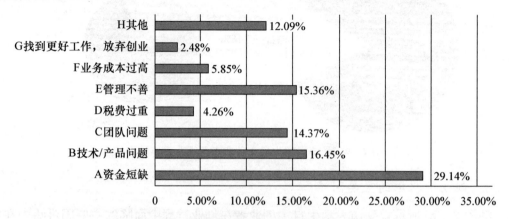

图 2－11 受访大学生自主创业者创业失败原因

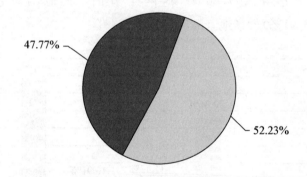

■ 市场导向型，即先发现市场痛点，然后思考解决方案
■ 方法导向型，即先发现某种技术的商业潜质，然后寻找目标市场

图 2－12 受访大学生自主创业者机会识别能力

2. 创业动机

如图 2－13 所示，受访大学生自主创业者的创业动机主要表现为"实现个人理想，想当企业家"（27.06％）、"赚钱"（25.37％）以及"自由自主的工作与生活方式"（18.73％）。总体而言，受访大学生的创业动机偏向现实，注重自我生活水平的提高。

3. 人格特性

如表 2－1 所示，在受访的大学生自主创业者看来，一个成功的创业者应当具备的人格特性有创造力（28.37％）、风险承担（19.64％）及自信（18.82％）。这意味着受访大学生自主创业者由于自身经历更加意识到创业是一项需要创新思维的活动，在创业的过程中将会面临一定的风险与挑战，需要创业者保持自信，保持理性的判断，坚持正确的方向。

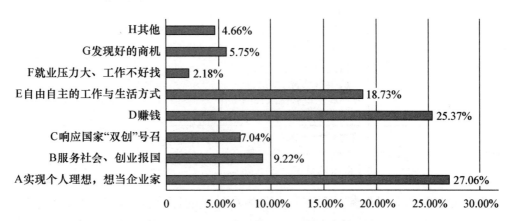

图 2 - 13 受访大学生自主创业者创业动机

表 2 - 1 受访大学生自主创业者人格特性

	频数	百分比
创造力	790	28.37％
自信	524	18.82％
风险承担	547	19.64％
百折不挠	191	6.86％
有理想抱负	189	6.79％
追求自由	46	1.65％
自控力	92	3.30％
开放	24	0.86％
擅长交际	158	5.67％
警觉性（商业嗅觉）	224	8.04％
总计	2 785	100.00％

4. 职业成功观与成功感

职业成功观即人们心中职业成功的标准，成功感则是人们对自己是否获得成功的感知，即对"我获得了成功"这一陈述的认同程度。问卷从外在激励、内在满足、和谐平衡这三个方面，分10项展开调研，分类情况如表2-2所示。

表 2－2　职业成功观的三维度划分

维度	成功观
外在激励	A 职位上不断获得晋升，直到组织高层 B 工作中获得更多的权力，能够控制影响别人 C 通过工作能赚很多钱
内在满足	D 潜能得到充分发挥 E 从事自己喜欢的职业 F 不断从事有挑战性的工作 G 工作中有热情、有激情、感到充实
和谐平衡	H 工作之余还有充足的时间享受生活 I 做到工作和家庭平衡 J 健康的身体

受访大学生自主创业者对和谐平衡和内在满足的评分较高，平均值分别为 3.61 和 3.49（见表 2－3），即在评价职业成功与否时，不仅考虑职业带来的感性体验，而且考虑外部激励情况。

表 2－3　受访大学生自主创业者职业成功观

	平均值	标准差
外在激励	3.12	1.115
内在满足	3.49	1.019
和谐平衡	3.61	1.018

受访大学生自主创业者在这三方面的职业成功感如表 2－4 所示，他们在和谐平衡方面的成功感较高，均值为 3.31；在外在激励上成功感偏低，均值为 2.96。这表明受访的大学生自主创业者基本上可以做到职业和生活的平衡，但在物质收获和外在激励方面的获得感仍然较低。

表 2－4　受访大学生自主创业者职业成功感

	平均值	标准差
外在激励	2.96	1.069
内在满足	3.29	1.024
和谐平衡	3.31	1.012
总体	3.19	1.046

（四）受访大学生自主创业者对人工智能创新创业项目的理解

1. 对人工智能创新创业项目的了解程度

课题组对受访创业者对人工智能创新创业项目的综合了解程度进行了调查，结果显示，表示对人工智能创新创业项目了解程度"一般"的人最多，超过 1/3。总体来看，大多数受访创业者对人工智能的了解程度处于中等水平——既不是非常了解，也不至于非常不了解；处于这两种极端情况的仅占少数（见图 2 - 14）。

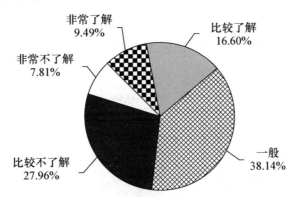

图 2 - 14　受访创业者对人工智能创新创业项目的综合了解程度

从具体项目看，通过调查创业者对"云计算"、"云政务"、"智慧交通"、"智能识别"和"物联网"的了解程度发现：受访者对"智能识别"项目的了解程度为"比较了解"和"非常了解"（占比分别为 46.25%、7.81%，合计 54.06%），较其余四项高；对"云政务"的了解程度为五项中最低，对"云政务"的了解程度为一般及以下的受访者超过一半。从图 2 - 15 中可以看出，受访者对"智能识别""物联网""智慧交通""云计算""云政务"的了解程度依次递减。

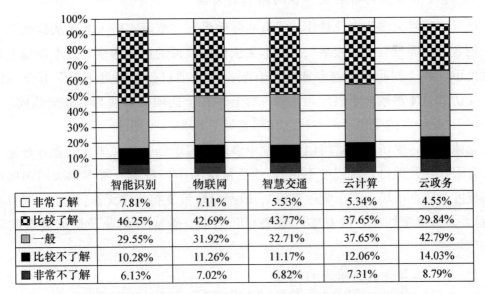

	智能识别	物联网	智慧交通	云计算	云政务
□ 非常了解	7.81%	7.11%	5.53%	5.34%	4.55%
▨ 比较了解	46.25%	42.69%	43.77%	37.65%	29.84%
▦ 一般	29.55%	31.92%	32.71%	37.65%	42.79%
■ 比较不了解	10.28%	11.26%	11.17%	12.06%	14.03%
▩ 非常不了解	6.13%	7.02%	6.82%	7.31%	8.79%

图 2 - 15　受访创业者对人工智能创新创业具体项目的了解程度

2. 对人工智能创新创业项目改变生活的认同程度

受访者总体上倾向于认同创新项目给生活带来了很大的变化，就"目前人工智能技术及相关创新项目为你的生活带来了很大的变化"这一描述，选择"非常认同"的大学生创业者占样本总体的 29.74%，选择"比较认同"的大学生创业者占比最大（44.76%），选择"一般""比较不认同""非常不认同"的大学生创业者所占比例依次递减，分别为 19.27%、3.95% 和 2.27%（见图 2-16）。

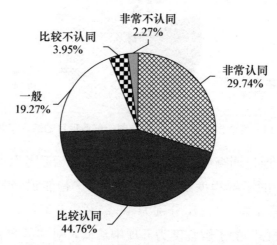

图 2-16 受访创业者对人工智能创新创业项目改变生活的认同程度

3. 对人工智能创新创业存在的问题的看法

针对"项目大多为概念炒作，没有实际效果"、"政策支持大多无法落地"、"智能＋创业及培训没有实际效果"、"资本无法识别项目的创新程度，资本市场上劣币驱逐良币"和"创业者普遍专业能力有限，导致项目创新程度不足"五个具体选项，受访者总体都倾向于表现为认同，对上述五个选项的看法为"完全认同""基本认同""一般"的受访者的占比之和都超过了 80%（见图 2-17）。

总体而言，受访者通常将创业问题更多地归因于创业者个体（创业者普遍专业能力有限，导致项目创新程度不足），然后依次为市场现象（资本无法识别项目的创新程度，资本市场上劣币驱逐良币）、政策（政策支持大多无法落地）、项目本质（项目大多为概念炒作，没有实际效果）和培训（智能＋创业及培训没有实际效果）。

4. 对人工智能创业难点的理解

该问题的回答结果如图 2-18 所示。29.90% 的受访者认为难点之一为"技术门槛高，无相关技术背景难以进入业内"，23.51% 的受访者认为"金钱投入大，回报周期长"是难点，另外，分别有 19.85％、12.83％和 13.41％的受访者认为难点是"市场竞争激烈""资本市场关注度低，难以持续投资""社会对智能＋产品没有足够强的认识及接受能力"。总体来说，更多大学生创业者认为人工智能相关领域创业的难点在于该行业其本身的特点（技术门槛高，资本投入要求高），其次为市场的现状（竞争激烈、对人工智能领域的关注度低），最后是大众认识，即需求及潜在需求端的态度。

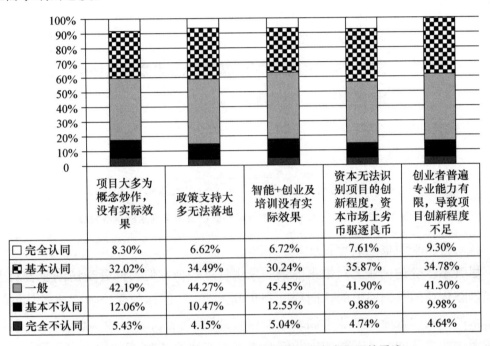

	项目大多为概念炒作，没有实际效果	政策支持大多无法落地	智能+创业及培训没有实际效果	资本无法识别项目的创新程度，资本市场上劣币驱逐良币	创业者普遍专业能力有限，导致项目创新程度不足
□ 完全认同	8.30%	6.62%	6.72%	7.61%	9.30%
☒ 基本认同	32.02%	34.49%	30.24%	35.87%	34.78%
▨ 一般	42.19%	44.27%	45.45%	41.90%	41.30%
■ 基本不认同	12.06%	10.47%	12.55%	9.88%	9.98%
■ 完全不认同	5.43%	4.15%	5.04%	4.74%	4.64%

图 2-17　受访创业者对人工智能创新创业存在问题的看法

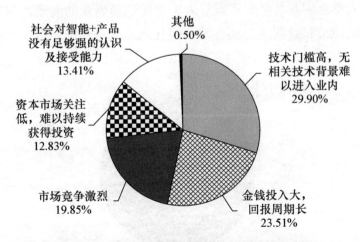

图 2-18　受访创业者所认同的人工智能创业难点

5. 对人工智能创新创业未来的看法

（1）对未来前景的乐观程度。

关于对未来人工智能创新创业的前景是否乐观的问题，绝大部分受访者选择了偏向不乐观的选项，49.60％的受访者认为"比较不乐观"，23.32％的受访者认为"一般"，19.57％的受访者认为"非常不乐观"（见图2-19）。受访创业者对未来前景的乐观程度较低。

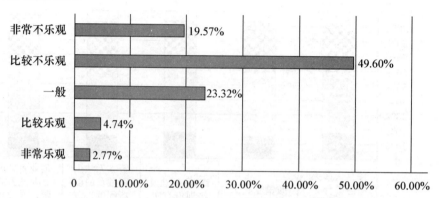

图 2-19 受访创业者对人工智能创新创业未来前景的乐观程度

（2）对未来回报的满意程度。

尽管不少受访创业者对未来前景的乐观程度较低，但大部分受访创业者对人工智能创新创业的预期回报的认同程度却很高。有45.26％的受访者"比较认同"其所带来的预期回报能让创业者满意；29.64％的受访者持"一般"态度；16.21％的受访者"非常认同"人工智能创新创业未来能带来令人满意的回报（见图2-20）。综上，受访的大学生创业者尽管不看好人工智能创新创业的前景，却对该行业未来拥有令人满意的回报和盈利能力具有基本的共识。

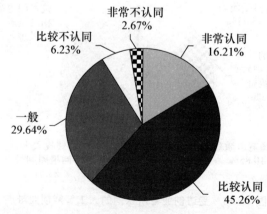

图 2-20 受访创业者对人工智能创新创业能带来令人满意的回报的认同程度

（五）本部分总结

在创业经历方面，大部分受访者在本科在读期间开始创业。受访者中没有跨行业工作经历的人占大多数，为总人数的84.82%。资金短缺是受访者认为导致他们创业失败的突出原因。

在创业特质方面，受访大学生自主创业者多数是通过满足市场需求的市场导向型创业，创业动机通常比较现实，多数出于实现个人追求以及提高生活水平。在个性对创业的帮助方面，受访创业者更为认可创造力、风险承担及自信这三点。对于职业成功观和成功感，选项得分总体较均衡，表明受访创业者既考虑创业带来的内在满足，也考虑外部激励情况。

在人工智能创新创业方面，绝大多数的受访创业者对人工智能行业总体的理解还不深。其中，对"智能识别"项目了解程度最高，对"云政务"项目了解程度最低。受访者对人工智能创新项目对生活的改变具有认同感。在人工智能创业的具体问题和难点方面，受访者更多地将创业问题归因于个人因素（创业者普遍专业能力有限，导致项目创新程度不足），认为人工智能创业的难点主要来源于行业本身的特点（技术门槛高，资本投入要求高等）。从受访者对人工智能创新创业前景的态度来看，大多数受访者尽管不认为人工智能创新创业前景乐观，却对其有较高的预期回报具有共识。

二、大学生自主创业者创业企业概况

本部分以大学生自主创业者创业企业为分析对象，通过整合问卷相关数据，重点从受访大学生自主创业者创业企业所在行业领域、经营现状、商业模式的驱动因素和模式特色等方面进行研究，并同时关注人工智能创新创业企业的发展现状，研究并分析受访大学生自主创业者创业企业所呈现的发展趋势以及发展特征。

（一）受访者创业企业的行业领域

从图2-21中可以看出，调查样本中，大学生自主创业者创业企业所属行业分布呈现多样化态势。其中文化产品行业的受访者创业企业占比最高，为19.68%。剩下分布相对较集中的行业依次是教育（占比18.78%）、消费电商（占比18.18%）和其他（占比14.48%）。占比超过10%的前四名除了其他行业外，主要集中在服务和文化领域。占比相对较小的是金融、医疗健康和社交，其中金融行业的占比仅为 1.58%。从这些占比较小的行业可以看出，受访大学生自主创业者较少选择进入那些专业化水平相对较高、重资产、政府规制较多的行业。此外，其他行业占比排名第三也从侧面反映出受访大学生自主创业者创业企业所属行业多样，不在问卷归类范围以内。

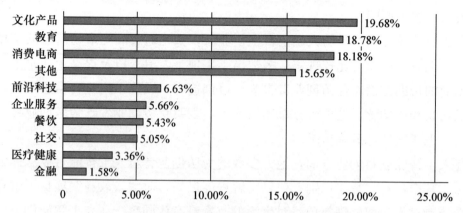

图 2-21　大学生自主创业者创业企业行业领域分布

（二）受访者创业企业经营现状

1. 大学生自主创业者创业企业雇佣人员规模

（1）近两年大学生自主创业者创业企业雇佣人员规模。

从图 2-22 中可以看出，2019 年，90.12% 的受访企业规模为 0~10 人，可见受访大学生自主创业者创业企业以小公司为主。这往往是大学生自主创业者资金不甚充裕、企业发展处于起步阶段等客观限制，以及精力和经验较少等主观限制共同作用所导致的。当然，也不乏佼佼者已经将公司发展至较大规模，受访企业中雇佣人员规模超过 500 人的占比约为 0.10%。总体而言，受访创业企业雇佣人数还是处于较低的水平，当然这里也不排除样本的有偏性。

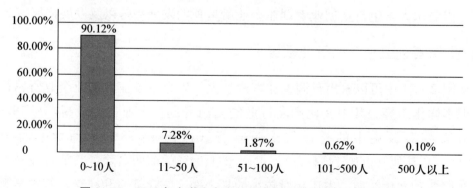

图 2-22　2019 年大学生自主创业者创业企业雇佣人员规模

如图 2-23 所示，2018 年同期受访大学生自主创业者创业企业雇佣人员规模为 0~10 人的占比为 92.52%，高于 2019 年该人员规模的占比。可见受访大学生自主创业者创业企业在员工规模上呈现出人数逐步增加的态势。两幅图对比来看，部分中小企业员工人数有所增加，不过各个规模的占比大体上一致，并没有很大的变化。

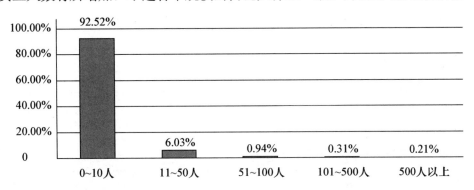

图 2-23　2018 年同期大学生自主创业者创业企业雇佣人员规模

（2）近两年大学生自主创业者创业企业雇佣人员规模的变化。

从图 2-24 中可以看出，大学生创业者创业企业雇佣人员规模的变化可分为正增长、零增长和负增长。在受访企业中，雇佣人员规模零增长企业占比最高，高达 62.37%。其次是雇佣人员规模正增长的企业，占比为 29.00%。雇佣人员规模负增长的企业占比为 8.63%。雇佣人员规模的变化可以间接反映企业的发展情况。雇佣人员规模零增长的企业占比超过 50%，可以看出不少受访者的创业企业发展受限或处于初创阶段。

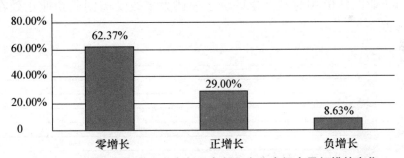

图 2-24　近两年大学生自主创业者创业企业雇佣人员规模的变化

2. 大学生自主创业者创业企业营业状况

（1）大学生自主创业者创业企业目前的营业额。

从图 2-25 中可以看出，受访的创业企业营业额较低，多数企业处于起步阶段。结合上述关于雇佣员工人数的分析，大学生创业者创业企业大多处于创业团队组建、创业行业选定阶段，近半数创业企业还未正式进入营业阶段。根据数据分析结果，受访创业企业营业额为 0 元的占比为 48.86％，可知近一半的企业仍未正式运营。对于处于营业阶段的企业，营业额占比最大的区间为 0.001 万～0.1 万元，占比为 13.10％。其次为占比 12.06％的 0.1 万～1 万元的区间。营业额不超过 1 万元的受访企业占比超过 70％。营业额超过 1 万元的受访企业占比也随着营业额的增加相应降低。

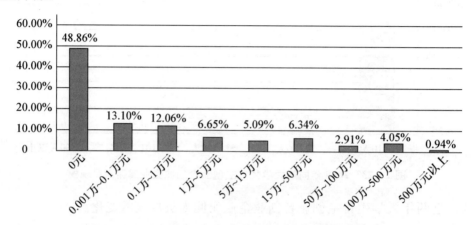

图 2 - 25　大学生自主创业者创业企业目前的营业额

（2）大学生自主创业者创业企业目前的市场估值。

从图 2 - 26 中可以看出，与营业额的分布类似，受访大学生自主创业者创业企业的估值普遍不高。估值占比最高的为 0 元，占受访企业总数的 47.61％。企业估值在 1 万元以下的占比超过 70％。同营业额一样，企业估值也存在两极分化情况。大部分受访企业的估值相对较低也印证了前述大多数受访创业企业正处在准备和起步阶段的观点。

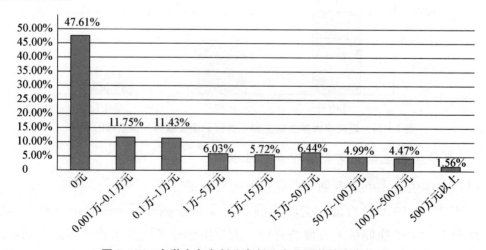

图 2 - 26　大学生自主创业者创业企业目前的市场估值

3. 大学生自主创业者创业企业用户人数

（1）近两年大学生自主创业者创业企业用户总量。

从图 2 - 27 中可以看出，2019 年，受访企业中，各创业企业用户数较少。用户数为 0 人的企业占比最高，达 51.62％，其次是用户数为 1～1 000 人的创业企业，占比为 39.73％。大致上随着用户数的增加，对应企业的占比也相应减少。总体而言，大部分受访创业企业的用户规模较小。

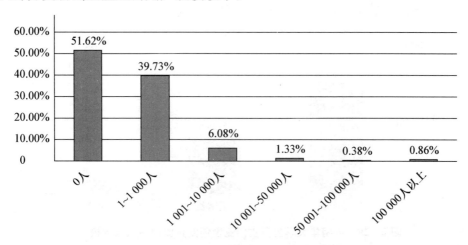

图 2 - 27　2019 年大学生自主创业者创业企业用户规模

从图 2 - 28 中可以看出，2018 年同期，受访企业的用户数也处于一个较低的水平。用户数为 0 人的企业占比是最高的，为 52.04％。用户数为 1～1 000 人的企业占比居第二，为 41.43％。与 2019 年用户数的规模相比较可以发现，用户规模略有扩大，但总体变化不大。

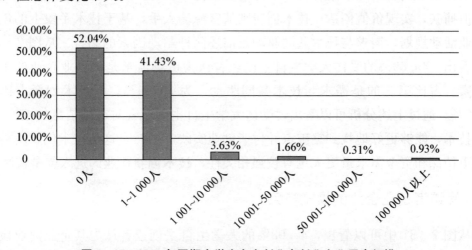

图 2 - 28　2018 年同期大学生自主创业者创业企业用户规模

（2）近两年大学生自主创业者创业企业用户人数的变化。

将大学生自主创业者创业企业用户人数的变化同雇佣人员规模一样分为正增长、零增长和负增长。从图 2－29 中可以看出，受访企业中，用户人数零增长的企业占比最高，高达 60.33％。其次是用户人数正增长的企业，占比为 32.29％。用户人数负增长的企业占比为 7.37％。用户人数的变化同样可以间接反映企业的发展情况。用户人数零增长占比超过 60％，与不少受访企业仍处于起步阶段有关，但同时也有小部分企业未能实现用户数的有效增长，企业的发展可能受限。

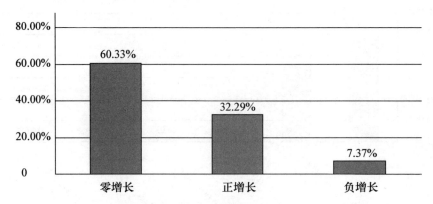

图 2－29　近两年大学生自主创业者创业企业用户人数规模变化

（三）受访者创业企业商业模式的驱动因素

大学生创业多属于创新型创业，即创业者通过以新的产品或服务填补市场空白进行创业。大学生初创企业的商业模式选择一般可从市场需求创新、技术创新以及需求与技术共同驱动三个角度切入。市场需求往往从客户端出发，围绕市场需求进行价值捕获，实现价值创造；技术创新则从资源端入手，基于技术手段上的创新进行创业活动规划。需求与技术共同驱动是前述两种驱动因素的结合。从图 2－30 中可以看出，49.69％的受访大学生自主创业者认为市场需求是其创业企业的主要驱动因素。占比第二的是需求与技术共同驱动，为 35.86％。而技术创新占比仅为 14.45％。通过上述分析可以看出，受访大学生自主创业者对市场信息的把握较强，相比技术，能够更好地找到突破点并付诸创业实践。当然，这与技术创新所需专业知识更精深和资金需求量更大也有较强相关性，技术创新行业的进入壁垒较高。

（四）受访者创业企业的模式特色

从图 2－31 中可以看出，47.08％的大学生自主创业者认为其企业商业模式的特色主要体现在目标市场和客户上，其占比也是所有选项中最高的。其次是技术，

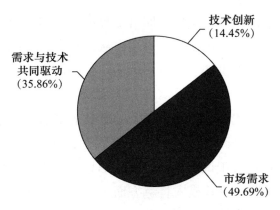

图2-30　大学生自主创业者创业企业驱动因素

占比12.19％；接下来依次为客户关系管理（占比9.12％）、渠道（占比8.72％）。目标市场和客户的精确定位是多数受访大学生自主创业者的共同追求，凸显出大学生自主创业者对市场和客户十分注重。排名前五的选项，有四个与企业管理相关。可见对于受访大学生自主创业者，企业管理的优化设计更为他们所重视，同时受访创业者也搭建了较为令人满意的管理框架。相对而言，在业务流程、盈利模式和成本控制上，只有较少的受访大学生自主创业者将其作为主要的企业特色，侧面反映出目前大学生自主创业者在这几个方面创新力度较小。

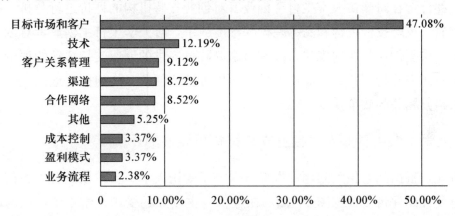

图2-31　大学生自主创业者创业企业模式特色

（五）本部分总结

在行业领域方面，受访大学生的创业企业主要集中在服务和文化领域，有部分大学生创业项目跟随科技创业潮流，涉足科技领域。由于科技创新领域对资金和技术的要求较高，对于初次创业的在校生来讲，创业难度较大，因此在调查样本中占比不高。

在公司经营现状方面，无论是从雇佣员工规模还是用户规模上看，受访大学生自主创业者的创业企业皆以小规模公司为主。从公司运营情况看，创业企业营业额普遍不高，企业估值相应地也处于较低的水平，大多数受访企业正处于筹划和起步阶段。

在创业公司的商业模式驱动因素方面，约半数的受访大学生自主创业者认为市场需求是其创业的主要驱动因素，其次是需求与技术的共同驱动。经研究发现，受访大学生自主创业者比较善于识别并把握市场信息，在创业过程中通过找寻市场突破点从事创业实践。在创业企业模式特色方面，与前述企业驱动因素相类似，近半数的受访创业者认为目标市场和客户为其企业的模式特色，即大多数受访大学生自主创业者认为其创业企业模式特色为需求导向，而非技术、产品等层面。受科技创新的主客观因素影响，受访者在科技创新领域创业的占比不高，仅有较低比例的大学生自主创业者正在从事科技创新领域的创业活动，当然这一结论也不排除样本的有偏性。

三、大学生自主创业者对创业支持机构的评价

本部分旨在对受访大学生自主创业者对创业支持机构的评价进行分析。我们主要从政府、风险投资机构和高等院校等维度入手，对大学生自主创业者对创业帮扶的需求、接受创业帮扶的现状以及其对高等院校提供的创业支持活动的评价这三个方面进行研究分析，并针对如何推进大学生可持续创业、如何更好地满足大学生创业需求给出相关的政策建议。

(一) 大学生自主创业者对创业支持机构重要性的评价

首先，根据问卷相关问题，本部分探究了受访大学生自主创业者对各创业支持机构重要性的评价。根据图 2-32，在进行自主创业的受访大学生中，认为政府的支持对于大学生自主创业者来说重要的人数最多，占比接近 20%。其次，分别有超过 15% 的受访大学生自主创业者认为风险投资机构和高等院校的支持对大学生创业也非常重要。除了政府、风险投资机构、高等院校之外，创业训练营等培训机构，空间、园区等基础设施提供方，专业的创业服务机构，大企业等行业合作伙伴，科研机构等的支持也都对大学生自主创业有重要影响。调查结果显示，总体而言，各类机构的支持对大学生自主创业都有着比较重要的影响，尤其是政府、风险投资机构和高等院校对大学生自主创业者的支持。

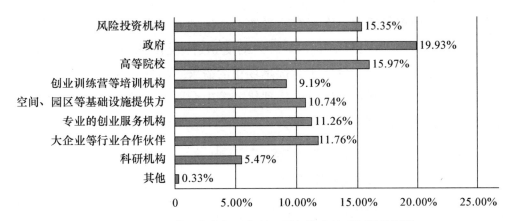

图 2-32　大学生自主创业者对不同机构支持重要性的评价

(二) 大学生自主创业者对各类创业支持机构的需求

1. 大学生自主创业者对政府创业帮扶的需求

在受访自主创业的大学生中，如图 2-33 所示，表示最需要政府提供创业担保贷款的人数最多，占总体样本的 37%。另外，有 10% 至 12% 不等的受访者表示政府提供的税费减免、技能培训、优惠场租、注册手续简化、专利保护等帮助对在校大学生自主创业也比较重要。

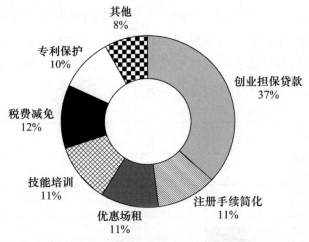

图 2-33　大学生自主创业者对政府创业帮扶的需求

2. 大学生自主创业者对园区支持的需求

园区，即产业园区，一般是指由政府出于促进某一产业发展的目的创立的特殊区位环境，是区域经济发展、产业调整升级的重要空间聚集形式，担负着聚集创新资源、培育新兴产业、推动城市化建设等一系列的重要使命。

从图 2-34 中可以看出，在所有的受访大学生创业者中，需要园区提供优惠场租等支持的人数最多，占比 30%。有 19% 的受访者对园区提供的良好的办公场所和物业服务表示比较需要，仅次于对优惠场租的需求。另外，受访者认为创业培训服务，管理、法律等诊断咨询服务，代理代办等中介服务，政策服务，融资服务等园区支持对在校大学生创业也比较重要。

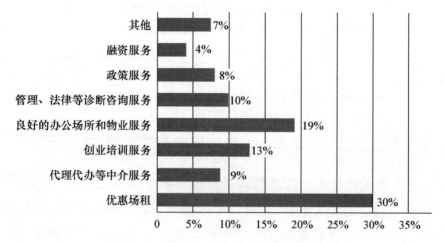

图 2-34　大学生自主创业者对园区支持的需求

3. 大学生自主创业者对风险投资机构各类支持（除资金外）的需求

除资金外，如图 2-35 所示，受访大学生自主创业者对风险投资机构提供的各类支持的需求差别较大。表示对风险投资机构提供的对接合作资源有需求的人数最多，超过一半；27% 的受访者对提供专业指导最为需要，16% 的受访者认为对接其他资金方最为需要；仅有 4% 的受访者表示有对背书的需求。

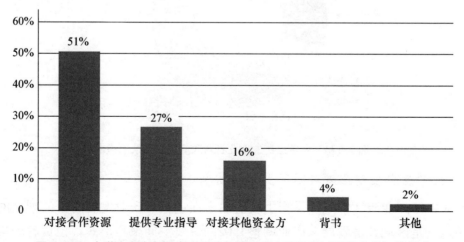

图 2-35　大学生自主创业者对风险投资机构各类支持（除资金外）的需求

4. 大学生自主创业者对高等院校创业支持的需求

（1）创业课程修读需求。

如图 2-36 所示，有 67.7% 的受访者有较强的创业课程修读需求，其中非常愿意修读创业课程的占比为 40.8%；认为创业课程修读需求一般的受调查者占比23.7%，比较不愿意和非常不愿意修读创业课程的占比较小，分别为 4.4% 和4.2%，表明受访大学生自主创业者对修读创业课程的需求较大。

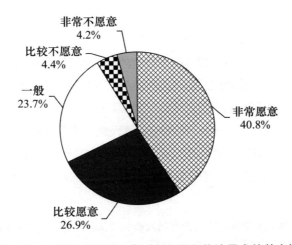

图 2-36　大学生自主创业者对创业课程修读需求的基本情况

（2）创业课程内容需求。

如图 2-37 所示，超过 50% 的受访者希望学校开设管理与运营相关的课程，分别占比 55.93% 和 51.78%；约 40% 的受访者希望学校开设财务和营销课程，只有约 30% 的受访者希望学校开设与案例分析、产品开发和法律相关的课程。

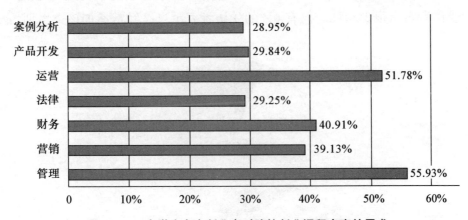

图 2-37　大学生自主创业者对院校创业课程内容的需求

（3）其他创业支持需求。

如图 2-38 所示，56.82%的受访者希望能够得到学校的资金资助，52.37%的受访者希望能够有创业导师指导，对创业实践训练的需求次之（占比为 50.99%），即受访大学生创业者的需求主要是资金资助、创业导师指导和创业实践训练；同时，受访者表示对创业场地提供、创业孵化平台支持以及创业课程等的需求也较大，分别占比为 48.12%，41.01%和 31.82%，对创业政策咨询的需求相比其他需求而言较少，占比仅 18.08%。

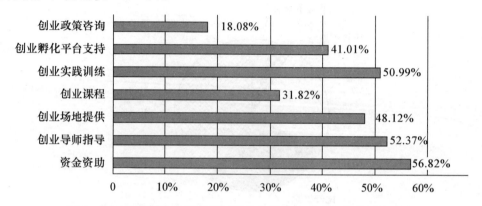

图 2-38　大学生自主创业者对院校各类支持（除课程外）的需求

（三）大学生自主创业者接受创业支持机构帮扶的现状

1. 大学生自主创业者接受创业培训帮扶的情况

在受访在校创业大学生中，如图 2-39 所示，有近一半的受访者表示从没参加过由政府或创业服务机构举办的创业培训活动，如讲座、沙龙、私董会等，有近 1/4 的受访者表示很少参加。仅有 6%的受访者表示自己经常参加该类培训活动。

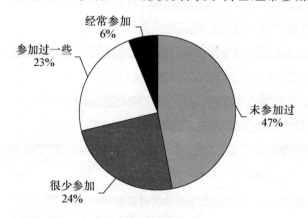

图 2-39　大学生自主创业者参与政府或创业服务机构组织的培训活动的情况

对于由企业或商学院组织开展的创业训练营，从图 2 - 40 中可以看出，有 78%的受访者表示其从未参加过此类活动，仅有 22%的受访者表示参加过。在曾参加过此类训练营的受访者中，超过 4/5 的受访者仅参加过 1~4 次。

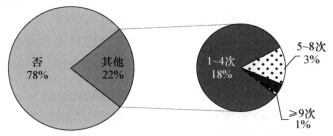

图 2 - 40 大学生自主创业者参与企业或商学院的创业训练营情况

因此，无论是由政府或创业服务机构还是由企业或高校组织的关于创业的培训活动，总体来看，受访大学生自主创业者的参与次数较少，参与度较低。

2. 大学生自主创业者接受创业资金支持的情况

在 1 012 名受访者中，有约 73%的大学生自主创业者的企业没有获得风险投资，仅有约 27%的大学生自主创业者的企业有风险投资的介入（见图 2 - 41）。在有风险投资介入的企业中，超过 3/5 的企业处于风险投资的种子期阶段，接近 1/5 的企业处于天使轮阶段，处于风险投资 A 轮、B 轮、C 轮及以上的企业占比皆很小。可以看出，大部分受访大学生创业企业都处于起步初期阶段，规模较小，风险投资机构的参与度低。

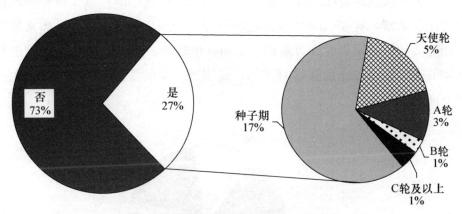

图 2 - 41 大学生自主创业企业风险投资的介入情况

3. 大学生自主创业者接受高等院校创业帮助的情况

（1）大学生自主创业者所在院校的机构设立情况。

如图 2 - 42 所示，受访创业者所在院校的相关机构设立情况差异不大。在受访的大学生创业者中，所在院校设立了创业类专业、创业学院、创业训练营、创新创业教育平台、大学科技园（孵化器）和大学生创业社团这六类机构的受访者占比均在35%左右。另外，所在院校成立了大学生创业指导中心的受访者数量最多，占比47.2%。所在院校设立了创业投资基金和创业研究中心（研究院）的受访者数量较少，仅分别占15%和10.5%。总体而言，受访大学生自主创业者所在院校的创业相关机构设立较为完整，创业环境较好，创业氛围比较浓厚。

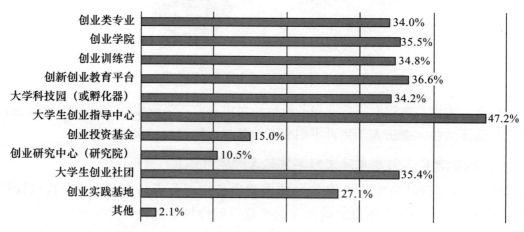

图 2－42　大学生自主创业者所在院校的机构设立情况

（2）大学生自主创业者所在院校的创业活动开展情况。

高等院校创业活动主要包括创业教育课程和创业实践培训两类，其具体开展情况如图2－43所示。调查样本数据显示，有13.1%的高等院校创业教育课程和创业实践活动比较丰富，有37.3%的高等院校开展了不少创业活动，而且越来越多。但是，有创业活动但是很少的高等院校占比同样也较高，为32.6%，而几乎没有开展创业活动的高等院校占比也高达17.0%，说明近一半的受访者所在的院校在开展创业活动方面尚显不足。

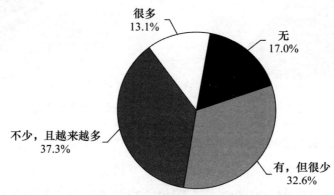

图 2－43　大学生创业者所在院校创业活动的开展情况

（3）大学生自主创业者所在院校的创业教育形式。

目前，高等院校创业教育有理论讲授、实践分享、案例分析、模拟创业和创业能力培养等几种形式。如图 2－44 所示，有 641 位受访者所在院校的创业教育形式以理论讲授为主，占比约为 63.34％；实践分享、案例分析、模拟创业和创新能力培养四种形式占比相差不大，即调查样本显示受访在校创业者所在院校创业教育采用的是以理论讲授为主，以实践分享等其他形式为辅的方式。

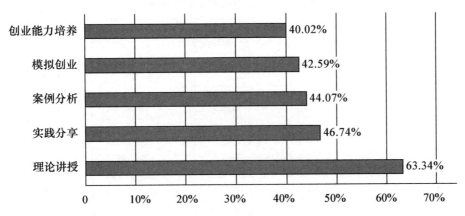

图 2－44　大学生自主创业者所在院校创业教育主要形式

（四）大学生自主创业者对所在院校开展的创业支持活动的评价

如图 2－45 所示，受访者对学校提供的各种帮助积极评价较多，高达 85.5％的受访者认为学校给予的创业帮助是有效的，其中有 11.7％的受访者认为学校的创业帮助是十分给力的，18.8％的受访者认为学校有较多帮助；仅有 14.5％的受访者认为学校的创业帮助无效。

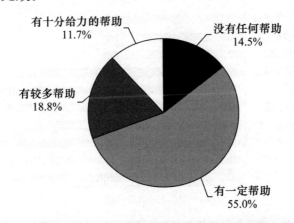

图 2－45　大学生自主创业者对其所在院校提供的创业帮助的评价

1. 大学生自主创业者对所在院校创业支持政策的评价

在对所在院校实施的各项创业政策进行评价时，有30.0%的受访者认为"创业算学分"的政策是所有政策中最给力的，"实验设备向学生开放"的创业政策次之，占比为18.3%；其余政策如"休学创业""放宽学习年限"等占比相差不大；而有2.7%的受调查者认为其他（学校资金资助和提供场地等政策）是最给力的（见表2-5）。

表2-5 院校最给力的创业政策

创业政策	频率	百分比	累计百分比
休学创业	110	10.9%	10.9%
放宽学习年限	139	13.7%	24.6%
创业算学分	304	30.0%	54.6%
实验设备向学生开放	185	18.3%	72.9%
优先转入创业相关专业	134	13.2%	86.1%
学校科研成果优先向创业学生转让	113	11.2%	97.3%
其他	27	2.7%	100.0%
总计	1 012	100.0%	

2. 大学生自主创业者对所在院校创业机构重要性的评价

如图2-46所示，在重要性方面，和创业实践联系最为紧密的创业训练营和大学科技园（或孵化器）得到了大多数受访者的认同。41.11%的受访者认为创业训练营是最重要的创业机构，在所有机构中占比最高，大学科技园（或孵化器）次之，占比为36.96%。16.01%的受调查者认为专业性不强的大学生创业社团是最重要的创业机构，相比其他机构占比最低。

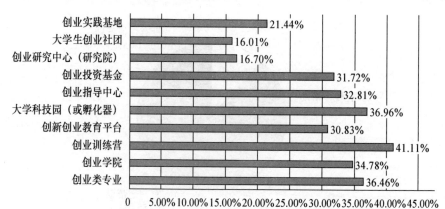

图2-46 大学生自主创业者对其所在院校创业机构重要性的评价

3. 大学生自主创业者对所在院校创业文化构建的评价

如表 2-6 所示，问卷调查的结果显示，目前高等院校普遍重视创业，其中开始重视创业的占比最高，达 45.6%，高度重视创业的占比为 19.6%；而受访者认为其所在院校相关课程、活动较少，创业宣传和支持力度有限，对创业仍然缺乏认知的占比近 30%。

表 2-6 高等院校创业文化

创业文化	频率	百分比	累计百分比
相关课程、活动较少，创业宣传和支持力度有限，对创业仍然缺少认知	303	29.9%	29.9%
学校开始重视创业，成立了相关机构，相关课程、活动越来越多，创业氛围正在形成	461	45.6%	75.5%
学校高度重视创业，相关机构很多，各种课程、活动扑面而来，创业氛围浓厚	198	19.6%	95.1%

（五）本部分总结

在创业支持机构重要性方面，受访者认为政府，风险投资机构，高等院校、创业训练营等培训机构，空间、园区等基础设施提供方，专业的创业服务机构，大企业等行业合作伙伴，科研机构等的支持都对大学生自主创业有重要影响。其中，政府、高等院校、风险投资机构的重要性得到了大部分受访大学生自主创业者的认同。这和 2016 年的调查结果基本一致，这表明大学生创业是一项需要各方参与提供综合社会服务的系统性工作，以政府、高等院校、风险投资机构为主导力量。

在大学生创业者对各类创业支持机构的需求方面，受访大学生自主创业者对政府的需求主要表现在提供创业担保贷款、优惠场租等方面；对于风险投资机构，受访大学生创业者对其提供合作资源的需求最大，其次是提供专业指导和对接其他资金方；对于高等院校，受访大学生创业者对所在院校提供的资金资助、创业导师指导以及创业实践训练的需求是最迫切的。调查结果显示，相比 2016 年的大学生创业调研，对资金资助和创业导师指导的需求没有改变，二者依然是制约大学生创业的两大因素。

在创业支持机构帮扶现状方面，受访大学生表示对政府组织的创业培训课程的参与度较低，近 3/4 的受访大学生创业企业没有获得风险投资基金的资金资助。有较大变化的是高校创业教育支持方面，受访创业大学生所在的院校都普遍开设了创业课程并开展了创业实践培训，高校创业教育的氛围普遍形成。相比 2016 年的大学生创业调查，仅有一些专业学科优势明显的高校开发了"专业纵深化、产教协同化"的创业实训模式，本次调查显示现有院校都普遍通过以理论讲授为主，以实践分享、案例分析、模拟创业和创业能力培养为辅的创业教育方式让更多的大学生得到了体系全面的创业教育支持。

在对所在院校开展的创业支持活动的评价方面，总体上看，与2016年相似，受访者对学校已提供的各种帮助积极评价较多，高达85.5%的受访者认为学校给予的创业帮助是有效的。在所在院校设立的多种创业机构中，大部分受访者认为有实战训练的创业机构对于创业是更加重要的，并且更加青睐培养创业综合能力的课程。

第三章 深入理解大学生创业行为 精细化创业教育和创业支持

引 言

十八大以来，围绕深入实施创新驱动发展战略的改革措施不断涌现，例如《关于深化中央财政科技计划（专项、基金等）管理改革的方案》《关于深化体制机制改革加快实施创新驱动发展战略的若干意见》《国家创新驱动发展战略纲要》《深化科技体制改革实施方案》《关于发展众创空间推进大众创新创业的指导意见》《促进科技成果转化法》等，有关创新驱动的顶层设计日臻完善，多种改革举措正在深入实施。中央全面深化改革领导小组及其下设的六个专项小组的成立，提高了改革的决策效率；负面清单、后置审批以及便捷工商登记等一系列便利措施的推出为市场资源的流动提供了良好的政策环境。以"互联网＋"为代表的创新创业风起云涌，涌现出了一大批年轻的极客、创客乃至企业家。2015 年，国务院办公厅印发《关于深化高等学校创新创业教育改革的实施意见》，将创新创业教育融入人才培养全过程，切实增强学生的创新精神、创业意识和创新创业能力。①

2019 年 10 月，教育部就高校创新创业教育改革相关情况召开新闻发布会，会议上公布了"双创"教育改革以来的成果数据。根据教育部统计数据，截至 2018 年年底，全国高校开设创新创业教育专门课程 2.8 万余门，上线相关在线课程 4 100 余门，创新创业教育专职教师近 2.8 万人，设立校内创新创业实践平台达 1.3

---

① 本书编写组. 十八大以来治国理政新成就：上［M］. 北京：人民出版社，2017：40，57.

万个。此外，全国共有9.3万余名各行各业优秀人才走进高校，担任创新创业指导教师。教育部还会同国家发展和改革委员会建设了19个高校"双创"示范基地，建设了200所深化创新创业教育改革示范高校；组建了全国万名优秀创新创业导师人才库，首批入库4 492位导师。依托国家级精品在线开放课程建设项目，教育部推出了52门创新创业教育精品慕课，并会同国务院发展研究中心研制了创新创业教育质量评价体系。同时，教育部深入实施"国家级大学生创新创业训练计划"，倡导以学生为主体开展创新性实践，2019年118所部属高校、932所地方高校的3.84万个项目立项，参与学生共计16.1万人，项目经费达5.9亿元。同时还推进高校全面实施弹性学制，支持学生创新创业，建立了创新创业学分积累与转化制度、在线开放课程学习认证和学分认定制度，大大激发了大学生创新创业的活力。2019年举办的中国"互联网＋"大学生创新创业大赛共吸引全球五大洲124个国家和地区4 093所院校的457万名大学生、109万个团队报名参赛，报名人数和参赛项目均创历史新高。大赛已成为覆盖全国所有高校、面向全体大学生、影响最大的赛事活动。

中国人民大学主编的《中国大学生创业报告》自2016年以来持续跟踪研究大学生创业行为、创业支持、创业教育、"双创"案例与创业政策，本章立足于已有的调研与案例分析，对大学生的创业特征与创业趋势进行时序梳理，以期得到更多的理论发现和有趣结论，为更为深入地了解大学生创业行为动态特征服务，为创业教育和创业支持提供精细化的政策着力点。

一、大学生创业研究：理论发现

大学生创业最新研究包括微观层面的个体行为研究、宏观层面的多方位的创业支持研究、创业行为与创业支持的互动研究、国内外创业行为差异与创业支持差异的比较研究等。自2015年国务院办公厅《关于深化高等学校创新创业教育改革的实施意见》将创新创业教育融入人才培养全过程以来，中国大学生的创业行为研究和创业教育研究进入了一个高峰期。为了更为清楚地了解关于大学生创业的研究情况，本报告搜索了最近三年涉及与大学生创业相关的关键词"大学生创业教育""大学生创新创业"的中外文前沿文献，对其进行了分类和述评。图3-1和图3-2显示了关于大学生创业教育和创新创业的研究的发展趋势。

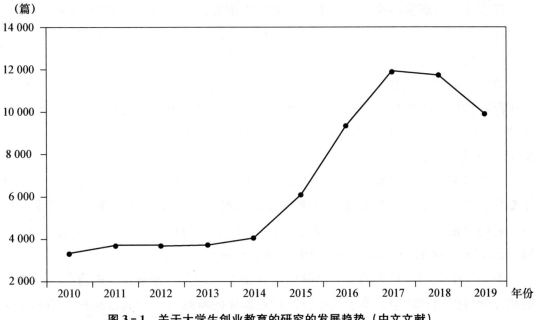

图 3 - 1 关于大学生创业教育的研究的发展趋势（中文文献）

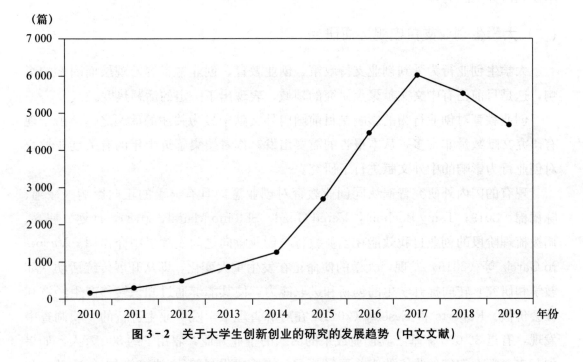

图 3 - 2 关于大学生创新创业的研究的发展趋势（中文文献）

（一）大学生创业行为微观层面研究

已有关于大学生创业行为微观层面研究的文献大体可分为两类：一是对大学生创业行为本身的研究；二是对创业环境与创业行为的交互影响的研究。

已有文献的研究结论认为，中国的大学生创业行为包括机会型创业和生存型创业，大学生创业行为受到个人特质、创业情境、创业支持等综合因素的影响。

个人特质层面，研究者认为，创业动机、创业技能、个体特征、风险偏好、家庭、教育、信仰、职业经历，甚至情绪等因素对创业行为都会产生影响（叶映华、徐小洲，2018；胡琳娜、周莉清、常红锦，2018；宁德鹏、葛宝山，2017；刘益平、张燕，2017；Batjargal，2007；Colombo 和 Delmastro，2001；Liu 等，2018；Ratzinger 等，2018）。

交互影响研究的层面，研究者认为，个人创业行为还会受到创业情境、动态环境变化、政府政策、资金来源、制度环境、市场环境、创业教育等诸多因素的影响，表现出创业行为的差异性和创业过程的动态性（魏国江，2020；林刚，2018；Millman 等，2009；Millman 等，2010；Wang 等，2016）。

关于大学生创业行为的研究文献广泛分布于管理学、经济学、教育学、心理学等相关学科的期刊之中，鉴于其研究的创业群体的特殊性，尤其以教育学的相关学术期刊研究文献为多。

（二）大学生创业支持宏观层面研究

大学生创业行为受到创业支持政策、创业教育、创业融资等宏观层面因素的影响，这是目前已有中文文献聚焦研究的领域，表现出了一定的话题热度。

创业教育对创业行为的影响是目前国内外文献中最为关注的话题之一。由于现有研究文献数量非常多，从本报告的需要出发，作者搜集了近十年的有关创业教育对创业行为影响的中外文献进行了研究。

现有的国内外研究普遍认同创业教育对创业意向具有显著的正向影响（徐菊、陈德棉，2019；Tsipy Buchnik，Vered Gilad，Shlomo Maital，2018），计划、搜寻、调拨梳理阶段的创业自我效能在创业教育与创业意向之间发挥了中介作用。Vaquero Garcia 等（2016）发现，大学的使命正在发生重大变化，即从开展传统活动（如教学和研究）转向提升学生的创新和进取能力，使其能够通过知识转移产生经济和社会价值。Roberts 和 Eeseley（2011）在对麻省理工学院毕业生进行的一项调查中发现，有近 30 000 家基于其创业成果的活跃的企业开业，雇用了约 300 万人，如果加起来，那么它们的收入约为 2 万亿美元，将构成世界第 11 大经济体。Eeseley 和 Miller（2018）发现，斯坦福大学毕业生也受到了类似的巨大影响。以色列理工学院在以色列高技术产业的发展中发挥了关键作用，高技术产业推动了以色列 40％的经济增长，这一产业的出口额占以色列出口总额的一半（Frenkel 和 Maital，2012a；

2012b）。一项针对以色列理工学院校友的调查显示，每 4 名以色列理工学院毕业生中就有 1 人创办了至少 1 家初创企业，而在女性毕业生中，这一数字为 1/7。

关于创业教育如何影响创业行为的理论研究，Centobelli（2016a）提供了一个分析框架。他研究发现企业家需要个人技能、创新技能、财务技能、组织技能、战略技能、关系技能（对初创企业与其周围生态系统之间联系的系统把握），以及声誉技能（建立信任和相互理解）七项关键技能，旨在培养创业精神的大学拥有影响所有这些技能的可获得性的创业教育和创业支持生态系统。张秀娥、徐雪娇、林晶（2018）基于计划行为理论，构建了创业教育对创业意愿的多重中介效应模型。通过收集八省大学生问卷调查数据进行实证分析，他们研究发现，创业教育对创业意愿具有积极影响，计划行为理论的三个认知因素（创业态度、主观规范和感知行为控制）在创业教育和创业意愿的关系中起部分中介作用。

除了创业教育对创业意愿的正向影响之外，国内相关文献广泛关注关于创业教育的多个话题，笔者搜索了近三年的相关文献，发现其研究热度不减。这些研究话题包括不同类型大学创业教育的差异、创业教育与大学教育的协同、国外高校创业教育的经验、创业教育生态系统等。

李佳丽（2019）和熊华军（2018）研究了百森商学院创业教育理念和课程生态体系的构建，他们指出：创业教育在百森商学院成功实施的原因在于其知行合一的创业思维与行动（ET&A）教育理念和融课程、课外活动、学术研究于一体的课程生态体系，ET&A 教育理念强调创业者思维和行动的有机统一，要求学生掌握认知双元能力、可持续发展观念和自我发展意识三种思维模式，并且采取实际行动进行思维模式转换的训练。基于 ET&A 教育理念，百森商学院构建了浸入式的创业课程、"做中学"的课外活动和推广型的学术研究项目。百森商学院创业教育运行机制实现了创业教育理念、创业教育课程、创业教育教学、创业教育师资、创业教育平台五个要素的共生共存。在理念上，百森商学院培养追求人类共同福祉的全面发展的创业者；在课程上，百森商学院融合了创业者所需的陈述性知识、程序性知识和策略性知识，融合了创业者所需的基础性技能、行业性技能和发展性技能，融合了创业者所需的情感、态度和价值观；在教学上，百森商学院通过设计真实的创业情境，帮助学生获得真实的创业体验；在师资上，百森商学院构建了一支顶天与立地并重、教学与科研统一、知与行合一的创业师资队伍；在平台上，百森商学院构建了面向全体学生的校产研合作的创业实操平台。

一些文献细化研究，聚焦创业相关前沿理论，例如从社会网络理论角度研究高校如何为大学生在创业初期构建社会网络关系提供重要支持。任迎伟和李静

（2013）从社会网络的动态演进视角出发认为，大学生创新创业是大学生在不确定的环境中，识别把握机会、获取整合资源从而实施的以盈利为目的的经济活动，其中的各环节都基于社会网络关系，因此这就需要大学生在进行创新创业活动时，能根据不同的创业阶段构建不同的社会网络。依靠社会网络搜集、整合、利用信息是大学生创新创业初期发展的重要途径。由于初期不管是创业者还是新创企业都不具备影响社会网络的能力，因此大学生在企业创办初期想要获得生存和发展，就必须尽力搜寻、建立并利用相应的社会网络关系。他们需要依赖社会网络成员提供的市场资源、竞争者信息等。嵌入社会网络的速度、深度与广度是大学生创新创业初期企业生存成长的关键影响因素。鉴于新创企业在发展初期的局限性（规模小、资源少等），其必须以大学生创业者个人为中心来建立社会网络。一方面，大学生通过亲戚朋友等强关系来获得更多的资源和更低的成本，以弥补自身的不足，获得企业的生存空间；另一方面，作为大学生的重要社会资源，高校通过提供教育、资源等方式增强大学生创新创业的信心，提升大学生创新创业的实际效果。

一些研究聚焦于内创业理论，研究高校如何组织各类资源为大学生创新创业提供内源性支持。"内创业"的概念 1985 年由美国学者戈福德·平肖（Gofford Pinchot）在《创新者与企业革命》一书中首次提出。内创业是指利用特定的既有组织内的产品、技术、人员、资金等资源创造新业务，进而提高组织竞争力和获利能力的过程，其体现在三个方面：一是内创业主体，即特定组织内的团队或个体；二是内创业活动内容，包括承担新业务带来的风险，从事新技术、新产品的研发与生产，重构现有组织战略和资源配置，内创业团队或个体的竞争意识与创新意识等；三是内创业活动范围，即限于在特定现存的组织内，开展企业当前产品、市场或现有资源相关的新业务。蔡春驰（2012）认为，内创业教育将成为创业教育的新趋势，"学校作为内创业者培养的主阵地，应从内创业者所必需的创新精神、专业技能、统筹管理能力、自身价值的追求和强烈的成就动机等方面入手，完善相应的培养目标和培养方案"。叶正飞（2016）提出了"地方应用型本科高校实施内创业教育必须树立创业与就业兼容的内创业教育理念，融合创业教育与专业教育，分层次推进内创业教育课程建设，创建内源性支持的师资队伍等路径选择"。金劢（2012）认为，一方面，内创业者教育作为新兴的创业教育发展思路，能将创业教育研究成果运用到内创业人才的培养中，为社会提供更多的创业人才；另一方面，内创业者的培养思路使得大学的专业教育和创业教育高度融合，有利于进一步促进我国高等教育人才的全面发展。上述研究提出了内创业理论对高校创业教育支持的重要意义，厘清了高校利用组织内的产品、技术、人员、资金等资源为大学生创新创业提供支持的整体逻辑框架。

另一些研究聚焦于高校、企业、政府的互动，认为创新创业支持作为三方联动的重要构成之一螺旋作用于创新创业的新发展。三螺旋理论分析了高校、企业和政府之间的动态关系，强调三者有共同的利益目标，并在运作过程中相互促进、相互合作，共同推进社会经济发展（周倩等，2019）。在高校创新创业发展方面，高校创新创业教育的开展离不开政策的鼓励和支持，同时高校向社会输送人才也需要校企之间的紧密配合。要保证创新创业人才的培养质量，"必须追求高校、政府、企业三者间的良性互动"。三螺旋理论强调以政府、高校和企业为主体，三者互通有无，相互促进，为分析高校创新创业支持对创新创业的影响提供了新的理论切入点。三螺旋理论认为高校、政府、企业三方具有共同的目标和价值导向，应建立有效的联动机制，螺旋作用于创新创业教育的新发展，在联动耦合过程中衍生出混合型组织，诸如大学科技园、产业园、孵化器、技术转化中心等。作为不同结构的主体，高校、政府和企业三者既相互独立又彼此融合，可通过整合优势资源，实现最优化的资源共享，从而进一步构建新的发展共同体，推动社会整体性的协同创新。高校、政府、企业的三方联动从三螺旋的主体结构入手，高校、政府、企业成为创新创业教育的关键因素，且三者都有各自明确的发展目标。高校的基本功能是"人才培养、科学研究、社会服务和文化传承创新"，根本目标在于人才培养。高校在人才培养的基础上，能够通过加快科技成果转化，获得有利的外部环境和资金支持，完成知识经济转型，提高产学研的能力和水平。

（三）中外创业行为与创业支持的相关研究

创业研究作为一个研究领域在过去的十年里有了显著的发展，被认为是最热门的商业管理课题之一，本部分旨在研究创业行为、创业支持相关研究的一些前沿发展趋势。

从已发表的国外文献（主要是英文文献）来看，理论研究持续关注创业的原因、企业家精神及其对其他经营管理主体的影响。一些专业领域的创业活动也得到了研究者们的广泛关注，例如社会、女性、技术和国际企业家等话题。这些话题引发了一系列与创业相关的研究，为创业奠定了新的理论基础并融合了多种思维方式。已发表文献中关注度较高的研究话题包括创业学习、边干边学和探索经验（Cope，Watts，2000；Rae，2000；Sullivan，2000），创业动机（Segal 等，2005），创业精神、创业人格特征、创业能力（Littunen，2000；Morrison，2000；Mitchel-more，Rowley，2010），小企业增长及其影响因素（Smallbone 等，1995；Fillis

等，2004；Gray，2006；Dobbs，Hamilton，2007），企业文化中的创业教育（Jack，Anderson，1999）等。与创业相关的已发表论文分布在如下相关期刊中：*International Journal of Entrepreneurial Behaviour and Research*，*Journal of Small Business and Enterprise Development*，*International Journal of Entrepreneurship and Small Business*，*Education and Training*，*Entrepreneurship and Regional Development*，*International Entrepreneurship and Management Journal*，*Journal of Small Business Management*，*International Small Business Journal*，*International Journal of Entrepreneurial Behaviour Research*，*Industry and Higher Education*，*Small Business Economics*，*Journal of Developmental Entrepreneurship*，*International Small Business Journal*，*International Journal of Gender and Entrepreneurship*，*Journal of Enterprising Communities*，*International Journal of Entrepreneurship and Innovation Management*，*International Journal of Entrepreneurship and Innovation*，*Journal of Business Venturing*，*Entrepreneurship Theory and Practice*，*Management Decision*，*Academy of Management Review*，*Strategic Management Journal*，*Academy of Management Journal*，*Strategic Entrepreneurship Journal*，等等。

国外文献近十年的研究在所关注的对象上表现出了一定的趋势性，大体可以归纳为如下几点：

（1）从组织学习等一般性主题转向更为具体的主题，如为适应创业背景而发展的创业学习，像组织学习或一般学习这样的理论不再适合对创业背景的研究（Shu，2014）。（2）初创企业被视为 2013—2018 年期间最受欢迎的公司之一，对初创企业的研究反映了对商业思维有影响的更多研究的变化。（3）企业绩效仍然是一个活跃的关键词，表明产出相关变量的研究仍在流行，而且未来这一趋势可能会持续下去。（4）对政府政策和企业孵化器具有影响的对管理含义的研究也是将来创业研究的趋势之一。（5）关于性别等特定主题的研究经历了一次复兴，后来的研究专门针对女性，但此后这一研究又重新转向性别这一特定主题。因此，未来的研究很可能会在家族企业等主题上经历同样的趋势，但也有一些迹象表明一些研究领域已经达到饱和或需要重新评估相关性。因此，未来的研究也要尝试用一种新颖的理论框架来定位。（6）创业教育成为一个重要研究领域，是近十年来又一个占据主导地位的话题领域。（7）关于"动机"的研究越来越多，这可以理解为研究者希望理解企业家成为企业家的原因。（8）研究者对与生活方式相关的领域更感兴趣，一些领域（如社会创业）正处于成熟阶段，关于社会企业家精神的研究已经有了显著的发展，这个词也成为期刊中最常见的关键词之一。（9）学术领域越来越重视跨学科的交叉研究，这一点也体现在创业研究中（Nambisan，2017），例如关于体育领域的创业活动、数字化创业等新兴课题的研究正处于方兴未艾的过程中。（10）创业研究更为关注创业情境与创业行为的交互影响、创业过程的动态性等（Moroz，2012；Zahra，2014）。

近几年国内关于创业的研究呈现出与国际上大体相同的趋势，国内创业研究中具有热度的话题包括创业情境与创业行为的交互影响、创业教育、大学生创新创业、创业生态系统及其绩效评估、创新与创业管理、创业网络与创业绩效的交互影响、社会创业、数字化创业等，研究文献广泛分布于管理学、经济学、教育学、心理学、社会学等多个学科领域的期刊中，创业领域相关话题讨论非常活跃，中文文献检索中搜索"创业"及相关关键词，出现的搜索结果多达上百万条。

（四）一个简短的文献述评和新兴的研究领域

笔者通过搜索"创业""大学生创业""大学生创新创业"等相关关键词对近年来创业和大学生创业的研究状况和研究趋势进行了整体把握。已有文献显示，创新创业、大学生创业依然是历久弥新的研究主题，热度依然不减，通过整理现有研究文献，我们发现相关研究出现了一些新的趋势。

关于大学生创新创业的研究更为深入，出现了学科内知识的融合及学科间研究的交叉。创业研究本身就是一个跨学科的研究领域，涉及管理学、经济学、心理学、教育学、法学、金融学、社会学等学科，现有文献已出现了学科内知识融合和学科间知识交叉的新趋势，例如风险偏好与创业行为的研究、创业者认知能力和认知过程对创业过程的影响、社会网络与创业成功与否之间的关系研究、创业情境与创业过程的动态研究、制度视角的研究等。可以看到，不同学派或流派关于创业的主张都可以作为关于大学生创业研究的理论基础，并且在未来研究中加以验证和分析。

数字创业作为一个新兴的主题，近年来得到了广泛的关注和深入的研究。"数字创业"一词涵盖了互联网、万维网、移动技术和新媒体带来的各种机遇。数字创业伴随着数字经济的发展，数字经济的发展被认为是又一次新的工业革命（Kraus等，2019；Nambisan，2019；Zhao，Collier，2016）。数字技术建立了数字世界可扩展的产品和服务，从而推动了线下经济的变化并促进了经济增长。数字化的优势是可以将内容从原有的传播媒介中灵活地分离出来，从而鼓励快速试验和学习，并且通过数字技术可以鼓励创业者在非线性路径中快速迭代和发展。数字技术使得原有创业机构的作用也发生了变化，数字技术的使用鼓励去中介化，使得创业活动更加重视生态系统。因此，数字技术的使用和发展促进了原有的创业管理理论的发展。

我们搜索了关于数字化创业的相关文献。搜索结果显示，这一领域的研究正在蓬勃发展，已有文献尝试从不同视角阐释数字创业的相关现象和已有实践。Hasnain Zaheer，Yvonne Breyer 和 John Dumay（2019）研究了数字创业的定义、数字创业的研究主题和数字创业未来的发展趋势。他们指出，数字技术是指在无处不在的公共网络上使用计算能力的平台、基础设施或技术产品。Nambisan（2017）认为这里的技术产品可以被视为一个组件、一个应用程序或一组媒体内容，其作为相应的独立的产品、服务或平台的一部分存在；他认为平台可以被看作一组共享的数字服务，以承载包括数字产品在内的补充产品，可以将基础设施视为支持创业的数字技术工具和系统。Von Briel 等（2017）认为数字技术产品可以是万维网、智能手机应用程序、物联网（IoT）连接设备（如无人机、家庭自动化设备、机器人、智能厨房电器和可穿戴设备），数字平台包括 Apple iOS、Android、Salesforce 或 Atlassian 开发者生态系统。基础设施包括云计算、亚马逊网络服务、社交媒体、3D 打印、网络数据分析和人工智能（Rippa 和 Secundo，2019）。数字初创企业是指创立不久的数字化企业，既包括处于发展和成长早期的数字化企业（Klotz 等，2013），也包含成熟企业（Shane 和 Venkataraman，2000）内孵化出的新创数字化企业。这些企业往往采取依托数字技术的新商业模式，该新商业模式对原有组织或流程进行了数字化改造，而且这些数字技术对公司的发展至关重要，集中表现为可极大地提高效率。

数字化创业领域高引用率论文的研究话题包括：走向数字化技术的数字化创业，数字化创业商业模式，数字化创业研究中新兴理论和行为比较，创新生态系统中的企业家精神，为物联网设计商业模式，战略决策对创业者自我效能感的影响，绿地创业等创业公司的软件开发模式，网络创业中的社会资本、人力资本与中国网络企业绩效等。

已发表的大学生数字化创业文献基本立足于微观和宏观两个层面开展研究。Wang（2016）研究了大学生网络创业的五大人格特质、内外部网络创业动机与网络创业意愿之间的关系，探讨了网络创业意愿的影响因素。他采用结构方程模型对450 名大四学生的数据进行了分析。该研究结果表明，无论是内在的还是外在的网络创业动机都对网络创业意愿有正向影响，责任心、经验开放性、宜人性对内在网络创业动机有正向影响，外向性、责任心、神经质对外在网络创业动机有正向影响，学科差异（IT 相关与非 IT 相关）调节了外部网络创业动机对网络创业意愿的影响。Daniel Ratzinger，Kevin Amess，Andrew Greenman 和 Simon Mosey

（2018）评估了初始创业团队接受高等教育的情况对引入股权投资和随后投资者退出的可能性的影响。研究结果表明研究人员和政策制定者应考虑加大对大学生创业活动的支持力度，这有助于创业团队人力资本的发展。数字技术的发展为大学生的数字化创业提供了适宜的社会情境与技术背景，使得对大学生数字化创业的支持和大学生数字化创业行为成为了广受关注的研究热点。

二、在校大学生创业行为的发展特征和发展趋势

（一）在校大学生创业意愿的发展特征和发展趋势

大学生创业意愿逐渐趋于理性，并呈现出一定的分化趋势。

"中国大学生创业报告"课题组持续跟踪了2016—2019年的大学生创业行为，由于2016年相关问卷题项设置与后三期题项设置不统一，因此本部分选取2017—2019年的调查结果，分析近三年在校大学生创业行为的发展变化。

为了使分析结果更为简洁明了，本部分将创业意愿划分为三种：一是由"一定要创业"和"有强烈的创业意愿"归并而成的"有强烈创业意愿"；二是由"有较强的创业意愿"和"有意愿，但不强烈"归并而成的"有创业意愿但不十分强烈"；三是"没有创业意愿"（"从没想过"）。如图3-3所示，2017—2019年的跟踪调查显示大学生创业意愿更加趋于理性。其中，有强烈创业意愿和没有创业意愿的学生的占比总体呈上升趋势，有创业意愿但不十分强烈的学生的占比总体呈下降趋势。

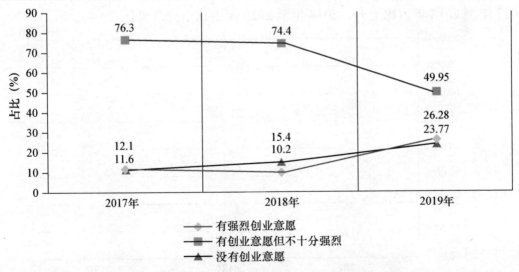

图3-3　2017—2019年受访在校大学生创业意愿的变化

随着"大众创业，万众创新"的开展，在各类机构，尤其是高校对"双创"的支持下，有一部分对创业持模糊、观望态度的在校大学生将创业视为未来的一种选择，开始产生强烈的创业意愿或明确自身条件不适合创业。因此可以推断，在校大学生的创业意愿强度出现了分化，一定程度上，此种分化也显示了创业教育、创业宣传等支持帮扶活动对创业人才队伍产生的激励和筛选作用，使得学生对创新创业的信息不对称减少，帮助学生更加明确其创业意愿。

（二）在校大学生创业动机的发展特征和发展趋势

大学生创业动机持续表现为以机会型创业动机为主，表明在校大学生创业动机的主流是满足自身愿望、兴趣与实现价值相结合。

我们根据 2017—2019 年的跟踪调查研究了大学生的创业动机，与前述划分标准相同，将大学生创业动机分为生存型创业和机会型创业。结合已有理论研究，创业动机为机会型的创业者以满足自身愿望、兴趣与实现价值为出发点，通过发现市场中的商机而选择创业，能更好地进行创业机会的识别和把握。

通过梳理 2017—2019 年三期调查中在校大学生的创业动机，我们发现，大部分学生的创业动机为机会型，虽然不同年份受访大学生机会型创业动机占比有些许波动，但总体而言，约有七成在校大学生创业属于机会型创业。

本部分进一步从不同学历和学校层次两个角度考察了不同特征在校大学生创业动机的变化。总体而言，不同学历和学校层次的在校大学生在历年的调查中选择机会型创业的占比均在 70% 左右，与总样本的结果较为一致，纵向时间走势上均呈现 2017 年至 2018 年占比上升，2018 年至 2019 年占比下降（见图 3-4）。

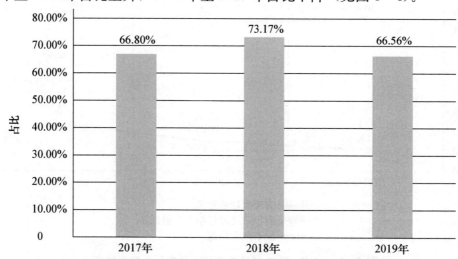

图 3-4　2017—2019 年受访大学生机会型创业动机占比

（三）大学生创业者创业领域的发展特征和发展趋势

大学生创业者创业领域选择方面，消费电商受青睐但热度在减退，教育和社交两个领域的占比呈现上升趋势。

在大学生创业领域选择方面，本部分选取 2017 年以来受访大学生创业者的五个代表性创业领域进行了统计分析。图 3-5 的结果显示，消费电商是最受大学生创业者青睐的创业领域，近三年来的受访大学生中，选择消费电商领域进行创业者的占比在 20% 左右。近三年来，选择教育、社交两个领域进行创业的大学生的占比总体上呈现上升趋势，消费电商领域大学生创业的热度出现了一定的衰减趋势，体现了目前大学生创业者在创业领域选择方面的偏好和变化趋势。

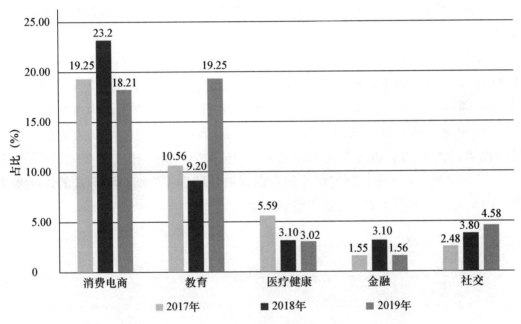

图 3-5　2017—2019 年大学生创业者主要创业领域分布

三、大学生创业者对创业支持的评价的特征和趋势

（一）大学生创业者对高校创业支持的评价的特征和趋势

大学生创业者对高校创业支持（包括创业课程和创业实践活动）的评价呈现趋好的态势，但仍有相当比例的大学生反馈创业课程和实践活动存在缺口，这一定程

度上从侧面表明高校创业支持的有效供给不足。

由于2016年调查问卷中没有涉及创业大学生对其所在高校创业课程开设情况和创业实践活动开展情况的评价，我们整合了2017—2019年的创业大学生问卷调查结果，分析了大学生对高校创业支持的总体评价和分类评价，从"供求"角度分析了高校创业支持的发展特征和发展趋势。

由于数据来源于大学生的主观感受，可能与高校的实际供给不完全匹配，因此结论的稳健性也可能会受到大学生的个体选择偏差、大学生的主观认知、大学生的信息获取能力的限制。虽然结论受到主观因素的一定影响，但是结论可以部分说明未来大学生创业支持服务的开展需要更加地立足于个体需求差异，提供更为精准的符合差异化需求的有效创业支持服务供给。

在受访创业大学生所在高校创业课程开设和创业实践活动开展方面，由图3-6和图3-7可知，约有六成创业大学生认为所在高校的创业课程和创业实践活动"供不应求"。从时序变化趋势上看，受访创业大学生中，认为高校创业课程供不应求者的占比总体呈现下降趋势，认为满足需求者的占比总体上呈现上升趋势。结合图3-6所示的数据，2017年受访的大学生创业者中有64.79％认为所在高校开设课程少，供不应求，这一比例于2019年下降至59.04％；2017年认为所在高校开设课程满足需求的受访者占全部受访者的35.21％，这一比例于2019年上升至40.96％。可见，近年来，随着高校创业课程数量的进一步增长和形式的进一步丰富，创业大学生的总体需求在逐步得到满足。

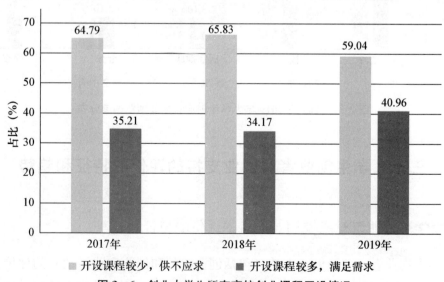

图3-6 创业大学生所在高校创业课程开设情况

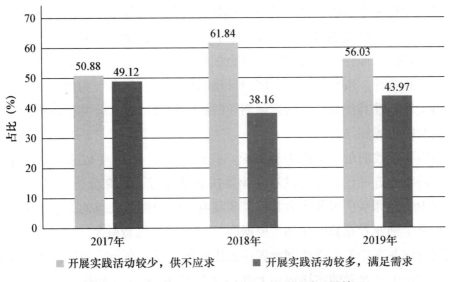

图3-7 创业大学生所在高校创业实践活动开展情况

(二) 大学生创业者对政府创业支持政策的评价的特征和趋势

从大学生创业者对政府创业支持政策的评价中可以看到, 大学生创业者对政府创业担保贷款的需求持续上升, 对优惠场租、注册手续简化、税费减免的需求在下降 (见图3-8), 这也从侧面表明政府在制度设计层面对大学生创新创业支持体制机制的改革具有成效, 政府应进一步根据审慎原则从制度设计层面保障大学生创业融资服务的社会供给。

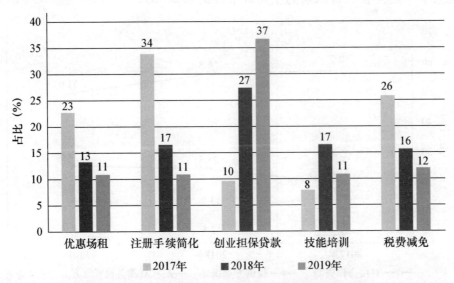

图3-8 受访大学生创业者最需要的政府创业支持类型

从经济学理论上分析，创新创业活动兼具公共产品与私人产品的属性，个人创业既可以实现个人利益的最大化（私人产品属性），也可以产生较大的社会外部性（公共产品属性），即促进经济增长和社会创新。因此，鉴于创业的正外部性、不确定性及机会收益性，政府应该从制度设计层面保障创新创业行为的良性开展并对其给予大力支持，唯其如此，才能达到创业的最大效益边界（公共产品供给边界与私人产品供给的边界相结合）。

在最需要的政府创业支持类型方面，我们选取了 2017 年以来受访大学生创业者表示最需要的五种代表性的政府创业帮扶支持进行了研究分析。图 3-8 显示了各年调查中，选择某项服务作为其最需要政府提供的创业支持的大学生创业者占当期受访大学生创业者总数的比例。根据图 3-8，选择税费减免、优惠场租和注册手续简化三种创业支持的大学生创业者的占比逐年下降，而希望政府提供创业担保贷款支持的大学生创业者的占比逐年上升，由 2017 年的 10% 上升至 2019 年的 37%。可见，从满足大学生创业需求的角度来看，近年来政府在税费优惠和创业服务等方面做出了较大的努力，而在创业投融资支持方面还有服务供给的缺口，这需要进一步按照审慎原则从制度设计层面保障融资服务的社会供给，可以采取政府＋市场的双重模式进行制度设计。

（三）大学生创业者对风投机构评价的特征和趋势

从大学生创业者对风投机构的创业支持的评价中可以看到，寻求对接创业合作资源是大学生创业者一直以来的主要诉求（见图 3-9）。

图 3-9 受访大学生创业者最需要的风投机构创业支持类型

根据 2017—2019 年的调查数据，我们研究发现大学生创业者最需要的风投机构支持依次为对接合作资源、提供专业指导和对接其他资金方，其中，希望风投机构提供对接合作资源的大学生的占比三年来均超过 50%，希望得到专业指导的大学生的占比在逐年上升。风险投资是一种由专业人士以参与经营为条件，以股权形式体现并适时退出的特殊的直接投资。根据创业阶段划分的相关理论，企业创业阶段可以分为创业期（企业化）、成长期（技术/服务商品化）、快速发展期（产业化）、稳定增长期（市场成熟化）四个阶段。通过综合考虑统计结果和每个创业阶段的筹资渠道及风投机构介入形式，可以推测出目前大部分大学生创业企业处于创业期和成长期。这里的研究结果也表明，合作资源的对接是一种市场化行为，大学生创新创业在面对这类市场行为时处于信息劣势，可以考虑从多方面有针对性地提供解决方法和支持。

四、大学生创业行为和创业绩效研究：来自大样本调查数据的经验证据

我们进一步采用计量经济学方法对问卷调查结果进行了相关性的回归分析。我们以受访在校大学生及大学生自主创业者作为研究样本，对创业者创业行为及创业绩效的影响因素进行了研究分析。在创业行为方面，选取在校大学生创业意愿和创业动机类型两个维度进行刻画；在创业者创业绩效方面，选取大学生创业者创业企业的估值作为衡量指标。我们主要围绕个人特征、高校创业支持情况、创业者创业经历、创业者创业教育经历、创业企业行业特征等因素选择解释变量，分析以上因素对大学生创业行为和创业绩效的影响效果，并基于此针对如何激发大学生创业意愿、深入理解大学生创业行为、精细化创业教育和创业支持，从而更好地满足大学生的创业需求给出适当的政策建议。

（一）大学生创业意愿和创业动机的影响因素研究

本部分以在校大学生为研究对象，对在校大学生创业意愿和创业动机的影响因素进行了相关性的分析研究。我们结合问卷设计，采用李克特五分法衡量在校大学生创业意愿，并将大学生创业动机划分为生存型创业和机会型创业。我们考虑了2017—2019 年三期问卷内容设置并构建了不平衡面板数据，选取个人特征、高校创业支持情况两个方面的因素作为解释变量，同时控制年份固定效应，以及当年GDP、大学生就业率、第二和第三产业占 GDP 的比重等宏观经济变量进行回归分析。回归结果如表 3-1 所示。

表 3-1 在校大学生创业意愿和创业动机影响因素实证结果

解释变量			创业意愿	机会型创业
个人特征	年龄		−0.022***	−0.007***
			(0.003)	(0.001)
	性别	男性	0.219***	0.037***
			(0.010)	(0.005)
	学历	本科	−0.700***	−0.048***
			(0.03)	(0.014)
		硕士	−0.756***	−0.052**
			(0.053)	(0.024)
		博士	−0.802***	−0.035
			(0.139)	(0.064)
	专业大类	军事学	0.793***	−0.032
			(0.1)	(0.046)
		农学	−0.047	0.021
			(0.126)	(0.058)
		医学	−0.203**	−0.066
			(0.096)	(0.045)
		历史学	−0.002	0.012
			(0.148)	(0.069)
		工学	−0.051	−0.044
			(0.079)	(0.036)
		教育学	−0.383***	−0.207***
			(0.145)	(0.067)
		文学	0.166**	−0.069*
			(0.083)	(0.038)
		法学	0.071	−0.043
			(0.112)	(0.052)
		理学	−0.115	−0.062*
			(0.081)	(0.037)
		管理学	−0.119	−0.066*
			(0.08)	(0.037)
		经济学	−0.03	−0.035
			(0.09)	(0.042)
		艺术学	0.001	−0.042
			(0.096)	(0.044)

续表

解释变量			创业意愿	机会型创业
个人特征	高校类型	双一流高校	−0.431***	0.032***
			(0.014)	(0.007)
	学习成绩排名	前20%	0.013	0.004
			(0.032)	(0.015)
		20%～前40%	0.035	0.006
			(0.031)	(0.014)
		60%～前80%	0.055	0.008
			(0.037)	(0.017)
		后20%	0.023	−0.016
			(0.049)	(0.023)
	家庭收入水平	低	0.125***	−0.031**
			(0.032)	(0.015)
		中下	0.041	−0.004
			(0.028)	(0.013)
		中上	0.187***	0.022
			(0.032)	(0.015)
		高	0.197***	0.024
			(0.05)	(0.023)
	生源地	东部地区	0.087***	−0.010
			(0.026)	(0.012)
		中部地区	0.213***	−0.043***
			(0.032)	(0.015)
高校创业支持情况	所在高校创业课程开设情况		0.198***	0.012***
			(0.007)	(0.004)
	所在高校创业实践举办情况		0.153***	−0.004
			(0.007)	(0.004)
	对高校创业教育帮助的评价情况		0.293***	0.042***
			(0.006)	(0.003)
年份固定效应			控制	控制

续表

解释变量	创业意愿	机会型创业
宏观经济变量	控制	控制
常数项	1.311***	0.685***
	(0.066)	(0.032)
样本量	35 601	35 314
调整R^2	0.23	0.015

注：解释变量分别为年龄、性别、学历、专业大类、高校类型、学习成绩排名、家庭收入水平、生源地等个人特征变量以及所在高校创业课程开设情况、所在高校创业实践举办情况以及对高校创业教育帮助的评价情况等高校创业支持情况变量。选择女性、高职、哲学专业、非双一流高校、学习成绩中等、家庭收入水平中等、生源地为西部省份的在校大学生作为基准组。括号里报告了相应回归系数的标准误，*，**和***分别表示该回归系数在10%，5%和1%的水平上显著。

1. 个人特征对在校大学生创业意愿和创业动机的影响

创业意愿和创业动机作为个体选择，受个人特征影响。如表4-1所示，本研究中个人特征包括性别、年龄、高校类型、学历、专业大类、生源地、学习成绩排名、家庭收入水平等八个自变量。

回归结果显示，在大学生创业意愿影响因素方面，随着年龄的增长，在校大学生的创业意愿减弱（受访样本中年龄跨度为16岁至40岁，99%的样本年龄在30岁以下）。相对于女性而言，男性的创业意愿更强。学历为本科、硕士和博士的受访者的创业意愿相比就读高职高专的受访者较低。相比就读非双一流高校的大学生，就读双一流高校的大学生的创业意愿较弱。不同专业的大学生的创业意愿也存在差异，例如，相对于哲学专业，医学和教育学专业的学生的创业意愿更弱，这可能与这两个专业的就业方向较明确以及定向培养计划招生的影响有关。本报告进一步将生源省份按东部、中部、西部进行区域划分，分析回归结果发现，相对于西部地区，生源地为东部地区和中部地区的在校大学生的创业意愿更为强烈，由于不少大学生可能选择回生源地创业，因此这可能与不同区域的产业基础和大学生创业氛围有关。在大学生创业动机影响因素方面，回归结果显示，随着年龄的增长，选择机会型创业的概率较低，相较于女性，男性更有可能做出机会型创业的选择。与此同时，专业、学历、高校类型、家庭收入水平等因素都对不同群体的创业动机选择产生影响，例如，家庭收入较低的学生群体，由于物质方面的限制，更可能以"赚钱"等因素作为创业动机，选择生存型创业。

2. 高校创业支持情况对在校大学生创业意愿和创业动机的影响

关于创业者就读高校的创业支持，我们选择所在高校创业课程开设情况、所在高校创业实践举办情况以及对高校创业教育帮助的评价情况三个解释变量。创业需要一定的专业知识和技能，计划行为理论研究表明创业教育会对创业意愿产生直接的影响。已有研究认为，高校创业教育能够帮助创业者培养创业态度和意图（梅伟惠等，2009；严毛新，2014；Graevenitz 等，2010；Sánchez，2013；Wurthmann，2014；Zhang 等，2014）。本部分的实证分析结果也可以与上述理论研究结论相互印证。

如表 3-2 所示，相比其他群体，所在高校创业课程开设得越多、创业实践举办越频繁、对所在高校创业教育帮助的评价越高的在校大学生有着越强的创业意愿，同时越有可能进行机会型创业。由此可见，创业教育对创业意愿和创业动机具有正向影响。一方面，创业理论教育通过传授创业基础知识，可以增强创业者的创业意识，培养良好的创业精神和观念；另一方面，创业实践教育，如撰写创业计划书、创业模拟、创业实习、实训等，可以提高创业者的创业技能，从而对创业者的意愿产生积极的影响，鼓励创业者将自己的创业想法付诸实践（Rauch 等，2015；Morris 等，2012）

表 3-2 高校创业支持情况对大学生创业意愿的影响（分年份）

	2017 年	2018 年	2019 年
所在高校创业课程开设情况	0.056**	0.130***	0.332***
	(0.026)	(0.009)	(0.015)
所在高校创业实践活动举办情况	0.004	0.084***	0.292***
	(0.025)	(0.009)	(0.014)
对高校创业教育帮助的评价情况	0.198***	0.219***	0.420***
	(0.021)	(0.006)	(0.014)
个人特征	控制		
年份固定效应	控制		
宏观经济变量	控制		
样本量	3 674	22 839	9 104
调整 R^2	0.11	0.11	0.36

注：括号里报告了相应回归系数的标准误，*，**和***分别表示该回归系数在 10%，5%和 1%水平上显著。

林刚等（2018）从经济学边际效用理论视角出发，分析探讨了创业教育对大学生创业意愿影响的变动规律，认为高校创业教育对大学生创业意愿的影响类似边际效用曲线规律，即随着创业教育不断增加，大学生的创业意愿上升到一定程度后趋于平缓。因此，本研究进一步分年份检验了高校创业教育支持情况对在校大学生创业意愿的影响，结果显示，随着近年来高校创业支持力度的逐步加大，高校创业支持对创业意愿的影响并没有显示出"逐步递减的趋势",而是呈现出逐渐递增的"J"形曲线趋势(具体如图3-10所示),这也是本报告持续跟踪研究积累的理论发现。我们进一步引入各高校创业支持变量的二次项进行检验,结论进一步支持了前述发现。可见,高校创业支持需要全方位、持续性地推进,而不能浅尝辄止、半途而废,这样才能更好地起到鼓励创业、优化创业的效果。

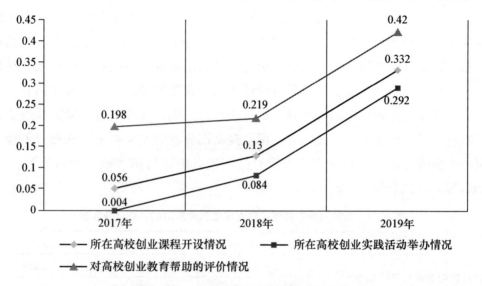

图3-10 高校创业教育支持情况对创业意愿的影响

(二)大学生创业者的创业绩效影响因素研究

本部分以大学生创业者为研究对象,构建2017—2019年不平衡面板数据对在校大学生创业者的创业绩效及其影响因素进行了研究。

我们通过对关于创业企业绩效的已有文献的梳理发现测度创业企业绩效的方法多样,比如有学者采用企业盈利水平和组织有效性来测度初创企业绩效(钟卫东等,2014),也有研究者认为创业者的收入、创业自我评价、创业机会识别(Zhao等,2010)能较完整地代表创业企业绩效。本研究选取了企业估值这一市场对企业的评估变量的对数作为被解释变量,同时使用创业企业用户数和客户数进行稳健性检验,回归结果显示结论总体稳健。结合问卷设计,影响大学生创业者创业绩效的解释变量主要包括创业者创业经历、创业者创业教育经历、创业企业行业特征、高校创业支持情况、政府创业支持情况和风投创业支持情况等六个方面的因素,同时控制个人特征,以及当年GDP、大学生就业率、第二和第三产业占GDP的比重等宏观经济变量进行回归分析。回归结果见表3-3。

表3-3 大学生创业者的创业绩效影响因素实证结果

解释变量			创业绩效
创业者创业经历	是否在读时创业		1.702***
			(0.599)
	是否曾跨行业创业		1.186***
			(0.486)
创业者创业教育经历	是否参加过创业训练营		2.081***
			(0.418)
	参加创业培训活动的次数		0.300*
			(0.298)
创业企业行业特征	企业所处行业（以其他行业为参照组）	企业服务	1.287
			(1.125)
		前沿科技	1.864*
			(0.996)
		医疗健康	2.117*
			(1.275)
		教育	1.068
			(0.857)
		文化产品	1.125
			(0.852)
		消费电商	0.217
			(0.859)
		社交	1.271
			(1.33)
		餐饮	0.584
			(1.108)
	商业模式驱动因素（以市场需求为参照组）	技术创新	0.031
			(0.574)
		需求与技术共同驱动	0.918**
			(0.433)
高校创业支持情况	就读院校成立创业机构数		0.146*
			(0.085)
	就读院校创业文化评价		0.631**
			(0.263)
	就读院校开设创业教育相关课程的数量		0.008
			(0.229)

续表

解释变量	创业绩效
政府创业支持情况	0.236*
	(0.689)
风投创业支持情况	0.539*
	(0.314)
个人特征变量	控制
宏观经济变量	控制
样本量	502
调整R^2	0.160 3

注：括号里报告了相应回归系数的标准误，*，**和***分别表示该回归系数在10%，5%和1%水平上显著。

1. 创业经历对大学生创业者创业绩效的影响

创业经历包括是否在读时创业、是否曾跨行业创业这两个变量。由计量分析结果可知，大学生创业者选择在读时创业对创业企业估值具有较为显著的正向影响。出现该研究结果的原因可能是在读创业者可以更容易、更便捷地从所在的学校获取到各方面的创业支持，例如学校提供的创业指导以及资金支持等，从而使创业企业的发展更好。另外，有过跨行业创业经历的大学生创办的企业更容易有更高的企业估值。出现该研究结果的原因可能是敢于进行跨行业创业的创业者往往对行业的认识更为详细与深入，拥有跨行业知识背景，从而更容易抓住市场需求。因此，未来的创业支持活动可以引导大学生深入理解并重视跨行业创业，例如开设和举办更多的跨行业创业课程与教育讲座，帮助学生了解行业发展现状，从而更好地掌握并识别跨行业创业的市场机会。

2. 创业教育经历对大学生创业者创业绩效的影响

问卷中涉及创业者创业教育经历的相关变量包括创业者是否参加过创业训练营以及参加创业培训活动的次数。由前述分析结果可知，创业者参加过创业训练营对创业企业的估值具有十分显著的正向影响。造成该研究结果的原因可能是参加过创业训练营的创业者可以从创业训练营中获得更多关于创业的认识，学习到更多有关创业的技能，从而使创业企业获得更好的发展。同理，参加创业培训活动的次数较多的创业者获得了更为全面的创业训练，磨炼了各项创业技能，对创业活动做了更为充分的准备，从而能在创业实践中表现更好，帮助创业企业获得更好的发展。

创业教育可以让大学生创业者提前感受创业过程中可能存在的困难和风险，并在创业导师的积极鼓励下，以创新的方式去解决问题，努力克服困难，争取创业的成功。在实际创业过程中所积累的经验，可以提高学生的市场分析能力，并在发现可行机遇后迅速采取积极的行动。与此同时，在接受教育的过程中，与成功企业家、企业高管、风投代表、职业经理人及技术专家等优质人脉资源沟通交流的机会，有利于大学生创业者及时、有效地得到实用的创业指导、最新的市场分析和高质量的信息，并可能带来销售、技术、资金等方面的支持，从而克服大学生在资源、市场和供应商等方面存在的"新进入缺陷"，降低大学生的创业风险，提高创业绩效。

3. 创业企业行业特征对大学生创业者创业绩效的影响

创业企业行业特征主要包括企业所处行业和商业模式驱动因素这两个解释变量。通过对创业者所在的行业领域及其对应创业绩效的观察，我们发现一些特定的行业领域的创业者所创建的创业企业估值相对较高。为了验证相关猜想，根据问卷设计和样本分布情况，将创业企业所处行业共分为企业服务、前沿科技、医疗健康、教育、文化产品、消费电商、社交、餐饮八个行业类别和一个其他类别，并选取"其他"类别作为参照组，进行回归分析。由计量分析结果可得，创业企业所处行业对大学生创办的创业企业的估值存在影响，但不是每个行业类别对创业企业绩效都有正向影响。主要表现为与"其他"行业企业估值情况相比，前沿科技与医疗健康领域的创业企业估值相对较高。这一结果可能与近年来随着科技的迅速发展和人们对健康的日益重视，前沿科技与医疗健康行业步入了快速发展期，更容易为创业者提供较好的机遇这一行业变化有关。

问卷对商业模式驱动因素进行区分，将创业企业商业模式驱动因素分为三类，即市场需求、技术创新、需求与技术共同驱动。本部分将市场需求作为参照组进行计量分析。由计量结果分析可得，相对于以市场需求作为商业模式驱动因素的创业企业，采用需求与技术共同驱动模式的创业企业估值更高。造成该情况的原因可能是需求与技术共同驱动的创业企业既抓住了市场需求，开发出适销对路的产品，又可以利用新技术增强企业的竞争力，帮助创业企业获得更好的发展。因此，创业者可以根据自身情况，尽可能选取需求与技术共同驱动模式，将新技术和市场需求结合起来，促进企业的发展。

4. 高校创业支持情况、政府创业支持情况和风投创业支持情况对大学生创业者创业绩效的影响

高校创业支持作为国家鼓励创业的重要机制，能提供完善的课程体系、广泛的创业知识，从而对创业企业绩效有显著的正向影响。高校创业支持情况主要包括就

读院校创业文化评价、就读院校开设创业教育相关课程的数量、就读院校成立创业机构数三个维度。通过分析回归结果，我们发现就读院校成立创业机构数对大学生创办的创业企业的估值具有一定的正向影响。产生该研究结果的可能原因有两点：一是成立创业机构数量较多的高校可以为创业者提供资金、理论、创业孵化场地等全方位的支持，帮助创业企业获得更好的发展；二是成立创业机构数量较多的高校可以依托创业机构培育更为优良的创业氛围，从而为创业者提供更好的创业环境，助力创业企业发展。由计量分析结果可知，创业者所在高校创业文化氛围对大学生创办的创业企业估值具有十分显著的影响。因此，高校可以更加重视创业氛围的建设工作，开设和举办更多的创业相关课程、活动，加大创业宣传和支持力度，努力为创业者营造一个良好的创业氛围，促进创业企业的发展。同时，本研究考虑了政府创业支持和风投创业支持对大学生创业绩效的影响，如表4-3所示，政府和风投机构提供的创业支持有利于大学生创业企业绩效的进一步提升。

基于上述结果，本研究认为当创业成为国家创新发展的重要组成部分时，不仅应该思考如何推动更多的人去创业，还需要思考创业支持的精细化管理，即如何帮助初创企业识别新机会，提升绩效，在市场中存活。为了推动大学生创业，国家、政府、学校投入了大量资源来推动创业教育的实施，如何使大量创业教育资源不仅推动大学生形成创业意图，而且影响创业企业未来的发展，是值得思考的迫切问题。

（三）研究结论

在大学生创业意愿和创业动机的影响因素方面，本研究得出的结论是在校大学生创业意愿和创业动机受个人特征影响，高校创业支持情况对在校大学生创业意愿和选择机会型创业动机具有正向影响，具体而言：

（1）从大学生的个人特征角度来看，随着年龄的增长，在校大学生的创业意愿会减弱，选择机会型创业的概率较低；相对于女性而言，男性大学生的创业意愿更强，且更有可能做出机会型创业的选择。

（2）从大学生就读院校、专业、地域等角度来看，本科生和研究生的创业意愿弱于就读高职高专的学生；相比就读非双一流高校的大学生，就读双一流高校的大学生的创业意愿较弱，选择机会型创业的概率更高；不同专业的大学生的创业意愿也存在差异；相对于来自西部地区的大学生，生源地为东部地区和中部地区的在校大学生的创业意愿更为强烈。

（3）从创业教育和创业支持角度来看，所在高校创业课程开设越多、创业实践举办越频繁，对所在高校创业教育帮助的评价越高的在校大学生有着越强的创业意愿，机会型创业的概率越高；研究结论进一步显示，随着近年来高校创业支持力度的逐步加大，高校创业支持对创业意愿的影响呈现出逐渐递增的"J"形曲线趋势。

（4）针对大学生创业者的创业绩效影响因素的研究结果显示，创业教育经历对大学生创业者企业的估值具有较为显著的正向影响；有过跨行业创业经历的大学生创办的企业更容易有更高的企业估值；创业训练营参与情况对创业企业的估值具有十分显著的正向影响；在考虑了参照组的情况下，在前沿科技与医疗健康领域进行创业的企业的估值相对更高；采用需求与技术共同驱动模式的创业企业估值更高。因此，研究表明高校的创业教育和创业支持对创业企业绩效有显著的正向影响。

五、总结与建议

自 2015 年以来，国务院政府工作报告中提出要大力推进"大众创业，万众创新"，指出推动大众创业、万众创新是充分激发亿万群众智慧和创造力的重大改革举措，是实现国家强盛、人民富裕的重要途径。党的十九大报告中先后 10 多次提到了科技，50 多次着重强调了创新，同时还提出了到 2035 年我国跻身创新型国家前列的目标，这将激发全社会积极实施创新驱动发展战略，从而推动全社会进行创新创业活动。而创业在技术创新和组织突破方面独具优势，可以为社会提供新的产品和服务，是促进社会经济发展的动力之一。

当代大学生是建设创新型国家和推动"大众创业，万众创新"的生力军，如何深入理解当代大学生的创业行为，精细化创新创业教育，培养大学生的创新精神、创业意识和创新能力，构建政府、企业、高校和大学生"四位一体"的创新创业协同推进机制，是一个具有重要理论和现实意义的研究课题。

本章通过梳理和总结大学生创业理论研究的最新发现，采用了课题组多期的问卷调查数据，提炼和分析了大学生创业行为、大学生创业支持的发展趋势特征，有利于深入理解大学生创业特征及其变化。与此同时，我们利用实证分析方法，对高校大学生创业意愿、创业动机类型和创业绩效的影响因素进行了深入解读和分析，并根据研究发现提出了相关对策建议，为创业教育和创业支持提供了精细化的政策着力点。

（一）顺时而动，顺势而为，遵循大学生创业曲线理解大学生创业行为，为大学生创业者提供动态的、与时俱进的创业支持

结合 Paul Graham 的创业曲线，可以发现当热情、新鲜感消耗殆尽之时，就是

大量创业者被击败之时。创业曲线大致划分为四个阶段：第一阶段是初始的快速上扬，第二阶段是新鲜感过后的快速滑落，第三阶段是低谷中的波折反复，第四阶段是真正走上正轨（见图 3-11）。不同阶段，对创业者的要求不同，在第一阶段，对于创业者而言，需要的不是面面俱到，而是鲜明的标识。鲜明的产品、品牌才富有冲击力，尤其是在初创期，在攻占新兴市场、积累用户数量、培养用户习惯时发挥着重要的作用。因此，不同阶段创业者对创业支持的需求也不同，创业政策的供给也需要遵循创业活动本身的基本规律。

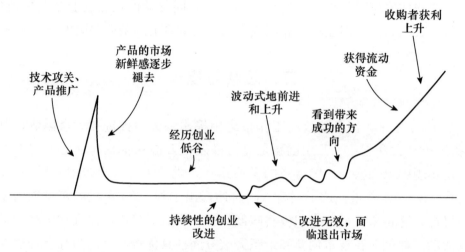

图 3-11　创业过程的不同阶段

可以从斯坦福大学的创业教育发展历程中得到借鉴。斯坦福大学的创业教育实现了大众化、普及化、尖端化，体现出适应新经济时代的适应性变化，如更强调基于信息技术的技术创业，数字化、翻转课堂、案例教学等多样化教学模式进一步激发了学生的创造力和创新思维。因此，我们的创业支持政策也需要针对特定人群和特定发展阶段，根据大学生创业者的创业流程、创业类别、创业扶持重点等方面建立起差异化和精细化的政策帮扶体系。创业市场瞬息万变，不同主体为大学生提供创业支持也需要因势利导。一个完整的创业教育和创业支持体系需要包括创业前期的知识传授与意愿激励，创业开始阶段的服务支持，创业起步阶段的平台支持、税费补偿，创业中后期的信息服务、技术支持、金融支持等，滑落期的创业精神激励，低谷期的特殊创业支持等。

（二）一以贯之，点面结合，建立贯通式、差异化、合理定位、高质量的创业教育体系

前述研究结论显示，创业教育不仅对创业意愿有积极影响，而且对大学生创业企业绩效有明显的正向提升作用。因此，为在校大学生提供高质量的创业教育具有重要的现实意义，对高质量的创业教育体系的构建也提出了要求。

一方面，从创业教育对创业意愿的影响曲线可以看出，高校创业支持对创业意愿的影响并没有显示出"逐步递减的趋势"，而是呈现出逐渐递增的"J"形曲线趋势。可见，创业教育支持需要全方位、持续性地推进，而不能浅尝辄止、半途而废。在这一过程中，高校创业教育要有所规划，使之形成结构合理的教育层次，完成有机系统的构建。我国高校的创业教育不能局限在高年级、毕业班，应做好前期的创业教育铺垫，从低年级抓起，加强创业教育通识教育，构建一体化创业课程体系，这样才能更好地发挥曲线后端的强烈提升创业意愿的影响作用。

另一方面，根据研究可以看出，不同特征群体有着不同水平的创业意愿和创业绩效。结合目前的创业现实，不少在校大学生依靠所在高校的优势专业进行创业，因此，创业教育在实施过程应注重"点面结合"，针对不同专业的学生设计既具有普适性又不乏专业特性的创业教育课程，将专业教育与创业教育相结合，从需求侧发力培养"双创"人才，为创新创业人才提供创业教育的有效供给。

（三）知行合一，知因行而胜，打造层次更为多样、形式更为丰富的创业实践平台和支持生态

根据在校大学生创业绩效影响因素分析结果，创业经历、创业实践、创业支持等均会给创业企业绩效带来不同程度的影响。然而，尽管实证研究结果显示创业理论教育和创业实践教育都对创业绩效具有显著影响，但是进一步细究发现两者影响大小不一，后者远远超过前者。创业理论教育传授的是基础知识，侧重创业素质素养的提高，对绩效的影响是潜移默化的，而创业实践教育注重的是专业技术，强调创业技能技巧的积累，对绩效的影响作用在所有的影响因素中最为明显。近年来我国高校创业支持的发展趋势特征表明，创业理论课程教育需求逐步得到满足，但实践活动仍存在供给不足问题。

因此，在加强创业理论教育的同时，也需要多层次、多形式地发展创业活动实践平台和支持生态。多层次实践平台可以从不同主体出发，结合政府、企业和高校的需要，高起点规划、高品位设计、高标准建设、高效率运转，打造更为有效的创业人才培养实践育人平台。例如，可以以学科基础实验基地、科研训练实践平台、专业设计实践平台、专业实习实践平台、竞赛活动实践平台等为基础，组织在校生参加科研训练和竞赛活动，提升学生实践和应用能力，开展校友创业故事展播、学生创业展示、学生创业实践等活动，从生态系统角度为大学生创新创业提供创业支持。

参考文献

[1] Ahmad Y F, Saeid K, Mahsa M. The role of entrepreneurial knowledge as a competence in shaping Iranian students' career intentions to start a new digital business [J]. European Journal of Training and Development, 2016, 41 (1): 83–100.

[2] Aviria-Marin M, Merigo J. M. and Popa S. Twenty years of the journal of knowledge management: A bibliometric analysis [J]. Journal of Knowledge Management, 2018, 22 (8): 1655–1687.

[3] Bae T J, Qian S, Miao C. & Fiet J O. The relationship between entrepreneurship education and entrepreneurial intentions: A meta-analytic review [J]. Entrepreneurship Theory and Practice, 2014, 38 (2): 217–254.

[4] Beliaeva T, Ferasso M, Kraus S and Damke E J. Dynamics of digital entrepreneurship and the innovation ecosystem: A multilevel perspective [J]. International Journal of Entrepreneurial Behavior & Research, 2019, 26 (2): 266–284.

[5] Boyles T.. 21st century knowledge, skills, and abilities and entrepreneurial competencies: A model for undergraduate entrepreneurship education [J]. Journal of Entrepreneurship Education, 2012, 15 (1): 41–55.

[6] Buchnik, T, Maital, S., Gilad, V.. Universities' influence on student decisions to become entrepreneurs: Theory and evidence [J]. Journal of Entrepreneurship Education, 2018 (21).

[7] Cancino C A, Merigo J M, Torres J P and Diaz D. A bibliometric analysis of venture capital research [J]. Journal of Economics, Finance and Administrative Science, 2018, 23 (45): 182–195.

[8] Centobelli P, Cerchione R, Esposito E. & Raffa M. The evolution of engineering management education [J]. International Journal of Engineering Education, 2016a, 32 (4): 1813–1822.

[9] Centobelli P, Cerchione R, Esposito E & Raffa M. The revolution of crowdfunding in social knowledge economy: Literature review and identification of business models [J]. Advanced Science Letters, 2016b, 22 (5 6): 1666–1669.

[10] Cope J and Watts G. Learning by doing-an exploration of experience, critical incidents and reflection in entrepreneurial learning [J]. International Journal

of Entrepreneurial Behaviour & Research，2000，6（3）：104-124.

[11] Corbett J，Montgomery A W. Environmental entrepreneurship and inter-organizational social benefit market creation [J]. Strategic Entrepreneurship Journal，2017，11（4）：422-440.

[12] Dobbs M and Hamilton R T. Small business growth：recent evidence and new directions [J]. International Journal of Entrepreneurial Behaviour & Research，2007，13（5）：296-322.

[13] Duran-Sanchez A，Alvarez García J，Del Río-Rama M D L C. and Ratten V. Trends and changes in the International Journal of Entrepreneurial Behaviour & Research：A bibliometric review [J]. International Journal of EntrepreneurialBehavior & Research，2019，25（7）：1494-1514.

[14] Durisin B，Calabretta G and Parmeggiani V. The intellectual structure of product innovation research：A bibliometric study of the journal of product innovation management，1984—2004 [J]. Journal of Product Innovation Management，2010，27（3）：437 451.

[15] Frenkel A & Maital S. Technion's contribution to the Israeli economy through its graduates [R]. A Research Report Submitted to the Technion Board of Directors. S. Neaman Institute for National Policy Research，Technion，Haifa，2012b.

[16] Graevenitz G V，Harhoff D，Weber R. The effects of entrepreneurship education [J]. Journal of Economic Behavior & Organization，2010，76（1）：90-112.

[17] Gray C. Absorptive capacity，knowledge management and innovation in entrepreneurial small firms [J]. International Journal of Entrepreneurial Behaviour & Research，2006，12（6）：345-360.

[18] Hinton Geoffrey E，Simon Osindero，etc. A fast learning algorithm for deep belief nets [J]. Neural Computation，2006，18（7）：1527-1554.

[19] Jack S L and Anderson A R. Entrepreneurship education within the enterprise culture：producing reflective practitioners [J]. International Journal of Entrepreneurial Behaviour & Research，1999，5（3）：110-125.

[20] Klotz A C，Hmieleski K M，Bradley B H，Busenitz L W. New venture teams：A review of the literature and roadmap for future research [J]. J. Manag，

2013，40（1）：226－255.

[21] Littunen H. Entrepreneurship and the characteristics of the entrepreneurial personality [J]. International Journal of Entrepreneurial Behaviour & Research, 2000, 6 (6): 295－310.

[22] Miller J I. The mortality problem of learning and mimetic practice in emerging industries: Dying to be legitimate [J]. Strategic Entrepreneurship Journal, 2012, 6 (1): 59－88.

[23] Millman C, Li Z, Matlay H, Wang-chan W. Entrepreneurship education and students' internet entrepreneurship intentions: Evidence from Chinese HEIs [J]. J. Small Bus. Enterp. Dev. 2010, 17 (4): 569－590.

[24] Mitchelmore S and Rowley J. Entrepreneurial competencies: A literature-review and development agenda [J]. International Journal of Entrepreneurial Behaviour & Research, 2010, 16 (2): 92－111.

[25] Mongeon P and Paul-Hus A. The journal coverage of Web of Science and Scopus: A comparative analysis [J]. Scientometrics, 2016, 106 (1): 213－228.

[26] Moroz P. W, Hindle K. Entrepreneurship as a process: Toward harmonizing multiple perspectives [J]. Entrepreneurship Theory and Practice, 2012, 36 (4): 781－818.

[27] Morris M H, Kuratko D F, Schindehutte M. , et al. Framing the entrepreneurial experience [J]. Entrepreneurship Theory and Practice, 2012, 36 (1): 11－40.

[28] Nambisan S. Digital entrepreneurship: Toward a digital technology perspective of entrepreneurship [J]. Entrepreneurship Theory and Practice, 2017, 41 (6): 1029－1055.

[29] Nambisan S, Lyytinen K, Majchrzak A, Song M. Digital innovation management: Reinventing innovation management in a digital world [J]. MIS Q. 2017, 41 (1): 223－238.

[30] Ratzinger D, Greenman A, Mosey S. The role of universities as educators in the UK internet start-up ecosystem: Research opportunities paper presented at The Third Meeting of Business Creation Experts from Business Incubators and Researchers [C]. France, EDHEC Business School, Lille, 2013.

[31] Rauch A, Hulsink W. Putting entrepreneurship education where the in-

tention to act lies an investigation into the Impact of entrepreneurship education on entrepreneurial behavior [J]. Academy of Management Learning & Education, 2015, 14 (2): 187-204.

[32] Rippa P, Secundo G. Digital academic entrepreneurship: The potential of digital technologies on academic entrepreneurship [J]. Technol. Forecast. Soc. Chang. , 2019 (146): 900-911.

[33] Roberts E B & Eesley C E. Entrepreneurial impact: The role of MIT [J]. Foundations and Trends in Entrepreneurship, 2011, 7 (1-2): 1-149.

[34] Sánchez J C. The impact of an entrepreneurship education program on entrepreneurial competencies and intention [J]. Journal of Small Business Management, 2013, 51 (3): 447-465.

[35] Shane S, Venkataraman S. The promise of entrepreneurship as a field of research [J]. Acad. Manag. Rev. , 2000, 25 (1): 217-226.

[36] Shu C L, Liu C J, Gao S X, et al. The knowledge spillover theory of entrepreneurship in alliances [J]. Entrepreneurship Theory and Practice, 2014, 38 (4): 913-940.

[37] Vaquero-Garcia A, de la Cruz del Rio-Rama M & Alvarez-Garcia J. Best university practices and tools in entrepreneurship [M] // Peris-Ortiz M. , Gómez J. , Vélez-Torres F. , Rueda-Armengot C. (eds). Education Tools for Entrepreneurship: Creating an Action-Learning Environment through Educational Learning Tools. Springer, Switzerland, 2016: 183-198.

[38] Van Horne C, Dutot V, Zhang Y. Young entrepreneurs and the digital space: case studies from the UAE [J]. International Journal of Business and Management Studies, 2016, 5 (2): 293-300.

[39] Von Briel F, Davidsson P, Recker J C. Digital technologies as external enablers of new venture creation in the IT hardware sector [J]. Enterp. Theory Pract. , 2017, 41 (1): 47-69.

[40] WangY S, Lin S J, Yeh C H, Li C R, Li H T. What drives students' cyber entrepreneurial intention: the moderating role of disciplinary difference [J]. Think. Skills Creat. , 2016, (22): 22-35.

[41] Wurthmann K. Business students' attitudes toward innovation and intentions to start their own businesses [J]. International Entrepreneurship and Manage-

ment Journal，2014，10（4）：691-711.

[42] Zaheer H，Breyer Y，Dumay J. Digital entrepreneurship：An interdisciplinary structured literature review and research agenda [J]. Technological Forecasting & Social Change，2019（11）：148.

[43] Zahra S A，Wright M，Abdelgawad S G. Contextualization and the advancement of entrepreneurship research [J]. International Small Business Journal，2014，32（5）：479-500.

[44] Zhang Y，Duysters G，Cloodt M. The role of entrepreneurship education as a predictor of university students' entrepreneurial intention [J]. International Entrepreneurship and Management Journal，2014，10（3）：623-641.

[45] Zhao H，Seibert S E，Lumpkin G T. The relationship of personality to entrepreneurial intentions and performance：A meta-analytic review [J]. Journal of Management，2010，36（2）：381-404.

[46] 蔡春驰. 开展内创业教育：重视内创业者的培养：高校大学生创业教育发展趋向研究 [J]. 中国高教研究，2012（1）：87.

[47] 金劢. 内创业理论视角下本科院校开展创业教育的定位及若干思考 [J]. 科技信息，2012（36）：47.

[48] 李佳丽. 百森商学院创业教育 ET&A 理念和课程生态体系构建对我国的启示 [J]. 高教探索，2019（6）：54-60。

[49] 林刚，王成春. 创业教育对大学生创业意向的影响研究：基于边际效用理论视角的分析 [J]. 现代经济探讨，2018（9）：112-117.

[50] 梅伟惠，徐小洲. 中国高校创业教育的发展难题与策略 [J]. 教育研究，2009（4）：67-72.

[51] 任迎伟，李静. 创业过程组织社会网络动态演进机理研究 [J]. 四川大学学报（哲学社会科学版），2013（5）：104-111.

[52] 熊华军. 百森商学院创业教育的运行机制 [J]. 比较教育，2018（2）：19-25.

[53] 徐菊，陈德棉. 创业教育对创业意向的作用机理研究 [J]. 科研管理，2019，40（12）：225-233.

[54] 严毛新. 高校创业教育功能认知偏差与应对 [J]. 教育发展研究，2014（1）：63-68.

[55] 叶正飞. 地方应用型本科高校的内创业教育研究 [J]. 高等工程教育研

究，2016（5）：53.

[56] 张秀娥，徐雪娇，林晶. 创业教育对创业意愿的作用机制研究 [J]. 科学学研究，2018，3（9）：1650-1658.

[57] 钟卫东，张伟. 创业者受教育程度与在校表现对创业绩效的影响：基于小微企业样本的实证研究 [J]. 教育研究，2014，35（6）：58-66.

[58] 周倩，胡志霞，石耀月. 三螺旋理论视角下高校创新创业教育政策的演进与反思 [J]. 郑州大学报（哲学社会科学版），2019，52（6）：54-60.

[59] 林刚. 大学生创业行为的社会动因解析：评《大学生创业环境与政策研究》[J]. 教育发展研究，2018（7）：87.

[60] 宁德鹏，葛宝山. 大学生创业行为及其影响因素差异分析 [J]. 社会科学战线，2017（5）：252-256.

[61] 刘益平，张燕. 基于 Timmons 创业过程模型的大学生创业行为影响因素探析 [J]. 黑龙江高教研究，2017（4）：135-141.

[62] 魏国江. 大学生创业资本及其对创业意愿的影响：基于心理资本的中介效应模型分析 [J]. 教育研究，2020（1）：111-124.

[63] 叶映华，徐小洲. 大学生创业心理研究的十年回顾与展望 [J]. 教育研究，2018，39（2）：68-74.

第四章　大学生创业案例

一、概述

经中国人民大学创业学院、商学院领导和老师们的大力支持和推荐，我们挑选了有代表性的大学生创业实践项目，组织同学进行了采访和调研，完成了本期的大学生创业案例。我们统一按照公司发展、团队、业务、模式以及创业感悟等视角来采写，与以往年份案例体例基本一致，供广大读者参阅。

（一）创业动机

许多大学生创业者的创业想法都是萌芽已久，并且与个人经历、教育环境等因素息息相关。比如 Summer 的创始人王荣山自高中时就打算"一定要自己做事情"，进入北大后就开始了一些创业尝试。创立面花工作室的张娜同样是由于从小受到面花文化的熏陶，才走上这条创业之路的。羽众科技的创始人张荣岩则是由于大三时的一次油水分离实验萌生了创业想法，并在之后开始起步。

（二）团队

大学生创业的一大特点就是其初创团队大多来自身边熟悉的同学与朋友，主动寻找陌生合伙人的创业者较少。Summer 的王荣山在创业初期从清华北大招募了一批成员；一周进步的创始人大梦和另两名联合创始人则是好友，正逢他们在工作上遭遇不顺，便决定组建团队，共同创业；创可圈的三名创始人也都是同校同学，其中两位甚至同班。但是，也有创始人认为，与朋友同事之间的商业合作不像在学校

172

一起做项目那样，要更规范更清楚，如股份、职责等，以避免日后不必要的麻烦。合伙创业和校园合作是两个完全不同的概念。

同时，作为创始人都会比较看重团队的作用，往往对新招聘员工比较上心。有创始人认为，招聘新员工对一个初创企业来说是非常重要的，如果没有一个很好的 HR 来帮你做招聘的话，创始人自己就要在这方面花费很多很多时间，一个优秀的团队对创业公司的意义是非常大的。很多时候，最初的一批团队组成人员都需要创始人一个一个从简历里筛选，都是创始人一个一个邀约"聊出来"的。羽众科技的张荣岩说："在投资这个行业流传着一句话，叫做'投资先投人'。投资很多时候看的是创始人或者说创业团队整体的品质还有能力。具备某些特质的人他们做什么都可以，哪怕目前这个项目做得不好。"

另一个普遍困扰大学生创业者的问题是团队管理。很多创始人会总结他们在初创阶段遇到的团队问题：一方面来自团队成员的能力与经验不足，另一方面来自团队的冲突。"我其实鼓励团队内部有一些碰撞或争吵，因为这说明你不是盲目妥协，有自己的想法和思考是很值得鼓励的。"面花工作室的创始人张娜也面临团队能力与经验不足的问题——对面花手艺和文化的了解不足。

（三）困难与挑战

大学生创业面临的问题首先就是启动资金问题。创可圈项目的启动资金一部分由学校创业园提供，另一部分来自成员众筹。大学生创业项目由于本身的特点，在融资方面遭遇了更多困难，"因为大家会觉得这个东西是很有风险的，但其实也正是这些风险和竞争压力才让我们有更多成长"。

在公司运营方面，作为创业公司，每一次重大决策都可能关系到企业的生死存亡，而外部环境的不断变化与企业的成长又将它们置身于不断改变的大环境中，如何通过合适的运营方式来适应这种变化就显得尤为重要。对于一周进步而言，或许最大的挑战在于随着新媒体的深入发展，大众的口味变得更加挑剔了，这无疑加大了公司的运营难度。羽众科技同样面临运营上的难题，如何扩大市场、如何处理好上下游的关系都是需要考虑的。

二、Summer：大学，谈场恋爱吧

Summer 是 2017 年 6 月由北京大学信息科学院毕业生王荣山创办的新一代大学生恋爱交友 App。主要功能是通过"答题"模式认识来自不同学校的同学，通过黑

板墙、兔子洞和校内等多个交流版块，寻找与自己契合的朋友甚至恋人。目前"985"高校注册学子达数十万人，已完成 3 轮融资，最新一轮融资数千万元，估值达到数亿元。

（一）萌芽已久的创业梦

2011 年，王荣山从西安电子科技大学保研到北京大学的信息科学院。早在高中时期王荣山就开始考虑自己的职业发展，并萌生了创业的念头。

> 我在高中的时候就决定，我未来的这种职业规划是一定要自己做事情的，但是创业这个路是不好走的，而且也不是你说创业就能创业的，所以只是说你提前筹备一些而已。到北大之后，其实我更多的精力就放在提前做一些创业的尝试上，因为毕业以后各方面的成本实际上非常高，生存成本、时间成本都非常高。
>
> ——王荣山

因此，在北大读研期间，他开始做各种各样的尝试。他希望通过这些真实的参与经历获取充足的积淀，对商业有更深入的体会，以此来保证自己以后真正完成自己的梦想时可以避免遇见不必要的挫折。在一次次的创业想法落地后，王荣山逐渐摸索出了自己对创业的感悟。

> 我在北大就是梳理了一个观点，有想法就要尝试去做，创业者需要通过亲身参与去提前接触创业的坑。说白了就是通过做一些事情发现困难，学会判断和面对困难，锻炼解决困难的能力。
>
> ——王荣山

创业想法第一次真正落地是在北大创立了水果在线预订网站——"早市网"。在北大生活了一段时间后，王荣山发现了商机：学校的水果超市里水果种类有限而价格很高，不能很好地满足同学们的需求，而当时学校周边的早市有很多销量不太乐观的果商。于是他想要做出一个平台来建立在校学生和早市果商的联系，通过提前收集同学们的水果需求再统一去水果商那里采购。经过一段时间的思考和调研，早市网在北大正式上线，没过多久，早市网全校皆知，订单爆棚。第一次的创业项目顺风顺水，这更坚定了王荣山走自主创业之路的想法。

然而，没过多久王荣山就遇到了创业路上的第一个雷。毕业前夕，王荣山以早市网加入许鲜，项目更为正规，规模也更大，影响力扩大到整个北京地区。然而此后，因为与管理层的发展想法冲突，王荣山在公司的位置变得略显尴尬。且由于加入初期王荣山并不了解商业法律，缺乏股权意识，决策分量微乎其微。最终，他被迫退出许鲜。

这个经历实际上帮我树立了一些商业的原则和规则——创业者需要在创业前期具备创业素质。

——王荣山

但正如王荣山自己说的那样，这些经历教训最终转化成了宝贵的财富。也正是之前的创业的一次次磨炼，使他更加成熟稳重，此时的他谈及创业、谈到 Summer 时才能展现出一身的云淡风轻。

（二）Summer 的缘起

Summer 在王荣山的心里已经生根发芽多年。在他看来，大学生到了大学的花季年龄，想要谈恋爱是本能需求，而且他发现人们的恋爱对象并不一定是身边的同学或者朋友，所以这是一个很大的创新市场。

其实每个人都是向往脱单的。所以这是一个必然的市场。那怎么来解决这个需求？2012 年的时候先在人人网创建了一个熟人的社区，但是那时候我们考虑其实原本不认识的一些人通过交流相识也是一个有趣的点，所以我们当时就想把大学生社区做成陌生人交流的一个网络，在一个健康的平台上不断去邂逅不认识的人，有感觉的话就可能成为朋友，甚至成为男女朋友。这便是 Summer 最开始的出发点。

——王荣山

从 2012 年到 2017 年，这个想法一直在王荣山心中生根发芽。但在他看来，这个时间段时机还不成熟，产品想法不是很完善，加上觉得自己的能力还不足，所以他选择暂时放下创业想法，先去大企业工作提升自己的能力。创业一定是站在前人的肩膀上一步步地进行的，要借鉴前人或失败或成功的经验，要不断完善产品，要不断提高自己的实力。厚积薄发、沉潜蓄势也是一种智慧。

（三）初创

2017 年，在朋友的帮助下王荣山拿到了创业的第一桶金。这笔资金的来源印证了他一直以来的信念：商业圈里真情和资源是很重要的，创业需要有贵人扶持。有了资金之后就需要创建团队，Summer 的真正落地还需要设计师、运营人员和技术开发人员。

> 作为 CEO 就是要找钱找人，事情已经定好了，你就找钱找到人就行了，找到钱后面去找人也比较方便。
>
> ——王荣山

拿到资金后，团队的组建相对顺利。王荣山很快从社会上招到了专业的程序开发人员。而就推广人员来说，考虑到 Summer 最初在清华和北大开放，王荣山在 BBS 上发帖，希望在清华和北大找到志同道合、有想法又有影响力的成员。而在这当中，认可 Summer 是王荣山最看重的特点。

> 他们的特点在于非常有想法，而且非常主动，本身对这个方向也感兴趣，兴趣是第一驱动力。他们很年轻，有热情，我当时确实也需要一股清华的势力进来，所以他们就找到我一块来做了。
>
> ——王荣山

Summer 的运营前期，产品未来不确定性很强。因此，愿景和热情在团队搭建初期发挥了至关重要的作用。而当 Summer 运行了近六个月之后，此时的团队已不能满足公司发展的需求，公司开始正式招募员工，慢慢地组成了现在十几人的团队。

资金和团队都确定之后，王荣山没有着急宣传，而是多次进行种子用户内测，根据用户的使用体验和实际运行中出现的问题不断更新和完善产品。2017 年 9 月，Summer 正式投入北大清华。前期推广歌曲"春风十里不如隔壁"引发清华北大学生朋友圈刷屏，极大地提高了 Summer 的知名度和影响力。短短两个月内，7 000 多名清华北大学生注册使用，用户留存度也相当可观。此后，团队根据用户反馈及时更新迭代产品，用户口碑和影响力朝着王荣山团队期待的方向不断提升，公司的运营体系也逐渐完善和成熟起来。

(四)"985""211"高校的开放

"名校光环"总是容易引人注目。独属于"985""211"学子的品牌宣言使Summer在一众恋爱交友App中脱颖而出。坦率来讲，基于同一群体的认同感也确实能更高概率地帮助用户找到适合的另一半，使"谈一场不分手的恋爱"有了一种专属于小群体的默契和优越感。随着Summer在清华北大的影响不断扩大，很快就有天使投资人投来感兴趣的目光。但王荣山却是有选择地看待这些得来不易的橄榄枝，正如团队搭建时期，他看重的是投资人对产品的认知规划与自己未来的发展理念的契合度。在跟一些机构聊过之后，王荣山选择和在校园市场已有较大影响力的投资方唐彭森合作，双方关于Summer的产品理念的高度契合促成了这笔交易。资金进一步到位后，王荣山开始着手向"985"高校开放的具体工作。

11月初，Summer开放了哈佛、剑桥、斯坦福等国外顶尖大学，11月底开放了复旦、人大，12月又开放了全国排名前十的其他高校，市场的逐渐开放让王荣山看到了产品的发展前景，也不断按照用户的使用体验反馈保持着产品的高速更新迭代。2018年年初，Summer面向全国"985"高校全面开放。2018年6月份面向全国60多所"211"高校开放，至此，用户数量开始爆发式增长。为了增强现有用户的使用体验，再进一步在全国范围内扩大市场，Summer在保留原有的用户聊天和答题交友功能的同时，进一步丰富和增强用户的交友场景，用户联系交流也可以开展如"周末CP"、"七夕约电影"和"双十一六人行"等活动，用户的参与度和积极性都很高。"985""211"高校学子聚集地如今是Summer最深入人心的形象（参见图4-1）。

(五)未来——双向筛选，定制社区

大学生交友App一直是市场青睐有加的领域，而这个领域的竞争也十分激烈。在此环境下，Summer要如何才能长久立足是一大问题。而王荣山似乎在这方面也做好了准备，他十分自信地告诉我们，Summer会凭借它的先发优势和Summer团队打造的健康的社区环境留住用户，他相信这类社交平台上用户黏性的力量。

对于如何面对同行业竞争的问题，王荣山认为Summer的独特优势有两个，一个是它的开创性，一个是它的产品特色。开创性在于在大学生聊天交友软件中，Summer是最开始的那一个，已经有用户的整个黏性和氛围了，目前积累的用户、口碑和资源都是其他后来的软件模仿不来的，毕竟人们也很难再重新去了解和使用

图 4-1 Summer 部分 App 界面截图

一个相似的软件。同时产品特色方面，Summer 首创答题交友的门槛，坚持校园实名认证，这是其他泛交友软件所不具备的。

> 这里有个先发优势的问题。我们做起来之后其他人都做不起来了。抄是没有用的，说白了，再让你去注册，再审核一遍，这个动力非常不足。我们已经有用户的黏性和氛围，所以其他同类产品实际上都是没有出路的。

——王荣山

此外，王荣山相信他们现在放弃一大块市场而只选择面向"985""211"高校开放创造出来的门槛对 Summer 是有利的，Summer 十分重视用户体验这一概念，也一直致力于为用户提供健康的社区环境。王荣山团队在一次次的摸索中也一直在思考如何在用户群体扩大的情况下仍然保证用户的产品体验，如何去维系这个产品的健康生态，如何让 Summer 始终保持与众不同。从这个点出发去考虑用户的反馈，他们未来计划将 Summer 打造成一个双向筛选的社区，使每个用户可以根据自己的喜好来选择学校、内容和用户，通过自己添加筛选条件，让每个人都可以找到符合自己的圈子的用户，打造属于自己的定制社区。比如，目前的隐私设置、匿名隐私设计都是为了实现用户的定制社区（见图 4-2）。

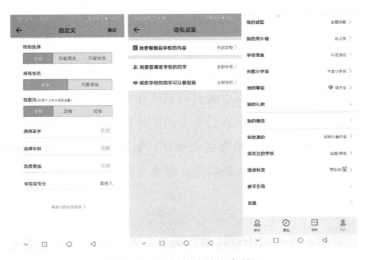

图 4 – 2　双向筛选的交友社区

关于 Summer 的未来，作为 CEO 的王荣山给出了自己清晰的规划。他希望 Summer 可以真正地深耕校园市场，让更多的同学可以在 Summer 认识有趣的同学朋友，记录珍贵的校园时光，在人生最美最纯粹的 4 年中收获一场不分手的恋爱。

采写：

王利芳，信息资源管理 2017 级本科生

高　钰，工商管理 2017 级本科生

向娇阳，信息资源管理 2017 级本科生

修订：

占烁，商学院 2018 级 MIB 硕士研究生

三、创可圈：初登微岭且闲行

创可圈项目的创业团队组建于 2018 年 9 月，核心团队由一名商院会计专业的学生和两名电子商务专业的学生组成。该项目自 2018 年 10 月 24 日起正式运营，致力于打造一个校园信息共享平台，主要提供快递代取、餐饮派送等服务，以便同学们获得更高效快速的校园服务。目前该项目正处于发展初期，主要发展方向是餐饮的校内派送，其服务对象主要为北京工商大学良乡校区内部的大学生。

（一）初心：烟火气的选择

现在许多大学生在大学期间就开始尝试创业，经验资金较少，再加上课业繁忙，与其他人相比，大学生在创业过程中遇到的困难相对较多。所以作为这一群体中的一员，我很希望学校、社会可以给予我们更多的支持和理解。不过我认为我们也不应过多焦虑，相比其他成功的大型大学生创业项目，创可圈落脚点是生活很微小的方面，我们只想秉持认真对待、兢兢业业的心态，顺其自然收获人生的感悟。

——韩薇

韩薇在北京工商大学校园中穿梭着，脚步轻盈，虽然是电子商务专业的一名大二学生（2017级），但是她还是希望利用大学平台尽可能地拓宽自己的知识面，她经常去旁听其他专业的课程，范围很广，从经济系到物理系，这种积极进取探索生命的态度，也促使她开启了人生第一个创业项目——创可圈。

偶然听到班上同学抱怨学校管理严格，外卖和邮件都要跨越大半个校园才能取，无法直接送到手中。她迅速联想到可以借助创业学院比赛的机会，设立创业项目解决校园的"最后一公里"的问题。

在韩薇所在的北京工商大学良乡校区的管理制度中，快递、外卖是不能送到校园内的，这就产生了校园内的"最后一公里"的问题。同时创业学院平时也在营造"以创带创"的氛围，创业是该学院所关注的社会热点，创业者本身也希望学校、社会可以给予大学生创业更多的支持与理解。各方都希望从大学生创业者开始，以他们的创业带动其他创业个体或者团队。

然而，在没有任何行业经验的情况下，大学生们仅仅从书面得来的知识视野是非常狭窄的。对于大多数大学生而言，其所能想到的最多的创业点子都是奶茶礼品送外卖、漫吧桌游代金券、花店书店咖啡馆等校园常见的业态。

韩薇经过自己的思考并结合实践，得出结论，认为大学生自身的需求也是十分具有潜力的市场痛点。

大学校园同样也是一个不能完全否定其价值的市场。比如饿了么，就是大学生创业的成功范例，甚至从大学生市场扩张到了白领等市场。

——韩薇

经过考虑，韩薇和同学决定组建一个团队，进行自己的创业探索。组建的核心团队共有 3 人，其中一人是韩薇的同班同学，作为 CEO，还有一人是商院会计专业，负责资金管理和财务问题。

她们决定打造一个校园信息共享平台，整合不同校园服务，包括联系餐饮、快递代取、微商等，帮助同学们更快速高效地获取校园服务（见图 4 - 3）。

图 4 - 3　创可圈的广告招贴画

这就是创可圈团队最初的诞生。

（二）迈步：天晴渐朗见山丘

虽然没有什么创业经验，但是创可圈团队还是凭借所学和经验积累，整理出了创业项目的大致框架。

启动资金方面，成员众筹一部分，学校的创业园提供一部分。项目开始不久，韩薇发现项目成本主要是宣传成本和人力成本，收入来自商家合作和派送订单中抽取的中介费，相信随着规模的扩大和创业项目的发展成熟，公司的收入能够更加持续而充沛。

由于聚焦于校园服务，韩薇所定位的创可圈的目标客户群体仍然是大学生群体。基于校内资源零散、没有整合平台的问题，韩薇认为自己的使命是为同学们解决校园"最后一公里"配送问题。

创可圈建立了一个信息共享平台，大家在这个平台上发布需求、解决需求，主要涵盖代送代取外卖、快递等业务。她们的平台连接商户与学生消费个体，消费者和供应商都是平台用户。产品供应商主要是校内外的餐饮企业，比如小吃店等，也有一些个体微商或者大学生创业团队。

在吸引客户方面，供应商依靠线上线下谈判，点对点地开拓供应商市场，根据不同的供应商，创客圈团队会寻找不同的谈判切入点。例如和个体微商谈判的时候，切入点就是客户流量，将平台的流量和微商自带的流量整合在一起。而当面对校外水果捞店铺时，创可圈则通过帮助它们开拓校园市场形成规模效益，并收取较低的中介费，吸引它们加入。

另外，她们开拓了校内派送员的招募业务，招募的都是校内学生，分为一般快递员、专送员、配送员。一般快递员没有底薪，依靠客户的小费赚取收入；专送员和配送员接单有固定收入，小单2块，中单4块，大单6块，并且有奖金补助。奖金补助是全勤奖，取决于所完成的业务质量。

宣传方面主要是通过张贴广告和朋友圈进行推广，同时借助团委、学生会、青协的宣传部扩大知名度。通过身边同学的案例示范，扩大客户群和提供会员优惠，不但能得到反馈意见，而且可以巩固种子客户。微商客户往往自带部分流量。在前期宣传中，创可圈将宣传群体精准定位为在校学生，不只是简单粗暴地在微信群中推广。对于需要代取服务的同学，通过私加微信，扩大圈子，积累口碑。通过这些宣传手段的组合，不断扩大客户群体。比如团队曾在英雄联盟比赛火热之时，借助学校的电竞社宣传项目；也曾借助双十一开展优惠活动，通过降价和红包来吸引客流。

决策机制方面，由于三位创始人是相对平等的合作关系，因此关于重大项目的任何决策都是由三位核心成员共同商议决策，CEO拥有最终决定权。

创可圈项目开始于10月下旬，目前虽然投入运营仅一个多月[①]，但平台的总用户已经超过了1 500人，在校园内粗具规模，略有名气。而其目标客户、核心服务与定位、宣传方式等均已较为明确，展望未来，发展会较为稳健。

创可圈平台宛若初生的孩子，蕴藏着无限生机。

（三）挑战：半山烟雨半山晴

当然，如同大学生创业的普遍情况，团队成员社会经验与创业经验的缺乏也给她们带来了不小的挑战。比如创始人这一年课业繁忙，无法投入过多精力进行产品项目的推广，加上专业知识和宣传知识的缺乏，无法提出别具一格的广告文案和宣传手段，都让她们感觉到了深深的困扰。

在与商家谈判的过程中，由于学生角色和学生思维影响，经常难以找到切入点，刚开始甚至不知道如何开口与商家交流，对项目和团队信心不足，容易被商家牵着鼻子走。

---

① 本案例最初成稿于2018年12月。

最关键的难点还是吸引客流量。本身平台的构想是很有竞争力的，因为暂时还没有出现相似的替代产品。起初的想法是利用快递代取的项目引流，市场调查后发现已经有同类的项目了，并且市场占有率比较高。目前的调整是做快递代取的小团体抱团与巨头抗衡。个体微商方面也存在一定的竞争性，因为有些自带流量的微商不愿意加入平台，从而会产生流量的分流效果，因此平台的推广至关重要，现在主要是发展餐饮的校内派送，提高知名度。

当然，创可圈团队也在努力改善现在的能力结构，通过日常交流锻炼自己的商务谈判能力，线上线下结合进行推广，增加客户流量。

虽然目前困难重重，但团队仍然对自己充满了信心。

是的，我们有信心去持久经营我们的创客圈！让它随我们一同成长，在努力奋斗汗水的浇灌下，与我们一同开出青春最美的花朵！

——韩薇

采写：

钟莉珊，经济学 2017 级本科生

赵隽祎，人力资源管理 2017 级本科生

张令仪，人力资源管理 2017 级本科生

修订：

占　烁，商学院 2018 级 MIB 硕士研究生

四、一周进步：与大家一起疯狂成长

"一周进步"品牌作为在线教育平台，不仅关注课程质量，更关注学员的职场技能进步与个人发展。该企业旨在打造线上职场技能自我提升的学习生态圈，每年帮助百万学员从容迈入职场，提升职场核心竞争力与自我价值。

母公司深圳市壹周传媒文化有限公司，2017 年成为微软教育行业合作伙伴，专注于职场类办公技能教育培训，主要从事在线 Office 技能培训、微软 MOS 认证考试、定制公司员工培训、产品发布会演示设计等业务。全网粉丝量累计超过 100 万人，是目前华南地区最受青年喜爱的兴趣学习型平台之一，致力于打造国内领先的青年职场教育品牌。

（一）序言

和很多出生于 1996 年的同龄人一样，大梦喜欢通过运动调整自己生活的节奏，

他每天都会在自家的跑步机上慢跑一小时。不过，同龄人不一定每天都能坚持晚上九点睡、早上四点起的生活习惯。像他一样日常被别人尊称为"老师"、在自己的企业中忙碌穿梭的年轻人，就更少见了。

他结识珞珈和周瑜的时候，还只是一个活跃于 PPT 制作圈的大学生。三人因为皆擅长制作 PPT 而相遇，更巧的是，三人都在课业之外运营着个人的自媒体，总结分享自己有关 PPT 制作的心得。当他们相约运营共同的微信公众号时，他们并没有创业的打算，谁能想到，如今他们不仅仅是情如手足的好兄弟，还是成熟的企业合伙人。

一周进步是大梦等三人创立的一家新媒体教育企业。

大梦的本科阶段是在中山大学的医学院度过的。可是，大梦却认为，他转入新媒体行业的过程是很自然的。他在医院实习时，便感觉到医院内被框定的日常工作并不适合自己，他更向往进入一个高竞争性的工作环境。他的两个伙伴也在工作中遭遇了瓶颈，三个人在追寻个人成长的道路上终于迸发了创业的想法——用自己擅长的事去开拓自己的事业。既然都有熟练使用电脑软件的技能在身，又都在知识传播上具备了一定的粉丝基础，那么何必跟着别人做？

幸运的是，他们开始创业的 2016 年正处于在线教育的中早期阶段，行业内仍存在一定的红利，有利于他们用较低的成本吸纳大量的粉丝。在新媒体冲击下的自媒体时代，人人都有发声的渠道；但在在线教育中脱颖而出，成为时代选择的一定是思维敏锐、眼界开阔的人。他们赶上了！

如今，一周进步全网粉丝累计已经突破 100 万人，而这不过是他们在进入行业后的两年内实现的成果。大梦完全有资本为自己的成就骄傲，不过他丝毫没有展现出骄傲的态度，仍然跟笔者强调"核心是帮助同学去解决问题"。

（二）团队培养：人情化管理与精细化管理的矛盾

目前的一周进步主要由编辑部、运营部、市场部和研发部所组成，满足了一个创业团队对创新、策划、执行、研究等素质的基本要求。企业的人员规模尽管不大——维持在 20 人左右，但各部门在组织各类项目的过程中还是会用具体的策略来推进项目。一般而言，如果能够口头指示到位的工作，则直接沟通便是最高效的协调方式；一旦遇到大型项目需要多方配合完成，部门之间还会成立专攻课题的项目组，以保证产品最终的高质量。

其实，大梦等三人在组建一周进步初创团队时期，拉了不少小伙伴。设计担当小柳绿是珞珈的亲戚，小桃红也是他们自己的朋友，拉熟人入伙可谓是大学生创业的常见路径。成员之间本身交情就不浅，又都是在一穷二白的阶段走到了一起，维系初创团队共同面对困难挑战的重要因素就是他们之间的情感纽带。

然而，人情社会下的大学生创业也容易变成一把双刃剑。它能够团结身边最亲近的一帮人，但同时，在企业遇到管理问题时，大家碍于情面，可能会难以做出有利于精细化管理的理性抉择。人情化管理模式之下，当发现合伙人的成长速度跟不上企业的发展速度时，大家往往会采取鼓励或相互体谅的态度，但团队的成长速度可能会因此受到牵制；企业的发展会日益对精细化管理提出更高的要求，在这种管理模式之下，管理者就需要采取更为强硬的措施去协调，例如对合伙人降权或是回购持股者的股权等。人情化本身算是大学生创业的一大特点，但对于比较成熟的创业者，管理体系也会设置得更为系统精细，即使是人事上的频繁调动，也不会成为一件奇怪的事。

但是，从成立公司来讲，今年应该说是第二年，而做精细化管理一般是在第三年左右。我个人是比较人情化的，所以我们现在正在做这个转变。其实一定会有个过程，那就是大学生在创业前期从人情化管理到精细化管理之间会有一个转变。

——大梦，2018.12.7

也正是由于企业处于人情化管理到精细化管理的转型阶段，大梦对企业的人事招聘持谨慎的态度。他对人事招聘标准的理解是，除了专业技能素养要够硬之外，HR还必须对员工的个人成长速度进行一定的评估，太慢或者太快都不是好事。人事调整对于一个面临转型的大学生创业企业而言，意义是非凡的。

（三）商业模式的定位与面临的挑战

大梦对一周进步的价值定位表述得非常明确，即"核心的价值主张就是帮助同学去解决问题"。一般而言，在推广层面上，一周进步所主打的干货型文章在现在短快平的新媒体时代背景下，其实是不讨好的，相当多的知识付费企业会采取用文案制造焦虑、渲染紧张氛围的方式，吸引用户消费。一周进步则不然。大梦及其所在团队都坚定地认为，一周进步是一家为同学提供知识的教育公司，做教育应该要脚踏实地。

一周进步的产品切入点及核心是Office系列的教程（见图4-4），高质量的课程受到了业界的高度肯定，一周进步也成为了微软教育行业的重要合作伙伴。这同时有利于其营销模式的创新：课程学员成功完成学习并顺利通过考核后，他们将可以得到由微软总部针对办公软件技能颁发的国际认证证书（Microsoft Office Specialist），这在相当程度上为学员今后的就业或深造提供了便利。同时，一周进步的课程运营体系是包含了学习监督等服务的，相比一般的知识付费产品，一周进步的课程无疑给学员提供了更加良好的学习体验。在大梦眼中，使一周进步脱颖而出的一点就是，它能够切实地为用户带来一个更好的结果。

图4-4　一周进步的部分产品及宣传海报

客观上，一周进步教育产品面向的主要对象是关注技能提升的大学生和职场青年，对教育产品的诉求主要来源于现实环境对个人素质的要求。然而，人们一旦达到了这种要求，对教育产品的关注便会下降，这对于一周进步而言是个潜在的挑战。如何延长用户的生命周期，是其当下面临的一大难点。

同时，一周进步所面临的另一大难题是如何解决转化率低的问题。如何留住旧人、吸引新人，是每个教育企业都不得不考虑的问题。粉丝是新媒体企业发展的根基，一周进步为了提高转化率，已经做了不少努力，比如在线上实行多平台内容更新，增加曝光量，还比如在线下开展校园宣讲活动，让更多的大学生了解一周进步。大梦对此的判断是，提升转化率的突破口是树立品牌，取得足够大的成就的前提是有足够大的格局，品牌是其中的关键。为了实现品牌提升，一周进步团队正在着力完善课程体系，提升企业精细化管理程度，塑造更高的企业品质。

企业收入层面上，一周进步 2017 年的营业额约为 300 万元，2018 年企业在更为活跃的状态下，创造的营业额约为 700 万元。新媒体企业的一大优势就是成本开支相对较少，除了人力场地等费用外，硬性的开支并不多。但同时它也体现出新媒体行业的局限性，即难以在体量上实现突破，难以与传统实业相比较。

(四) 新媒体浪潮下未来的挑战与机遇

"新媒体行业的特点就是很快，你以前好像做得还挺火的，但这两年就不行了，就因为行业天花板已经到了，本来它就是一个小行业。"大梦在提及所处行业的局限性时，很是平静。

他承认，新媒体的局限性是很明显的，各式各样的挑战也层出不穷。其中最显著的便是入行的门槛变高了，随着新媒体的深入发展，大众的口味变得更加挑剔了。再有，产业的变现方式也相当有限，除了做广告、做小程序电商以及卖网课之外，很难在变现途径上做出创新。值得所有从业者关注的是，从事新媒体业务还具有一定的风险，每个内容生产者心中都要给自己的底线把关，虽然它可能很模糊，但至少能够在一定程度上预防在整体洗牌中成为被淘汰的对象。

不过，这并不意味着大梦对于新媒体企业已经丧失信心。相反，他根据自己的经验和判断，挖掘出了产业在未来可能出现的机遇点。他注意到，即使在经济不景气的背景下，有两个产业仍能保持红火，那就是医疗和教育。随着前沿科技的发展、人工智能的不断普及，教育事业的未来正在被开拓出更多的可能性。在线教育在其中仍然保持着火热的发展态势，各平台或品牌推出了丰富多样的营销模式，维持了良好的企业竞争氛围。更何况庞大的学生群体为产业提供了巨大的市场，新媒体的上市潮也是值得期待的。

（五）创业感悟

大梦在谈话中没有涉及太多关于一周进步的评价，他只是耐心地向笔者讲述一周进步各方面的情况，并不断分享经验与总结。一周进步的气质与其名称的直接观感是不相符的，如果说"一周进步"听起来有冒进的色彩，那么与之形成对比的就是，一周进步是个恪守原则、一步一个脚印的新媒体企业。

一群毕业不久的大学生，已经拥有了让同龄人羡慕的成就：极佳的产品口碑，超过百万的粉丝量，年营业额突破五百万元，估值已突破千万元……他们比一般人更容易仰望星空，是因为他们始终脚踏实地。

话俗理不俗，"越努力，越幸运"是一周进步的真实写照。曾有学员对创始人表达内心的艳羡之情，原因在于，他们可以做自己喜欢的事。万物皆有源。兴趣驱动下的扎实的技能、目标一致的团队、谨慎的选择……样样都不简单，任一方面都可能遭遇各种挫折。创业的信心，正是通过坚持不懈的努力积攒出来的，正如一周进步一直所践行的那样。

> 一周进步本身就是一个很踏实的团队，大家很扎扎实实做事情。
>
> ——大梦，2018.12.7

采写：

郑文媛，新闻传播学 2017 级本科生

朴慧玲，新闻传播学 2017 级本科生

Yeganeh Tavakoli，新闻传播学 2017 级本科生

修订：

占　烁，商学院 2018 级 MIB 硕士研究生

五、羽众科技：开启羽毛的重生之路

羽众（天津）生物科技有限责任公司（简称羽众科技）由中国人民大学环境学院的张荣岩于 2014 年创立，公司以废弃羽毛纤维原料和其高附加值产品的设计、生产为主，致力于羽毛系列产品的研发推广。初创时团队仅 6 人，目前已拓展到 20 余人，成为天津市制浆造纸重点实验室的技术战略伙伴，目前公司已与河北省、山东省的多家材料加工企业进行稳定合作，并正向全国开拓市场。

（一）序言

在深夜的桌前，研二学生张荣岩刚刚忙完自己的期中论文，然后又打开电脑，准备着下个星期的创业路演比赛。夜深人静，窗外皎洁的月光柔和地洒进屋里。自四年前开办羽众科技以来，张荣岩就已经有无数个这样兼顾学业和事业的繁忙的夜晚了。

回想起几年前艰难缓慢的起步，再看到如今在团队的努力之下，公司经过几年的成长趋于成熟，不仅业绩喜人，被《人民日报》等几十家媒体报道，更是在环保领域获得高度赞扬，张荣岩露出了会心的微笑。这一切都是值得的，这条羽毛的重生之路未来也必定会更明朗。

（二）来自课堂的灵感

张荣岩在本科三年级的化学实验课上对羽毛进行物质分析时，惊喜地发现羽毛具有神奇功能——羽毛在油水分离时，不仅展现出高达90%的强大的油水分离功能，倍率速率都超乎想象，而且还可以重复进行油水吸离实验。这引起了学习化工的张荣岩的关注。在查找了国内大量关于羽毛的研究资料后，张荣岩发现国内在这一方面的研究凤毛麟角，他马上找到自己的导师交流，在获得了导师的鼓励后，他一头扎进实验室继续对羽毛的利用进行深入的实验探究。

在发现羽毛作为回收利用材料降解分离油废物质的强大功效后，张荣岩又对当前的国内外市场进行了分析研究。他发现纤维原料加工企业和对新型纤维原料具有较强消化吸收能力的企业在这一方面的市场需求很大，而市场也展露了它的痛点——国内纤维加工企业等对新型纤维原料的刚性需求与国内废弃羽毛回收交易渠道的缺乏产生了矛盾。同时，在国家号召建设生态文明社会的浪潮下，环保事业得到了国家的大力支持，政府也有许多助力环保的相关优惠政策。羽毛强大的吸油功效不仅能够帮助减少海洋水油污染，而且能将吸附的废油重新进行分离，达到回收利用的效果。张荣岩敏锐地嗅到了巨大的商业契机，并成功地寻找到合适的屠宰场，可以持续不断地提供羽毛供给。

（三）开启羽毛的商业模式

创业其实分两部分，一个是模式创新，一个是技术创新。模式创新实质上就是资本堆积出来的。而技术创新需要发展研究出领先行业3~5年的技术，形成一个技术门槛，避免同类竞争对手对自己的产品形成突破。

——张荣岩

在发现了广阔的市场和确保了羽毛来源之后，张荣岩开始将重心放在对羽毛性能的开发上。他和团队发现羽毛的不同部位的纤维密度和粗细程度并不一样，而这些不一样的性质几乎让羽毛的每一部分都可以在不同领域发挥作用，从而开拓更广阔的市场（见图4-5）。

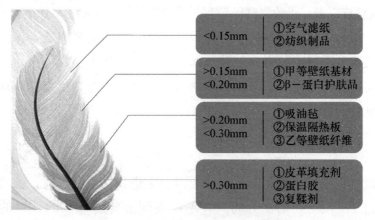

图4-5 羽毛的不同部位的纤维密度

公司的核心业务主要是维持稳定的羽毛原料供应并通过成熟的技术支持系统对废弃羽毛进行加工升级。羽众科技的商业模式如图4-6所示。

图4-6 羽众科技的商业模式示意图

回收废弃羽毛业务，是着眼于进一步调动家禽屠宰场和饲养场高效利用废弃羽毛的积极性，唤醒人们的环保意识，进一步稳定羽毛原料供应的目的开展的。这项业务是通过将不同地区大型的家禽屠宰场和饲养场产生的废弃羽毛集中起来，建立固定的回收点，按照1:9的利益分享模式将来自初级羽毛纤维原料的收入派发给相应的回收点，与回收点签订长期合同来实现的，既能帮助家禽饲养场和屠宰场解决羽毛处理困难等问题，又能帮助其依托羽毛增加收入，使其对羽毛产生感情，从而建立起稳定、可持续的羽毛供应链。

而实现对废弃羽毛的高附加值利用、提供多种切实可行的商业解决方案的业务，是以技术入股大型纤维加工行业、造纸行业以及纺织行业企业的方式实现的，主要依托羽众科技独创新型、以羽毛为原料生产环保壁纸、吸油材料、汽车空气滤纸及蛋白胶等产品的核心技术，联合生产，按照股份分配利润，从而实现盈利。

（四）好的团队是成功的一半

在公司中，成员主要毕业于中国人民大学、北京大学、清华大学和香港大学等院校，涵盖环境工程、化学工程与工艺、财务管理以及国际经济与贸易等专业，团队分工明确，具有较强执行力和凝聚力。初创团队成员都是各行业的栋梁之材，各自在优秀的学府接受了良好的教育并在学术方面取得了一些成就，这为创业成功提供了坚实的基础。

创业团队刚开始有5个人，专业分别是化工、国经贸、会计、环境工程，还有一个非学生，然后发展到将近20人，大部分是社会人士。我们选人有两个维度，多元化＋术业有专攻。

——张荣岩，2018.11.16

在创业过程中，团队内部有时也会发生矛盾，对此，张荣岩的解决方式是不让大家对某个人某件事的不满憋在心里，公司每个月都会有会议让大家畅所欲言，吐槽自己觉得不对的事情，这无疑为一家新公司注入了不断前行的力量。

当你失败的时候，你要及时调整过来，不要带着这种消极情绪去工作，它会影响到你后面的进程，进而形成恶性循环。一定要及时止损。

——张荣岩，2018.11.16

在这个卓越的团队中，CEO张荣岩本身就是一位极其优秀的核心创始人。在天津大学就读时，他大一就进入实验室跟随导师学习，并在本科期间就获得了哈佛大学直博的推荐资格，但在经过慎重考虑之后还是选择至中国人民大学环境学院就读。

张荣岩曾荣获"全球环保领袖""全国大学生创业英雄"等荣誉称号，是一名全面发展的复合型人才。对废弃羽毛的回收利用产生兴趣后，他慧眼识英才，联系了几位同样优秀的志同道合的朋友一起创办了羽众科技，并在后来的市场甄选、构建供应链、资本引入阶段高瞻远瞩，做出了有利于公司发展的正确的选择，将公司逐步做大做强。

在团队的共同努力之下，公司已累计获得天津市首届青年环保创业大赛计划类金奖（第一名）、首届京津冀晋蒙青年环保公益创业大赛银奖等国内创业大赛荣誉十余项，并被评为 2017 年中国环保领域最具潜力价值公司 top20（创业导师是桑德集团董事长、中国环境商会原会长文一波先生），并累计被《人民日报》、《中国青年报》、中国高新网、天津新闻广播电台等国内知名媒体采访报道近 20 次。

在投资这个行业流传着一句话，叫做"投资先投人"。投资很多时候看的是创始人或者说创业团队整体的品质还有能力。具备某些特质的人他们做什么都可以，哪怕目前这个项目做得不好。

——张荣岩，2018.11.16

（五）无惧挑战

但是，业务开展的过程并不总是一帆风顺的。

第一个亟待解决的就是羽毛的来源问题。羽毛回收和环保方向的市场巨大，可是从哪儿才能得到这些废弃羽毛呢？他想到了自己的家乡山东德州。德州一直以烧鸡驰名，家禽市场非常发达，也有许多大型家禽屠宰场，产生的家禽废弃羽毛非常多。另外，他对国内大型家禽屠宰场进行调研后发现京津冀鲁地区聚集了非常多的屠宰场，而这里产生的羽毛也大大超乎预期，最终张荣岩决定将公司选址定在天津市。

解决了来源问题，张荣岩又在营销策略上犯了难——如何才能使本公司的技术更好地惠及全国各地呢？经过讨论研究，他决定面对不同的地区采取不同的策略方针。他将全国市场大致分为两类：一类是位于山东、辽宁、天津等包含重点市场的地区；一类是其他的非重点地区。对于第一类地区，羽众科技采用销售工程师与客户点对点式的直接销售方式，根据不同纤维加工方式对纤维原料的需求进行有针对性的营销活动，以期准确把握即时即刻的供应关系，在节省商业中间环节的费用的同时培育忠诚客户，建立更长久的合作关系；对于第二类地区，羽众科技有选择地开发有实力、有丰富操作经验、资信良好的当地代理商来共同开发市场，建立起一套实用的管理机制，以期借助代理商的力量迅速扩大销售额，降低财务风险。

思考得越多，发现的问题就越多。如何确保这条产业链的上游不会直接和下游接触，跳过羽众科技这一中间接触点呢？又如何保证新进入者不会成为新的羽众科技呢？张荣岩在参考了诸多实际案例后，决定对下游企业采用技术入股的方式。公司首先派出调查专员对有意向的目标公司的发展前景以及当地市场状况进行调查，确定好目标企业后，再对各类羽毛转化技术进行商业估值，形成一份完善的调查报告，然后按估值以技术入股目标企业，并在后续流程中按照合同要求提供技术培训，确保原材料的有效转化。同时，为提高新进入者的进入壁垒，公司需要通过规模障碍、技术障碍和客户障碍三方面增加新进入者的成本。公司内部也需要高度重视技术在产业链当中的重要性，将技术跟进和研发放在决定公司生死存亡的地位上。

出乎意料的是，在采访过程中，张荣岩谈起这些重大问题的解决过程时，并没有想象中的痛苦或者苦难过后的欣喜，他更多地表现出来的是平静，一种让人感到安全的平静。他说："我是个会把所有事情做到自己能力范围内极致的人。比如老师给你布置一些任务，我会做到最好，这样即使失败了，我也可以坦然应对，可以去向老师询问自己的解决思路哪里出现了偏差。但是我发现现在大多数人都是为了应付去做一件事。"正是这样的心态，让张荣岩在面对创业过程中的种种难题时都显得从容不迫，从不同的地方、不同的角度去搜集资料。即使存在一次不成功的可能性，他也从不畏惧，他认为"当你失败的时候，你要及时调整过来，不要带着这种消极情绪去工作，它会影响到你后面的进程，进而形成恶性循环"，但是当你有了正确的心态后，一切就都变得容易了。

（六）广阔的未来

经过四五年的发展，公司在羽毛回收业务方面已在全国占据首屈一指的地位，也获得了行业内的认可。回首过往创业路上的艰辛和坎坷，再看到如今自己和团队披荆斩棘终于迈上正轨，张荣岩内心感慨万千。怀着对导师的感恩、对团队的信任、对未来的期盼，他相信这条路一定会越走越开阔，并表示一定会坚定信心，无问西东，在这条阳光明媚抑或风雨交加的路上勇敢走下去。

人没有办法同时选择两条路，你走了这条路就不要管另一条路的风险，既然选择了这条路就要把自己的这条路走好，不要去在乎另一条路是阳光明媚还是风雨交加。

——张荣岩，2018.11.16

采写：

胡忠苇，金融学 2017 级本科生

郭琰昊，金融学 2017 级本科生

吴俊彦，人力资源管理 2017 级本科生

刘紫玥，人力资源管理 2017 级本科生

修订：

占　烁，商学院 2018 级 MIB 硕士研究生

六、文化情，面花路

面花是我国重要的优秀传统文化之一，也是我国于 2014 年申请非遗成功的宝贵的非物质文化遗产，在黄河流域广泛分布。2016 年 4 月份，张娜发起了"万里黄河寻面花"行动，截至笔者撰稿时已经走过陕北、关中平原、胶东、沂蒙山区、河北等地区。2018 年 6 月，张娜成立了自己的面花工作室，作为面花项目的发起人，她和面花工作室扎根于通州西集小辛庄村，除制作观赏性面花外，还制作可放心食用的面花对外销售。虽然工作室尚处于起步阶段，商业模式等仍在探索中，但是对面花充满热爱的张娜坚信自己一定会带着面花项目走向愈加光明的未来。

（一）序言

秋天的北京就如郁达夫笔下《故都的秋》中的描写一般萧瑟，越往城外，所见颜色便越是黯淡。

然而在北京通州小辛庄村的一个工作室里却是另一番景象。室内是大红大绿的"中式糕点"，小人儿、"蔬菜"、百鸟朝凤，许多或是现实或是神话中的东西都用小小的面团展现了出来，这就是面花（见图 4-7）。

图 4-7　三种代表性面花

经过两年在黄河流域的采风，张娜了解了更多的面花文化，也学习了制作各式精美面花的技艺。决心传承面花文化的张娜开始探索一条商业与传统文化相结合的道路，她希望商业模式运营带来的收入可以让她把面花越做越好，让越来越多的人知道这种被边缘化了的"中式糕点"。

（二）萌芽与成长

面花是以往逢年过节时都会出现在胶州人家中的一种面塑，生长于胶州的张娜从小便对摆在自家桌上的那个又好吃又好看的"小刺猬"感兴趣。大学毕业后的张娜尝试过很多很多东西，当过会计，做过证券，甚至去过非洲，但是似乎没有哪样能让张娜真正动心。直到有一次她无意中得知儿时自己常吃的面花成了非物质文化遗产，她瞬间就被制作面花、传承文化的想法击中了。

回家过年时，一段时间没见的"小刺猬"让张娜重新对面花文化产生了浓厚的兴趣，加之当时面花已经成为非物质文化遗产，张娜发现或许能以"花饽饽"作为参加中国人民大学"京东杯"创业比赛的主题。随后，她在比赛中取得了不错的成绩，并决定成为面花的推广人，创立面花创业项目，传承面花文化至下一代。

由于对面花文化缺乏了解，为了学习面花制作技艺，张娜开始了她的"万里黄河寻面花"之路，两年的采风经历不仅让张娜对面花有了更深入的了解，而且让她结识了许多热爱面花文化、希望传承面花文化的人，更是让她坚定了传承发扬面花文化的决心。

在创立项目的初期，张娜抱着以实践求真知的乐观心态，以微商的方式来推广自己的面花并投放了 200 箱面花进行试销，试销的效果相当不错，她不仅收获了良好的声誉，而且发掘了面花在南方潜在而庞大的市场。毫无疑问，这是一个好的开始，但张娜也从中发现了面花不利于商业化推广的一些特点，比如保质期短，最美味的时候往往在面花刚出炉的时候等。

（三）披荆斩棘，开创新的未来

网红经济无疑是时下最热门的商业模式之一，它的生命力不强却极具活力，往往在年轻一辈中掀起一波浪潮，借此大举吸金。与之相比，非物质文化遗产一般具有相当长的历史，却缺少活力，它的受众集中于年长的群体。

面花自然也不例外。在试销成功后，张娜深入分析了其顾客构成，尽管有不少远至上海、广州的订单，但顾客大多是长者和酒楼。对于一般的面花手工艺人而言，成功发掘南方的市场足以成为一份漂亮的成绩单，但对张娜而言，源于推广者的身份，她更在意年轻受众的缺失。同时，面花低活力的市场让生产者只能获得微薄的利润，而一些精致的面花艺术品，即使由熟练艺人动手制作，也要耗时 1~2 日；为此，张娜尝试在面花产品上大做文章，塑造全新的面花形象乃至产品定位。

碍于自身并非手工艺人出身，张娜有时候会对自己的手艺缺乏自信，于是她下定决心放低姿态并请教面花界的技术专家：黄河流域的手工艺人及民俗专家。一方面，通过这种亲身接触可以更好地了解面花文化；另一方面，也有助于彻底地提升自身的手艺。技术专家们给予了张娜许多建议和极大的鼓舞，也提醒她要好好传承面花文化，别再让面花文化如以往般，辐射范围只能至手工艺人家的周边村落。

张娜慢慢地具有了一定的知名度，出现了一些人向她打听面花文化，当中既有对此感兴趣的在校大学生，也有想参与这一行业的创业人士。对于这些人，张娜是十分欢迎的，她认为他们并不是竞争关系，而是共同传承推广面花的一群志同道合的人。张娜认为面花市场足够大，足够容纳所有的市场参与者。同行者的出现也让张娜感到面花的春天或许就在不远的未来，而自己更是当中的一大推动者。

(四) 传统与创新之间的艰难选择

采风转眼间就持续了两年，张娜拜访了许许多多的手工艺人，他们自身过硬的手艺让她激动不已。随着张娜的见识日益增长，她彻底陷入面花文化不能自拔，制作面花的传统由许多人一代代坚持与传承着，但他们的名气往往仅限于自己所身处的城镇。张娜心里也十分清楚，若是自己埋头于对手艺及文化的考究，只是致力于成为单纯的民俗专家，那么就违背了自己成为推广者的初衷，自己的目标应当是让更多人了解、参与面花文化！

面花中传统的大红大绿的配色和人物角色等并不符合当今青年的审美，但面花的未来终究是需要年轻人去创造。张娜期望年轻人通过她的产品来增进对面花的理解，让他们对面花这一传统文化产生兴趣。

然而在迎合年轻人口味的同时，不可避免地需要在一定程度上舍弃面花文化的一部分内涵，这让张娜感到十分为难。她并非单纯是一个文化的传承与推广者，她还是一个创业者，是二者的结合体。作为社会创业者，张娜必须学会在这两者之间权衡，她开始思索一种将传统文化与商业推广相结合的方式。

张娜认为蛋糕、面包、米饭都可能是面花的潜在对手，面花能够作为人们的主食，但她更希望把面花打造成独具一格的中式糕点。在中国落后西方的漫长时期里，西方文化被人们所接受，传统文化受到了冷落，今时今日，人们提起糕点，第一时间会想起各式各样的西点，特别是对于南方的人们，这一趋势尤为明显。中点作为我们的传统糕点，有着属于它自身的优势，张娜决定先采取差异化战略，在面花中加入果汁、蔬菜等有机食材，打造一款健康、符合国人口感的糕点，相信这能打动时下注重养生的各类人群，而年轻人自然也是当中的一分子。不到30岁的张娜和年轻人之间并没有隔阂，在保留面花文化内涵的基础上，她开始着眼于年轻人的需求设计样品并让工厂生产。想法逐渐变为现实，她走出了创业的至关重要的一步。

在谈到产品自身的创新后，面花的宣传策略自然也要与时俱进，探索宣传渠道是张娜继开发符合年轻人需求的产品后的又一挑战，对此张娜尝试以抖音、微博、微信等互联网平台来推广（见图4-8）。

图4-8　张娜微信头像和朋友圈截图

目前依然在宣传上寻求突破，但这不意味着你能在每一个平台都浅尝辄止，不管是宣传，还是产品本身，创业者都需要深耕。

——张娜

(五) 感恩与反思

张娜一路走来，从开始的外行成为现在的行家，这之中不乏外人的帮助，当地的老艺人、面花文化的研究人员，甚至当地的老百姓，都给予了张娜前行的资本和动力，陕西渭南合阳的"活地图"史耀增老先生，是当地很有名的民俗专家，他给张娜讲了很多当地面花艺人的故事，让张娜感触颇深。华县张韬老师给了张娜很多的帮助，他此前专注于皮影戏的研究。张娜也有幸参加了陕西文化馆举办的巧娘面花技艺培训班，与很多面花艺人同吃同住，听她们唱着秦腔，感受到她们对生活的热情。

我很幸运，因为我并不是孤独的。

——张娜

两年醉心于面花文化，却被现实拽出了文化的汪洋，因为创业不仅仅是喜欢就可以了，还要想办法盈利，这样才能更加长久地有利于传承和推广面花文化。两年的文化研究让张娜认识到，想要把传统文化与商业相结合发展，还要面对许多问题，比如如何创新和宣传，运用什么商业模式，如何开拓新的客户群体等。未来的路充满了挑战，却十分有意义。正如张娜在创业过程中常说的："如果因为它困难，就选择放弃它，那它真的就被大家给遗忘了。"

采写：
黄维芳，德语2017级本科生
林昆贤，工商管理2017级本科生
林筠凯，工商管理2017级本科生
修订：
占　烁，商学院2018级MIB硕士研究生

第五章　大学生创业支持政策

引　言

　　随着大学生创业实践的继续深化，我国的大学生创业政策也在不断地发展完善，主要表现为政策力度持续加大，扶持方式更加丰富，以及政策制定日趋精细化和具体化。从国家层面来看，大学生创业政策从早期的资金支持、税收支持、空间提供等直接方式逐渐转变为强调发展创业金融、改善创业环境、完善创业服务等内容。从省级和市县级层面来看，各地方政府相继发力，加强本地人才队伍建设，围绕本辖区的经济发展重点，逐渐形成了清晰的政策着力点，各具特色，也各有侧重。此外，不少高校也根据自身情况制定了相应的大学生创业促进政策，帮助在校生提升创业创新能力，也为他们提供更多的创业实践机会。但是，我国创业政策仍然存在缺乏相关性、适配性、连续性等问题。如何构建有实效的政策体系，进而完善促进大学生创业的生态支撑与服务体系，依然是未来大学生创业政策制度工作的重点和难点。

一、各部委政策沿革及最新变迁

（一）国务院

　　2017年7月，国务院印发《关于强化实施创新驱动发展战略进一步推进大众创业万众创新深入发展的意见》（以下简称《意见》），指出要进一步系统性地优化创新创业生态环境，强化政策供给，突破发展瓶颈，充分释放全社会创新创业潜能，在更大范围、更高层次、更深程度上推进大众创业、万众创新。

《意见》明确了大众创业、万众创新深入发展是实施创新驱动发展战略的重要载体，并指出，要进一步优化创新创业的生态环境，进一步拓展创新创业的覆盖广度，进一步提升创新创业的科技内涵，进一步增强创新创业的发展实效，着力推进创新创业与实体经济发展深度融合。

另外，《意见》提出了五个领域的政策措施：

第一，加快科技成果转化，重点突破科技成果转移转化的制度障碍，保护知识产权，活跃技术交易，提升创业服务能力，优化激励机制，共享创新资源，加速科技成果向现实生产力转化；

第二，拓展企业融资渠道，不断完善金融财税政策，创新金融产品，扩大信贷支持，发展创业投资，优化投入方式，推动破解创新创业企业融资难题；

第三，促进实体经济转型升级，着力加强创新创业平台建设，培育新兴业态，发展分享经济，以新技术、新业态、新模式改造传统产业，增强核心竞争力，实现新兴产业与传统产业协同发展；

第四，完善人才流动激励机制，充分激发人才创新创业活力，改革分配机制，引进国际高层次人才，促进人才合理流动，健全保障体系，加快形成规模宏大、结构合理、素质优良的创新创业人才队伍；

第五，创新政府管理方式，持续"放管服"改革，加大普惠性政策支持力度，改善营商环境，放宽市场准入，推进试点示范，加强文化建设，推动形成政府、企业、社会良性互动的创新创业生态。

最后，《意见》强调，各地区、各部门要进一步细化政策措施，加强监督检查，确保各项政策落到实处，推进大众创业、万众创新深入发展，为全面实施创新驱动发展战略、培育壮大新动能、改造提升传统动能和促进我国经济保持中高速增长、迈向中高端水平提供强劲支撑。

同年9月，国务院办公厅印发《关于推广支持创新相关改革举措的通知》（以下简称（《通知》）。《通知》提出，为进一步加大支持创新的力度，营造有利于大众创业、万众创新的制度环境和公平竞争的市场环境，为创新发展提供更加优质的服务，将在全国或京津冀、上海、广东（珠三角）、安徽（合芜蚌）、四川（成德绵）、湖北武汉、陕西西安、辽宁沈阳等8个全面创新改革试验区域内，推广涉及4个方面共13项支持创新相关改革举措：

一是科技金融创新方面，推广"以关联企业从产业链核心龙头企业获得的应收账款为质押的融资服务""面向中小企业的一站式投融资信息服务""贷款、保险、财政风险补偿捆绑的专利权质押融资服务"等 3 项改革举措，进一步创新政府引导、民间参与、市场化运作支持的企业融资服务模式，拓展科技型企业的融资渠道，提高金融支持创新的灵活性和便利性，发挥金融工具的助推作用。①

二是创新创业政策环境方面，推广"专利快速审查、确权、维权一站式服务""强化创新导向的国有企业考核与激励""事业单位可采取年薪制、协议工资制、项目工资等灵活多样的分配形式引进紧缺或高层次人才""事业单位编制省内统筹使用""国税地税联合办税"等 5 项改革举措，进一步健全相关激励政策，维护创新者的合法权益，提高创新者的合理收益，为创新主体松绑减负，营造激励创新的良好氛围。②

三是外籍人才引进方面，推广"鼓励引导优秀外国留学生在华就业创业，符合条件的外国留学生可直接申请工作许可和居留许可""积极引进外籍高层次人才，简化来华工作手续办理流程，新增工作居留向永久居留转换的申请渠道"等 2 项改革举措，进一步破除外籍人才在我国就业创业的政策障碍，积极拓宽吸引外籍人才的渠道，促进外籍人才向我国集聚。③

四是军民融合创新方面，推广"军民大型国防科研仪器设备整合共享""以股权为纽带的军民两用技术联盟创新合作""民口企业配套核心军品的认定和准入标准"等 3 项改革举措，进一步健全军民融合创新的长效机制，加快实现军工科研成果向民用领域转化，让民口企业在更大范围内参与军品研制，有效推动形成军转民、民参军的技术创新体系，促进军民创新资源的优化配置。④

《通知》强调，各地区、各部门要深刻认识推广支持创新相关改革举措的重大意义，将其作为深入贯彻落实创新、协调、绿色、开放、共享发展理念和推进供给侧结构性改革的重要抓手。要着力推动政策制度创新，推进构建与创新驱动发展要求相适应的新体制、新模式，持续释放改革红利，激发全社会的创新创造活力，加快培育壮大经济发展新动能。

部分国家级创业政策见表 5-1。

①②③④ 国务院办公厅印发《关于推广支持创新相关改革举措的通知》[EB/OL].（2017-09-14）[2019-03-15]. http://www.gov.cn/xinwen/2017-09/14/content_5225139.htm.

表 5 - 1　部分国家级创业政策

年份	政策	政策要点
2011 年	国发〔2011〕16号《国务院关于进一步做好普通高等学校毕业生就业工作的通知》	落实和完善创业扶持政策。持《就业失业登记证》（注明"自主创业税收政策"或附着《高校毕业生自主创业证》）的高校毕业生在毕业年度内（指毕业所在自然年，即 1 月 1 日至 12 月 31 日）从事个体经营的，3 年内按每户每年 8 000 元为限额依次扣减其当年实际应缴纳的营业税、城市维护建设税、教育费附加和个人所得税。2011 年 1 月 1 日至 2011 年 12 月 31 日，对高校毕业生创办的年应纳税所得额低于 3 万元（含 3 万元）的小型微利企业，其所得减按50％计入应纳税所得额，按 20％的税率缴纳企业所得税。对符合条件的高校毕业生自主创业的，可在创业地按规定申请小额担保贷款；从事微利项目的，可享受不超过 10 万元贷款额度的财政贴息扶持。进一步改进和完善"小额担保贷款＋信用社区建设＋创业培训"联动工作机制。有条件的地区要加大财政投入，并积极引入风险投资资金，探索财政资金、风险投资等与大学生创业赛事的对接模式，规范发展民间融资，多渠道加大创业资金投入。要进一步完善和落实行政事业性收费减免等优惠政策，按照法律法规的规定，适当放宽市场准入条件，鼓励高校毕业生创业。加强创业教育、创业培训和创业服务。各高校要广泛开展创业教育，积极开发创新创业类课程，完善创业教育课程体系，将创业教育课程纳入学分管理。积极推广成熟的创业培训模式，鼓励高校毕业生参加创业培训和实训，提高创业能力。对高校毕业生在毕业年度内参加创业培训的，根据其获得创业培训合格证书或就业、创业情况，按规定给予培训补贴。要根据高校毕业生特点和需求，组织开展政策咨询、信息服务、项目开发、风险评估、开业指导、融资服务、跟踪扶持等"一条龙"创业服务。在充分发挥各类创业孵化基地作用的基础上，因地制宜建设一批大学生创业孵化基地，并给予相关政策扶持。对基地内大学生创业企业要提供培训和指导服务，落实扶持政策，努力提高创业成功率，延长企业存活期。
2012 年	国发〔2012〕6号《国务院关于批转促进就业规划（2011—2015年）的通知》	促进以创业带动就业。完善并落实鼓励劳动者创业的税收优惠、小额担保贷款、财政贴息、资金补贴、场地安排等扶持政策，简化审批手续，严格规范收费行为，改善创业环境。健全创业培训体系，鼓励高等学校和中等职业学校开设创业培训课程。健全创业服务体系，为创业者提供项目信息、政策咨询、开业指导、融资服务、人力资源服务、跟踪扶持，鼓励有条件的地方建设一批示范性的创业孵化基地。推进创业型城市建设。加强宣传和舆论引导，弘扬创业精神，树立一批创业典型，营造崇尚创业、褒奖成功、宽容失败的良好创业氛围。创业引领计划。加强对高校毕业生的创业教育和培训，强化创业服务，完善创业扶持政策，促进帮扶高校毕业生自主创业。
2014 年	国办发〔2014〕22号《国务院办公厅关于做好2014年全国普通高等学校毕业生就业创业工作的通知》	2014 年至 2017 年，在全国范围内实施大学生创业引领计划。通过提供创业服务，落实创业扶持政策，提升创业能力，帮助和扶持更多高校毕业生自主创业，逐步提高高校毕业生创业比例。各地要采取措施，确保符合条件的高校毕业生都能得到创业指导、创业培训、工商登记、融资服务、税收优惠、场地扶持等各项服务和政策优惠。各高校要广泛开展创新创业教育，将创业教育课程纳入学分

续表

年份	政策	政策要点
2014 年	国办发〔2014〕22 号《国务院办公厅关于做好2014 年全国普通高等学校毕业生就业创业工作的通知》	管理，有关部门要研发适合高校毕业生特点的创业培训课程，根据需求开展创业培训，提升高校毕业生创业意识和创业能力。各地公共就业人才服务机构要为自主创业的高校毕业生做好人事代理、档案保管、社会保险办理和接续、职称评定、权益保障等服务。 各地区、各有关部门要进一步落实和完善工商登记、场地支持、税费减免等各项创业扶持政策。拓宽高校毕业生创办企业出资方式，简化工商注册登记手续。鼓励各地充分利用现有资源建设大学生创业园、创业孵化基地和小企业创业基地，为高校毕业生提供创业经营场所支持。对高校毕业生创办的小型微型企业，按规定落实好减半征收企业所得税、月销售额不超过 2 万元的暂免征收增值税和营业税等税收优惠政策。对从事个体经营的高校毕业生和毕业年度内的高校毕业生，按规定享受相关税收优惠政策。留学回国的高校毕业生自主创业，符合条件的，可享受现行高校毕业生创业扶持政策。各银行业金融机构要积极探索和创新符合高校毕业生创业实际需求特点的金融产品和服务方式，本着风险可控和方便高校毕业生享受政策的原则，降低贷款门槛，优化贷款审批流程，提升贷款审批效率。要通过进一步完善抵押、质押、联保、保证和信用贷款等多种方式，多途径为高校毕业生解决反担保难问题，切实落实银行贷款和财政贴息。在电子商务网络平台开办"网店"的高校毕业生，可享受小额担保贷款和贴息政策。充分发挥中小企业发展专项资金的积极作用，推动改善创业环境。鼓励企业、行业协会、群团组织、天使投资人等以多种方式向自主创业大学生提供资金支持，设立重点面向扶持高校毕业生创业的天使投资和创业投资基金。对支持创业早期企业的投资，符合条件的，可享受创业投资企业相关企业所得税优惠政策。 加大高校毕业生创业政策措施、先进事迹和经验的宣传力度。加强对高校毕业生创业工作的组织领导，确保各项促进高校毕业生就业创业政策落到实处。
2015 年	国办发〔2015〕9 号《国务院办公厅关于发展众创空间推进大众创新创业的指导意见》	推进实施大学生创业引领计划，鼓励高校开发开设创新创业教育课程，建立健全大学生创业指导服务专门机构，加强大学生创业培训，整合发展国家和省级高校毕业生就业创业基金，为大学生创业提供场所、公共服务和资金支持，以创业带动就业。
	国发〔2015〕23 号《国务院关于进一步做好新形势下就业创业工作的意见》	高校毕业生创办个体工商户、个人独资企业的，可依法享受税收减免政策。 将求职补贴调整为求职创业补贴，对象范围扩展到已获得国家助学贷款的毕业年度高校毕业生。深入实施大学生创业引领计划、离校未就业高校毕业生就业促进计划，整合发展高校毕业生就业创业基金，完善管理体制和市场化运行机制，实现基金滚动使用，为高校毕业生就业创业提供支持。
	国办发〔2015〕36 号《国务院办公厅关于深化高等学校创新创业教育改革的实施意见》	制定深化高等学校创新创业教育改革总体目标，到 2020 年建立健全课堂教学、自主学习、结合实践、指导帮扶、文化引领融为一体的高校创新创业教育体系，人才培养质量显著提升，学生的创新精神、创业意识和创新创业能力明显增强，投身创业实践的学生显著增加。

续表

年份	政策	政策要点
2015 年	国办发〔2015〕36 号《国务院办公厅关于深化高等学校创新创业教育改革的实施意见》	主要任务和措施：完善人才培养措施质量标准；创新人才培养机制；健全创新创业教育课程体系；改革教学方法和考核方式；强化创新创业实践；改革教学和学籍管理制度；加强教师创新创业教育教学能力建设；改进学生创业指导服务；完善创新创业资金支持和政策保障体系。
	国发〔2015〕32 号《国务院关于大力推进大众创业万众创新若干政策措施的意见》	深入实施大学生创业引领计划，整合发展高校毕业生就业创业基金。引导和鼓励高校统筹资源，抓紧落实大学生创业指导服务机构、人员、场地、经费等。引导和鼓励成功创业者、知名企业家、天使和创业投资人、专家学者等担任兼职创业导师，提供包括创业方案、创业渠道等在内的创业辅导。建立健全弹性学制管理办法，支持大学生保留学籍休学创业。
2016 年	国办发〔2016〕35 号《国务院办公厅关于建设大众创业万众创新示范基地的实施意见》	高校和科研院所"双创"示范基地的建设重点之一是构建大学生创业支持体系。实施大学生创业引领计划，落实大学生创业指导服务机构、人员、场地、经费等。建立健全弹性学制管理办法，允许学生保留学籍休学创业。构建创业创新教育和实训体系。加强创业导师队伍建设，完善兼职创业导师制度。 选定清华大学、上海交通大学、南京大学和四川大学四所高校为高校和科研院所首批"双创"示范基地。
2017 年	国发〔2017〕37 号《国务院关于强化实施创新驱动发展战略进一步推进大众创业万众创新深入发展的意见》	深入实施"互联网＋"、"中国制造 2025"、军民融合发展、新一代人工智能等重大举措，着力加强创新创业平台建设，培育新兴业态，发展分享经济，以新技术、新业态、新模式改造传统产业，增强核心竞争力，实现新兴产业与传统产业协同发展。 允许外国留学生凭高校毕业证书、创业计划申请加注"创业"的私人事务类居留许可。实施留学人员回国创新创业启动支持计划，吸引更多高素质留学人才回国创新创业。继续推进两岸青年创新创业基地建设，推动内地与港澳地区开展创新创业交流合作。 实施社团创新创业融合行动，搭建创新创业资源对接平台，推介一批创新创业典型人物和案例，推动创新精神、企业家精神和工匠精神融合，进一步引导和推动各类科技人员投身创新创业大潮。 适时适当放宽教育等行业互联网准入条件，降低创新创业门槛，加强新兴业态领域事中事后监管。 积极有序推进试点示范，加快建设全国"双创"示范基地，推进小微企业创业创新基地城市示范，整合创建一批农村创新创业示范基地。推广全面创新改革试验经验。研究新设一批国家自主创新示范区、高新区，深化国家自主创新示范区政策试点。
2017 年	国办发〔2017〕54 号《国务院办公厅关于建设第二批大众创业万众创新示范基地的实施意见》	对首次创办小微企业或从事个体经营并正常经营 1 年以上的高校毕业生、就业困难人员，鼓励"双创"示范基地开展一次性创业补贴试点工作。

续表

年份	政策	政策要点
2017 年	国办发〔2017〕54 号《国务院办公厅关于建设第二批大众创业万众创新示范基地的实施意见》	支持建设"双创"支撑平台。采取政府资金与社会资本相结合的方式支持"双创"示范基地建设，引导各类社会资源向创新创业支持平台集聚，加快建设进度，提高服务水平。支持示范区域内的龙头骨干企业、高校和科研院所建设专业化、平台型众创空间。对条件成熟的专业化众创空间进行备案，给予精准扶持。 依托科技园区、高等学校、科研院所等，加快发展"互联网＋"创业网络体系，建设一批低成本、便利化、全要素、开放式的众创空间，降低创业门槛。试点推动老旧商业设施、仓储设施、闲置楼宇、过剩商业地产转为创业孵化基地。"双创"示范基地可根据创业孵化基地入驻实体数量和孵化效果，给予一定奖补。 支持海外人才回国（来华）创业。探索建立华侨华人回国（来华）创业综合服务体系，逐步推广已在部分地区试行的海外人才优惠便利政策。促进留学回国人员就业创业，鼓励留学人员以知识产权等无形资产入股方式创办企业。简化留学人员学历认证等手续，降低服务门槛，依法为全国重点引才计划引进人才及由政府主管部门认定的海外高层次留学人才申请永久居留提供便利。实施有效的人才引进和扶持政策，吸引更多人才回流，投身创新创业。 支持"双创"示范基地之间建立协同机制，开展合作交流，共同完善政策环境，共享创新创业资源，共建创新创业支撑平台。支持"双创"示范基地"走出去"，与相关国家、地区开展合作交流。 营造创新创业浓厚氛围。办好全国"双创"活动周，展现各行业、各区域开展创新创业活动的丰硕成果。办好"创响中国"系列活动，开展"双创"示范基地政策行、导师行、科技行、投资行、宣传行等活动。实施社团创新创业融合行动，推介一批创新创业典型人物和案例，进一步引导和推动各类科技人员投身创新创业大潮。继续举办各类创新创业大赛，推动创新创业理念更加深入人心。 第二批"双创"示范基地增补北京大学、浙江大学、复旦大学等 26 个高校和科研院所示范基地。
2017 年	国办发〔2017〕80 号《国务院办公厅关于推广支持创新相关改革举措的通知》	鼓励引导优秀外国留学生在华就业创业，符合条件的外国留学生可直接申请工作许可和居留许可。 外国留学生凭国内高校毕业证书、创业计划书，可申请加注"创业"的私人事务类居留许可；注册企业的，凭国内高校毕业证书和企业注册证明等材料，可申请工作许可和工作类居留许可。 获得硕士及以上学位的外国留学生，符合一定条件的，可直接申请外国人来华工作许可和工作类居留许可。 构建物理载体和信息载体，通过政府引导、民间参与、市场化运作，搭建债权融资服务、股权融资服务、增值服务三大信息服务体系，加强科技与金融融合，为中小企业提供全方位、一站式投融资信息服务。 金融机构、地方政府等依法按市场化方式自主选择建立"贷款＋保险保障＋财政风险补偿"的专利权质押融资新模式，为中小企业专利贷款提供保证保险服务。 国税、地税合作共建办税服务厅，统筹整合双方办税资源，实现"进一家门、办两家事"的目标。

续表

年份	政策	政策要点
2018 年	国发〔2018〕32 号《国务院关于推动创新创业高质量发展打造"双创"升级版的意见》	加大财税政策支持力度。聚焦减税降费，研究适当降低社保费率，确保总体上不增加企业负担，激发市场活力。将企业研发费用加计扣除比例提高到 75％的政策由科技型中小企业扩大至所有企业。将国家级科技企业孵化器和大学科技园享受的免征房产税、增值税等优惠政策范围扩大至省级，符合条件的众创空间也可享受。 强化大学生创新创业教育培训。在全国高校推广创业导师制，把创新创业教育和实践课程纳入高校必修课体系，允许大学生用创业成果申请学位论文答辩。支持高校、职业院校（含技工院校）深化产教融合，引入企业开展生产性实习实训。 提升归国和外籍人才创新创业便利化水平。深入实施留学人员回国创新创业启动支持计划，遴选资助一批高层次人才回国创新创业项目。健全留学回国人才和外籍高层次人才服务机制，在签证、出入境、社会保险、知识产权保护、落户、永久居留、子女入学等方面进一步加大支持力度。 推动更多群体投身创新创业。深入推进创新创业巾帼行动，鼓励支持更多女性投身创新创业实践。制定完善香港、澳门居民在内地发展便利性政策措施，鼓励支持港澳青年在内地创新创业。扩大两岸经济文化交流合作，为台湾同胞在大陆创新创业提供便利。积极引导侨资侨智参与创新创业，支持建设华侨华人创新创业基地和华侨大数据中心。探索国际柔性引才机制，持续推进海外人才离岸创新创业基地建设。启动少数民族地区创新创业专项行动，支持西藏、新疆等地区创新创业加快发展。推行终身职业技能培训制度，将有创业意愿和培训需求的劳动者全部纳入培训范围。 提升孵化机构和众创空间服务水平。建立众创空间质量管理、优胜劣汰的健康发展机制，引导众创空间向专业化、精细化方向升级，鼓励具备一定科研基础的市场主体建立专业化众创空间。推动中央企业、科研院所、高校和相关公共服务机构建设具有独立法人资格的孵化机构，为初创期、早期企业提供公共技术、检验检测、财税会计、法律政策、教育培训、管理咨询等服务。继续推进全国创业孵化示范基地建设。鼓励生产制造类企业建立工匠工作室，通过技术攻关、破解生产难题、固化创新成果等塑造工匠品牌。加快发展孵化机构联盟，加强与国外孵化机构对接合作，吸引海外人才到国内创新创业。研究支持符合条件的孵化机构享受高新技术企业相关人才激励政策，落实孵化机构税收优惠政策。 打造创新创业重点展示品牌。继续扎实开展各类创新创业赛事活动，办好全国大众创业万众创新活动周，拓展"创响中国"系列活动范围，充分发挥"互联网＋"大学生创新创业大赛、中国创新创业大赛、"创客中国"创新创业大赛、"中国创翼"创业创新大赛、全国农村创业创新项目创意大赛、中央企业熠星创新创意大赛、"创青春"中国青年创新创业大赛、中国妇女创新创业大赛等品牌赛事活动作用。对各类赛事活动中涌现的优秀创新创业项目加强后续跟踪支持。 打造具有全球影响力的科技创新策源地。进一步夯实北京、上海科技创新中心的创新基础，加快建设一批重大科技基础设施集群、世界一流学科集群。加快推进粤港澳大湾区国际科技创新中心建设，探索建立健全国际化的创新创业合作新机制。

（二）教育部

历年的"关于做好全国普通高等学校毕业生就业创业工作的通知"对高校创业政策进行了总括性指导。自 2014 年起，教育部"关于做好全国普通高等学校毕业生就业工作的通知"更名为"关于做好全国普通高等学校毕业生就业创业工作的通知"，体现出教育部对创业工作的重视程度的提高。教育部关于大学生创业的政策见表 5-2。

表 5-2 教育部关于大学生创业的政策

年份	政策要点
2010 年	加大创业政策扶持力度。各省级教育行政部门要与有关部门共同贯彻落实好财政部、国家税务总局《关于支持和促进就业有关税收政策的通知》（财税〔2010〕84 号），认真做好《高校毕业生自主创业证》的审核、发放工作，把好事办好，让毕业生切实享受到自主创业税收减免政策。要积极协调并配合有关部门出台支持政策，通过政府投入和民间募集等方式，设立大学生创业资金，加大资金投入；落实毕业生自主创业在工商注册、行政审批、小额担保贷款等方面的政策。各高校要深入挖潜，积极出台本校促进学生自主创业的措施办法。 全面开展创新创业教育和创业实践活动。教育部将积极推进创新创业教育教学改革项目；各地要积极推动高校建设创业教育基地，设立创业教育资金，开展示范校评选，编写教学基本要求和教材，推广创业教育优秀成果。高校创新创业教育要面向全体学生，结合专业教学，融入人才培养全过程；广泛开展创业讲座、创业大赛等实践活动，提高学生的创业素质和创业能力。 加快建成一大批高校学生创业实践和孵化基地。教育部将推动建设一批高校学生科技创业实习基地，继续开展"国家大学生创业示范基地"评选活动；各地要充分利用大学科技园、经济技术开发区、高新技术开发区、工业园区等资源，创建一批省级和地市级大学生创业实践和孵化基地，制定配套优惠措施；各高校也要积极整合资源，通过企业参与等方式建立创业基地，并进一步加快高校科技成果产业化进程，提升高校服务社会的能力。 加强对毕业生自主创业的指导服务。教育部开通全国"大学生创业服务网"；各地和高校要依托创业网，广泛挖掘创业项目和创业信息，开展创业培训、政策咨询、创业实训，提供项目开发、开业指导等服务，鼓励和帮助创业的学生带动更多学生实现创业、就业。有条件的高校要成立就业创业指导教研室，鼓励专职教师到用人单位挂职，加强对校级领导、专职教师、院系辅导员的培训。 对高校毕业生就业困难群体实施积极有效的帮扶，加强就业创业指导。 进一步加强就业教育和思想政治教育，举办"自主创业先进事迹报告团"等活动，引导毕业生转变观念，走自主创业的成才之路。进一步加强与媒体的沟通协作，全面、准确地宣传国家和地方促进毕业生就业创业的方针、政策、工作成效以及先进典型，努力营造有利于促进毕业生就业工作的良好舆论氛围。
2011 年	全面加强创新创业教育和创业基地建设。各省级教育行政部门、各高校要把创新创业教育作为培养创新型人才的重要途径，普遍建立地方和高校创新创业教育指导中心等机构，积极开发创新创业类课程，并纳入学分管理。要探索建立聘用企业家和创业成功人士担任创业导师、学校专职教师到用人单位挂职锻炼双向交流的有效机制。广泛开展创业大赛、创业模拟等实践活动，着力提升学生的创新精神、创业意识和创业能力。要大力建设创新创业教育实践、实习和项目孵化基地等创新创业平台，积极推进"大学生创业示范基地""大学生创业教育示范校"建设。

续表

年份	政策要点
2011 年	进一步加强创业政策扶持和创业服务。各省级主管部门、各高校要在资金、项目、技术、培训等方面对大学生创业给予更多扶持。要设立创新创业教育专项资金和扶持大学生创业的资金，继续做好《高校毕业生自主创业证》审核、发放工作，配合落实好减税、贴息贷款、培训补贴、落户等政策。要组织开展政策咨询、项目开发、风险评估、开业指导、融资服务、跟踪扶持等"一条龙"服务，完善教育部"全国大学生创业服务网"，鼓励更多高校毕业生自主创业。 有条件的高校要建立就业创业指导课程体系。 大力宣传毕业生就业创业的先进典型，努力营造良好舆论氛围。
2012 年	普遍开展创新创业教育和实践活动。各地各高校要成立创新创业教育和自主创业工作领导协调机构，明确职责和任务，完善工作体制和运行机制，指导和推进创新创业工作。要把创新创业教育融入专业教学和人才培养的全过程，加快建立和完善创新创业教育课程体系；注重创新创业教育的实践性特点，认真实施"本科教学工程"国家级大学生创新创业训练计划，积极组织学生参加各类创新创业竞赛、模拟创业等实践活动，培养学生的创业意识、创新精神、提高创业能力。鼓励各地和高校开辟专门场地或依托大学科技园、高新技术产业开发区、工业园区等，开展大学生创新创业教育实践、实习和项目孵化，大力推动"大学生创业示范基地""大学生创业教育示范校"建设。 协调配合落实创业扶持政策和创业服务。各省级工作部门和高校要主动配合有关部门落实好《高校毕业生自主创业证》《就业失业登记证》发放以及自主创业税费减免、小额担保贷款、创业地落户等优惠政策。要充分整合政府、学校、社会等多方资源，在资金、场地、项目、技术、培训等方面加大扶持力度。鼓励高校设立校级大学生自主创业资金。鼓励有条件的地方设立高校毕业生自主创业"一站式"服务平台和"绿色通道"，进一步完善"全国大学生创业服务网"功能，为高校学生提供创业资讯、创业指导、项目展示、项目对接等服务。
2013 年	简化创业手续、降低创业门槛，加快构建"一站式"服务平台和"绿色通道"，使毕业生能够高效、便捷申领证照。 进一步落实好自主创业税费减免、小额担保贷款、创业地落户、毕业学年享受创业培训补贴等优惠政策。 积极推动设立国家和省级高校毕业生就业创业基金，进一步扩大资金规模，简化申领手续，扩展资金受益面。高校要设立校级大学生创业资金，开辟专门场地用于大学生创业实践和孵化。 邀请创业成功人士、企业家担任创业导师，提高创业指导的有效性和实用性。为创业学生提供政策咨询、项目开发、风险评估、开业指导、跟踪扶持等服务，提高创业成功率。
2014 年	将创新创业教育贯穿人才培养全过程，面向全体大学生开发开设创新创业教育专门课程，纳入学分管理，改进教学方法，增强实际效果。 组织学生参加各类创新创业竞赛、创业模拟等实践活动，着力培养学生创新精神、创业意识和创新创业能力。 高校要建立弹性学制，允许在校学生休学创业。 高校要聘请创业成功者、企业家、投资人、专家学者等担任兼职导师，对创新创业学生进行一对一指导。 要加大对大学生自主创业的资金支持力度，多渠道筹集资金，广泛吸引金融机构、社会组织、行业协会和企事业单位为大学生自主创业提供资金支持。 建设一批大学生创业示范基地，继续推动大学科技园、创业园、创业孵化基地和实习实践基地建设，高校应开辟专门场地用于学生创新创业实践活动，教育部工程研究中心、各类实验室、教学仪器设备等原则上都要向学生开放。 鼓励扶持开设网店等多种创业形态。

续表

年份	政策要点
2015 年	从 2016 年起所有高校都要设置创新创业教育课程，对全体学生开发开设创新创业教育必修课和选修课，纳入学分管理。对有创业意愿的学生，开设创业指导及实训类课程。对已经开展创业实践的学生，开展企业经营管理类培训。 要广泛举办各类创新创业大赛，支持高校学生成立创新创业协会、创业俱乐部等社团，举办创新创业讲座论坛。 高校要设立创新创业奖学金，并在现有相关评优评先项目中拿出一定比例用于表彰在创新创业方面表现突出的学生。 重点支持高校学生到新兴产业领域创业。推动相关部门加快制定有利于互联网创业的扶持政策。 要按照《普通高等学校学生管理规定》的要求，制定本地本校创新创业学分转换、实施弹性学制、保留学籍休学创新创业等具体措施，支持参与创业的学生转入相关专业学习，为创新创业学生清障搭台。 高校要通过合作、转让、许可等方式，向高校毕业生创设的小微企业优先转移科技成果。 各地各高校要配齐配强创新创业教育专职教师，聘请各行各业优秀人才担任兼职教师，建立全国万名优秀创新创业导师人才库。 要创新服务内容和方式，为准备创业的学生提供开业指导、创业培训等服务，为正在创业的学生提供孵化基地、资金支持等服务。高校要建立校园创新创业导师微信群、QQ 群等，发布创业项目指南，实现高校学生创业时时有指导、处处有服务。
2016 年	抓紧制定鼓励学生创新创业的学分转换、弹性学制、保留学籍休学创业等具体政策措施。 要在明晰科研成果产权的前提下，支持在校学生带着科研成果创业，并提供实验室、实验设备等各类资源。 要积极引导鼓励学生返乡创业，并积极协调有关部门为返乡创业的学生提供土地、资金、技术指导等方面的支持。 要组织举办好第二届中国"互联网＋"大学生创新创业大赛和 2016 年全国职业院校技能大赛，通过各类大赛激发学生创新创业的热情。 要做好全国高校创新创业总结宣传工作，提供各类学校可借鉴的典型经验。
2017 年	推进高校创新创业教育改革。着力强化创新创业实践，搭建实习实训平台，实施大学生创新创业训练计划，办好各级各类创新创业竞赛，不断增强学生的创新精神、创业意识和创新创业能力。 落实创新创业政策。各地教育部门要配合有关部门进一步完善落实工商登记、税费减免、创业贷款等优惠政策，为大学生创业开辟"绿色通道"。各高校要改革教学和学籍管理制度，完善细化创新创业学分积累与转换、弹性学制管理和保留学籍休学创业等政策，支持创业学生复学后转入相关专业学习。 加大创新创业场地建设和资金投入。各地各高校要充分利用大学科技园、大学生创业园、创业孵化基地等创新创业平台，为大学生创业提供场地支持，孵化一批创新创业项目。高校科研设施、仪器设备等资源原则上要面向全体学生开放，优先向大学生创办的小微企业转移高校的科技成果。通过政府支持、学校自设、校外合作、风险投资等多渠道筹措资金，扶持大学生自主创业。 提升创新创业服务水平。建立健全国家、省级、高校大学生创业服务网络平台，为大学生提供政策解读、项目对接和培训实训等指导服务。各地各高校要加强创新创业教师队伍建设，聘请行业专家、创业校友等担任创新创业导师。开展全国高校创新创业总结宣传工作，以点带面，引领和推动高校提升创新创业工作质量。

续表

年份	政策要点
2018 年	深化高校创新创业教育改革。各地各高校要把创新创业教育改革作为高等教育综合改革的重要突破口，在培养方案、课程体系、教学方法和管理制度等方面将改革持续向纵深推进，促进专业教育与创新创业教育有机融合，将创新创业教育贯穿人才培养全过程。强化创新创业实践，办好各级各类创新创业竞赛，着力培养学生的创新精神和创造能力。 落实创新创业优惠政策。省级教育部门要配合有关部门进一步完善落实工商登记、税费减免、创业贷款等优惠政策，为毕业生创新创业开辟"绿色通道"。高校要细化完善教学和学籍管理制度，进一步落实创新创业学分积累与转换、弹性学制管理、保留学籍休学创业、支持创新创业学生复学后转入相关专业学习等政策。 提升创新创业服务保障能力。各地各高校要加快发展众创空间，依托创业园、创业孵化基地等为毕业生创新创业提供场地支持。多渠道筹措资金，综合运用政府支持、学校自筹以及信贷、创投、社会公益、无偿许可专利等方式扶持大学生自主创业。建立健全国家、省级、高校大学生创业服务平台，聘请行业专家、创业校友等担任导师，通过举办讲座、论坛、沙龙等活动，为大学生创业提供信息咨询、管理运营、项目对接、知识产权保护等方面的指导服务。
2019 年	为贯彻落实全国教育大会和新时代全国高等学校本科教育工作会议精神，根据《国务院办公厅关于深化高等学校创新创业教育改革的实施意见》（国办发〔2015〕36 号）等有关文件精神，结合国家大学生创新创业训练计划实施情况，教育部制定了《国家级大学生创新创业训练计划管理办法》，指引各地各高校秉承"兴趣驱动、自主实践、重在过程"的原则，深化高校创新创业教育教学改革，加强大学生创新创业能力培养，全面提高人才培养质量。

（三）人力资源和社会保障部

人力资源和社会保障部于 2010 年 5 月发布了《关于实施大学生创业引领计划的通知》（人社部发〔2010〕31 号），制定了 2010—2012 年大学生创业引领计划要点。2014 年 5 月，人力资源和社会保障部、国家发展和改革委员会、教育部、科学技术部、工业和信息化部、财政部、中国人民银行、国家工商行政管理总局、共青团中央决定，于 2014—2017 年实施新一轮"大学生创业引领计划"，并发布了《人力资源社会保障部等九部门关于实施大学生创业引领计划的通知》（人社部发〔2014〕38 号），目标是力争实现 2014—2017 年引领 80 万大学生创业。

在人力资源和社会保障部历年的"关于做好全国高校毕业生就业创业工作的通知"中，也对高校毕业生创业工作进行了部署，同样在 2014 年，"关于做好全国高校毕业生就业工作的通知"更名为"关于做好全国高校毕业生就业创业工作的通知"，充分体现出人力资源和社会保障部对高校毕业生创业工作的重视，历年政策重点如表 5-3 所示。

表5-3 人力资源和社会保障部关于大学生创业的政策

年份	政策要点
2012年	要积极支持和鼓励高校开展创新创业教育,根据高校的需求,组织创业政策制定专家、创业指导专家、成功创业人士,特别是大学生创业典型进校园,开展创业宣讲活动,广泛宣传国家和本地扶持高校毕业生创业的政策措施,帮助高校毕业生了解创业环境,掌握创业政策,点燃创业激情,坚定创业信心。要积极推荐适合高校毕业生创业的项目,组织开展创业大赛等活动,引导更多高校毕业生走上创业道路。 扎实推进创业服务。要深入推动实施"大学生创业引领计划",为有创业意愿的高校毕业生提供创业培训和创业实训,会同有关部门进一步简化创业手续,落实好小额担保贷款、税费减免和落户等创业扶持政策。各地在推进创业孵化基地建设过程中,要将大学生作为重点群体给予支持,提供政策咨询、信息服务、项目开发、风险评估、开业指导、融资服务、跟踪扶持等"一条龙"创业服务。有条件的地方可设立高校毕业生创业资金,扶持高校毕业生创业。
2013年	对有创业意愿的高校毕业生,要组织其参加创业培训和创业实训,提高创业能力。会同有关部门切实落实好小额担保贷款及贴息、税费减免、落户等创业扶持政策。完善创业指导服务措施,为高校毕业生提供政策咨询、项目开发、创业培训、融资服务、开业指导、跟踪扶持等"一条龙"创业服务。推动大学生创业园建设,为高校毕业生提供创业孵化服务,提高创业成功率。结合各地实际,组织开展大学生创业竞赛、创业导师校园行、创业大学生校园宣讲等活动,营造鼓励创业的良好氛围。
2014年	启动实施新一轮大学生创业引领计划。各地要创新工作思路,完善政策措施,扶持更多高校毕业生自主创业,逐步提高大学生创业比例。对有创业意愿的大学生提供创业培训,按规定给予培训补贴,切实提升创业能力。进一步落实创业扶持政策,对符合条件的及时提供小额担保贷款及贴息、税收减免等政策扶持。加强创业指导和服务,为创业大学生提供政策咨询、信息服务、项目开发、风险评估、开业指导、融资服务、跟踪扶持等"一条龙"创业服务。积极推进创业孵化基地建设,为创业大学生提供场地支持和孵化服务。 宣传方面,重点宣传各地促进就业创业的政策措施,提高政策知晓度;重点宣传高校毕业生到基层、中小企业就业创业的先进典型,引导高校毕业生转变就业观念。
2015年	切实抓好高校毕业生就业创业政策落实。结合实际细化完善政策措施,加大督促检查力度,确保政策落实"最后一公里"畅通,让符合条件的高校毕业生和用人单位都能享受到政策扶持。会同有关部门全面落实和完善鼓励小微企业吸纳高校毕业生就业社保补贴、培训补贴等政策,落实好高校毕业生创业税收优惠、小额担保贷款、离校未就业高校毕业生灵活就业社保补贴等政策,促进毕业生多渠道就业和创业。 深入实施大学生创业引领计划。帮助扶持有志创业的高校毕业生成功创业,以创业兴业带动就业。切实加强创业培训工作,以有创业愿望的大学生为重点,编制专项培训计划,优先安排培训资源,使每一个有创业愿望和培训需求的大学生都有机会获得创业培训。积极协调有关部门落实鼓励大学生创业的各项政策和便利化措施,减轻创业大学生负担,为创业大学生提供多渠道资金支持,对在电子商务网络平台开办"网店"的高校毕业生,落实好小额担保贷款和贴息政策。进一步加强创业服务工作,加快建设青年创业导师团队,建立健全青年创业辅导制度,组织开展形式多样的创业交流活动,帮助创业大学生积累经验、获得支持。加强创业孵化基地功能建设和制度建设,积极探索建立公共服务机构与市场主体合作机制,用好用活市场资源,提高创业孵化成功率。 创新高校毕业生就业宣传工作。宣传各地促进毕业生就业创业的政策措施及其新进展新成效新经验,宣传毕业生自主创业的生动实践,宣传获取就业创业政策和岗位信息的各种渠道。

续表

年份	政策要点
2016 年	调动各方力量，把大学生创业引领计划实施纳入本地区"双创"工作总体安排。贯彻落实深化高等学校创新创业教育改革措施，健全创新创业教育课程体系，强化创新创业实践，加快推进创新创业教育的普及。会同有关部门以有创业愿望的大学生为重点，编制实施专项培训计划，进一步丰富适合大学生的创业培训项目，充实创业培训师资，加强培训质量监督，提高培训针对性有效性。协调有关方面细化落实工商登记、税费减免、创业担保贷款及贴息、场地支持等创业扶持政策，并为创业大学生提供财政资金、金融资金、社会公益资金和市场创投资金等多渠道资金支持。进一步加强创业服务工作，运用政府购买服务机制，统筹发挥公共就业人才服务机构和创业服务市场主体作用，办好用好各类创业服务载体，对创业大学生实施精准帮扶。切实抓好创业大学生的统计、绩效评价和计划执行考核，确保完成年度计划目标任务。
2017 年	落实完善学费补偿、高定工资档次、税收优惠、社保补贴、创业担保贷款等政策，结合政府购买基层公共管理和社会服务开发就业岗位，统筹实施"三支一扶"计划等基层服务项目，鼓励毕业生到城乡基层、中西部地区、艰苦边远地区、中小微企业就业和创业。 要综合运用税收优惠、创业担保贷款、就业创业服务补贴、经营场所租金补贴等创业扶持政策和鼓励企业招用高校毕业生的就业扶持政策，重点支持高校毕业生创业企业吸纳应届毕业生，发挥创业带动就业作用。 推进公共就业人才服务机构实体大厅服务向网络服务延伸，运用微信、微博、手机App 等平台，多渠道、点对点发布和推送就业信息，精准促进人岗匹配，打造便捷高效的"互联网＋就业服务"模式。 要着力夯实服务基础，健全离校未就业高校毕业生实名信息数据库，规范信息采集、更新、报送等工作流程，动态更新就业进展情况，实现信息共享和业务协同，提升就业管理服务信息化水平。
2018 年	加强统筹实施，将高校毕业生就业创业政策与经济政策、引才引智政策有机结合，在推动产业转型升级、区域协调发展、实施乡村振兴战略、支持小微企业创新发展中，多渠道开发适合毕业生的就业岗位。巩固基层就业主阵地，深入实施高校毕业生基层成长计划，统筹推进"三支一扶"计划等服务项目，加强政策引导和服务保障，鼓励毕业生到城乡基层、中西部地区、艰苦边远地区就业创业。 各地要抓住打造"双创"升级版的有利契机，集中优质资源支持高校毕业生创业创新。强化能力素质培养，将创业培训向校园延伸，依托各类培训机构、企业培训中心等平台，创新开发一批质量高、特色鲜明、针对性强的培训实训课程，更好地满足毕业生创业不同阶段、不同领域、不同业态的需求。加大政策资金支持力度，落实好创业担保贷款、一次性创业补贴、场租补贴等扶持政策，支持有条件的地方设立高校毕业生就业创业基金，积极引入各类社会资本，多渠道助力毕业生创业创新。优化创业指导服务，推动公共就业创业服务机构、创业孵化基地向毕业生开放，充实完善涵盖不同行业领域、资源经验丰富的专家指导团队，为毕业生创业提供咨询辅导、项目孵化、场地支持、成果转化等全要素服务，帮助解决工商税务登记、知识产权、财务管理等实际问题。搭建交流对接平台，组织"中国创翼"创业创新大赛、创业项目展示推介、选树创业典型等活动，结合实际打造更多富有地方特色的创业品牌活动，为创业毕业生提供项目与资金、技术、市场对接渠道。

续表

年份	政策要点
2019 年	加强创新创业教育，在符合学位论文规范要求的前提下，允许本科生用创业成果申请学位论文答辩。将创业培训向校园延伸，提升大学生创新创业能力。放宽创业担保贷款申请条件，对获得市级以上荣誉称号以及经金融机构评估认定信用良好的大学生创业者，原则上取消反担保。支持高校毕业生返乡入乡创业创新，对到贫困村创业符合条件的，优先提供贷款贴息、场地安排、资金补贴。支持建设大学生创业孵化基地，对入驻实体数量多、带动就业成效明显的，给予一定奖补。 抓好政策落实。加强就业创业政策宣传解读，运用年轻人喜闻乐见的方式，帮助高校毕业生知晓政策、用好政策。全面精简政策凭证，凡可联网查询或承诺保证事项，一律不再要求申请人出具证明。加快政策申请、审核、发放全程信息化，确保政策及时兑现。综合运用人力资源市场供求监测、大数据分析等手段，密切跟踪经济运行变化对高校毕业生就业的影响，及时采取有针对性的政策措施。 将求职创业补贴对象范围扩大到中等职业学校（含技工院校）符合条件的困难毕业生，补贴时限从目前的毕业年度调整为毕业学年，补贴发放工作在毕业学年 10 月底前完成。对民办高校毕业生符合条件的，要确保同等享受政策。人力资源社会保障、教育和财政部门要做好政策申办、凭证简化、资金安排等工作，确保补贴按时发放到位。

（四）财政部

财政部历年关于大学生创业的政策见表 5-4。

表 5-4　财政部关于大学生创业的政策

年份	政策	政策要点
2010 年	《关于支持和促进就业有关税收政策的通知》（财税〔2010〕84 号）	对高校毕业生自主创业者，在 3 年内按每户每年 8 000 元为限额依次扣减其当年实际应缴纳的营业税、城市维护建设税、教育费附加和个人所得税。
2014 年	《关于继续实施支持和促进重点群体创业就业有关税收政策的通知》（财税〔2014〕39 号）	对持《就业失业登记证》（注明"自主创业税收政策"或附着《高校毕业生自主创业证》）人员从事个体经营的，在抵扣税费限额 8 000 元上限不变的基础上，增加限额标准最高上浮 20％的规定，并规定各省、自治区、直辖市人民政府可根据本地区实际情况在此幅度内确定具体限额标准，并报财政部和国家税务总局备案。
2015 年	《关于支持和促进重点群体创业就业税收政策有关问题的补充通知》（财税〔2015〕18 号）	取消《高校毕业生自主创业证》，毕业年度内高校毕业生从事个体经营的，持《就业创业证》（注明"毕业年度内自主创业税收政策"）享受税收优惠政策。

续表

年份	政策	政策要点
2017 年	《关于继续实施支持和促进重点群体创业就业有关税收政策的通知》（财税〔2017〕49 号）	对商贸企业、服务型企业、劳动就业服务企业中的加工型企业和街道社区具有加工性质的小型企业实体，在新增加的岗位中，当年新招用在人力资源社会保障部门公共就业服务机构登记失业半年以上且持《就业创业证》或《就业失业登记证》（注明"企业吸纳税收政策"）人员，与其签订 1 年以上期限劳动合同并依法缴纳社会保险费的，在 3 年内按实际招用人数予以定额依次扣减增值税、城市维护建设税、教育费附加、地方教育附加和企业所得税优惠。定额标准为每人每年 4 000 元，最高可上浮30％，各省、自治区、直辖市人民政府可根据本地区实际情况在此幅度内确定具体定额标准，并报财政部和税务总局备案。
2017 年	《国家税务总局 财政部 人力资源社会保障部 教育部 民政部关于继续实施支持和促进重点群体创业就业有关税收政策具体操作问题的公告》（国家税务总局公告2017 年第 27 号）	税款减免顺序及额度 符合条件人员从事个体经营的，按照财税〔2017〕49 号文件第一条的规定，在年度减免税限额内，依次扣减增值税、城市维护建设税、教育费附加、地方教育附加和个人所得税。纳税人的实际经营期不足一年的，应当以实际月份换算其减免税限额。换算公式为：减免税限额＝年度减免税限额÷12×实际经营月数。 纳税人实际应缴纳的增值税、城市维护建设税、教育费附加、地方教育附加和个人所得税小于减免税限额的，以实际应缴纳的增值税、城市维护建设税、教育费附加、地方教育附加和个人所得税税额为限；实际应缴纳的增值税、城市维护建设税、教育费附加、地方教育附加和个人所得税大于减免税限额的，以减免税限额为限。 上述城市维护建设税、教育费附加、地方教育附加的计税依据是享受本项税收优惠政策前的增值税应纳税额。
2018 年	《关于进一步做好创业担保贷款财政贴息工作的通知》（财金〔2018〕22 号）	将小微企业贷款对象范围调整为：当年新招用符合创业担保贷款申请条件的人员数量达到企业现有在职职工人数 25％（超过 100 人的企业达到 15％）、并与其签订 1 年以上劳动合同的小微企业。 降低贷款申请条件。个人创业担保贷款申请人贷款记录的要求调整为：除助学贷款、扶贫贷款、住房贷款、购车贷款、5 万元以下小额消费贷款（含信用卡消费）以外，申请人提交创业担保贷款申请时，本人及其配偶应没有其他贷款。 放宽担保和贴息要求。对已享受财政部门贴息支持的小微企业创业担保贷款，可通过创业担保贷款担保基金提供担保形式支持。对还款积极、带动就业能力强、创业项目好的借款个人和小微企业，可继续提供创业担保贷款贴息，但累计次数不得超过3 次。

续表

年份	政策	政策要点
2018 年	《关于进一步做好创业担保贷款财政贴息工作的通知》（财金〔2018〕22 号）	完善担保机制。鼓励各地聚焦第一还款来源，探索通过信用方式发放创业贷款，在不断提高风险评估能力的基础上，逐步取消反担保。对获得市（设区的市）级以上荣誉称号的创业人员、创业项目、创业企业，经金融机构评估认定的信用小微企业、商户、农户，经营稳定守信的二次创业者等特定群体原则上取消反担保。
2019 年	《关于进一步支持和促进重点群体创业就业有关税收政策的通知》（财税〔2019〕22 号）	对毕业年度内高校毕业生（指实施高等学历教育的普通高等学校、成人高等学校应届毕业的学生），从事个体经营的，自办理个体工商户登记当月起，在 3 年（36 个月）内按每户每年 12 000 元为限额依次扣减其当年实际应缴纳的增值税、城市维护建设税、教育费附加、地方教育附加和个人所得税。限额标准最高可上浮 20%，各省、自治区、直辖市人民政府可根据本地区实际情况在此幅度内确定具体限额标准。

二、各省份关于大学生创业的政策

(一) 政策分布及覆盖范围

2015 年，教育部召开了深化高等学校创新创业教育改革视频会和深入推进高校创新创业教育改革座谈会，广泛动员各地各高校全面推进创新创业教育改革工作，要求省级教育部门和高校落实主体责任，制定并报备深化本地本校创新创业教育改革的实施方案。截至 2016 年 3 月，23 个省份和 101 所中央高校已完成了方案编制，将创新创业教育改革有机纳入、有序推进。[①]

以上海市为例，2012 年以来，上海市政府大力实施了青年就业"启航"计划，并多次将促进长期失业青年就业纳入市政府实事项目，实行量化考核。2017 年，市政府还专门出台文件，通过专项帮扶，着力打造覆盖各类青年群体的综合性政策体系；河南、山东等省则推出了高校毕业生"试营业制度"，实行货币出资"零缴付"、经营场地"零成本"、服务创业"零收费"等优惠措施。

---

① 百万大学生投身创新创业热潮 2015 年高校创新创业教育改革蹄疾步稳［EB/OL］. （2016－03－25）［2018－04－18］. http://www.moe.gov.cn/jyb_xwfb/s5147/201603/t20160325_235305.html.

（二）特定范畴或指向的政策

1. 鼓励农村青年创业政策

2015 年 10 月，安徽省在《安徽省人民政府办公厅关于支持农民工等人员返乡创业的实施意见》（皖政办秘〔2015〕163 号）[①] 中规定，向符合条件的返乡创业人员发放不超过 10 万元的担保贷款，财政部门按规定给予贴息。返乡人员创办劳动密集型小企业或新型农业经营主体，可按规定给予最高额度不超过 200 万元的创业担保贷款，并按照同期贷款基准利率的 50％给予财政贴息。2015 年 12 月，青海省在《青海省人民政府办公厅关于做好农民工等人员返乡创业工作的实施意见》（青政办〔2015〕241 号）[②] 中规定对创业行为给予一次性奖励：对返乡创业人员创办经营实体或网络商户，经营 1 年以上实现成功创业的，给予一次性奖励和不超过 3 年的社保补贴。其中：大中专毕业生创业奖励 1 万元；失地农民、生态移民、退役军人及其他登记失业的城镇就业困难人员创业奖励 5 000 元；农民工等城乡其他人员创业奖励 2 000 元。

东南沿海省份抓住"互联网＋"发展的契机，将促进农村青年创业与发展电子商务结合起来，鼓励农村青年返乡开展电子商务创业。2015 年 3 月，浙江省人力资源和社会保障厅发布《浙江省人力资源和社会保障厅关于促进农村电子商务创业就业的通知》（浙人社发〔2015〕33 号）[③]，规定在校大学生及毕业 3 年以内高校毕业生从事农村电商经营并通过网上交易平台实名注册认证的，可按《浙江省高校毕业生网络创业认定暂行办法》（浙人社发〔2013〕199 号）[④] 申请网络创业认定，按规定享受不超过 30 万元的小额担保贷款贴息扶持政策，贷款期限最长为 3 年，其中，按规定办理就业登记和依法缴纳社会保险费的，给予 5 000 元的一次性创业补助。其他农村电商创业人员申请网络小额担保贷款的，可按规定给予贴息。2015 年 9 月，江苏省发布《江苏省政府办公厅关于支持农民工等人员返乡创业的实施意见》（苏政办发〔2015〕94 号）[⑤]，目标是到 2017 年，培育和创建一批农村电子商务示范

---

① 安徽省人民政府办公厅关于支持农民工等人员返乡创业的实施意见（皖政办秘〔2015〕163 号）［EB/OL］.（2015-10-10）［2018-10-25］. http://www.ah.gov.cn/Tmp/News_zhixing.shtml? d_ID=61591.

② 青海省人民政府办公厅关于做好农民工等人员返乡创业工作的实施意见（青政办〔2015〕241 号）［EB/OL］.（2016-02-22）［2018-10-25］. http://www.gov.cn/zhengce/2016-02/22/content_5044502.htm.

③ 浙江省人力资源和社会保障厅关于促进农村电子商务创业就业的通知（浙人社发〔2015〕33 号）［EB/OL］（2015-04-07）［2018-12-12］. http://www.zhejiang.gov.cn/art/2015/4/7/art_13862_199482.html.

④ 浙江省高校毕业生网络创业认定暂行办法（浙人社发〔2013〕199 号）［EB/OL］.（2013-12-09）［2018-11-19］. http://www.jiaxing.gov.cn/srlsbj/zcwj_5693/gfxwj_5694/201312/t20131209_297119.html.

⑤ 江苏省政府办公厅关于支持农民工等人员返乡创业的实施意见（苏政办发〔2015〕94 号）［EB/OL］.（2015-09-18）［2019-02-13］. http://www.gov.cn/zhengce/2015-09/18/content_5045170.htm.

县，将整合发展农民工返乡创业园纳入全省创业基地建设统一规划，重点打造 50 个农民工返乡创业示范园，扶持农民工等人员成功自主创业 9 万人，带动就业 30 万人。

2. 鼓励留学人员创业政策

2015 年 9 月，黑龙江省制定了《黑龙江省留学回国人员择优资助管理办法》[1]，择优资助来黑龙江省工作，在自然科学和社会科学领域从事科学研究、产业开发、技术改造，对黑龙江省重点产业（领域）和经济社会发展起到推动和决策咨询作用的人员，并将资助项目分为重点类和启动类，分别给予 10 万元和 3 万元的资助。

2016 年 2 月，上海市人民政府印发修订后的《鼓励留学人员来上海工作和创业的若干规定》（沪府发〔2016〕8 号）[2]，为符合条件的来上海创业的留学人员提供办理居住证、子女入学教育、社会和医疗保险等优惠政策，并提供专项资金支持。同时，上海市还鼓励探索外国留学生毕业后直接在上海创新创业。根据上海市《关于深化人才工作体制机制改革促进人才创新创业的实施意见》[3]，在上海地区高校取得硕士及以上学位且到上海自贸试验区、张江国家自主创新示范区就业的外国留学生，经上海自贸试验区、上海市张江高新技术产业开发区管委会出具证明，可直接申请办理外国人就业手续和工作类居留许可。在国内高校毕业的具有本科及以上学历的外国留学生在上海创业，可申请有效期 2 年以内的私人事务类居留许可（加注"创业"），其间被有关单位聘雇的，可按照规定办理工作类居留许可。

2018 年 10 月，安徽发布《"创业江淮"行动计划（2018—2020 年）》（以下简称《行动计划》），其中提出鼓励留学人员来皖创新创业。根据《行动计划》，安徽将支持建设安徽青年创业园，重点扶持高校毕业生、留学归国人员等青年群体创办工业设计、电子商务、人力资源、动漫设计、新技术新产业新模式等服务业企业，给予每个园区 80 万元至 1 200 万元资金补助。同时，加大对留学人员来安徽省创新创业的扶持力度，每年遴选一批优秀项目和创业企业给予资金支持。支持安徽省级留学人员创业园建设，对新建省级留学人员创业园给予 200 万元资助，对 3 年内达到一定标准创业成功的留学归国人员给予最高 50 万元补助。

3. 鼓励电子商务领域创业政策

2014 年 10 月，浙江省发布《浙江省人力资源和社会保障厅等 10 部门关于印发

① 黑龙江省留学回国人员择优资助管理办法 [EB/OL]. (2015-09-02) [2018-12-13]. http://www. gov. cn/zhengce/2015-09/02/content_5053525. htm.
② 鼓励留学人员来上海工作和创业的若干规定（沪府发〔2016〕8 号）[EB/OL]. (2016-02-01) [2018-11-19]. http://www. gov. cn/zhengce/2016-02/01/content_5058923. htm.
③ 关于深化人才工作体制机制改革促进人才创新创业的实施意见 [EB/OL]. (2015-07-07) [2018-12-15]. http://www. lm. gov. cn/InnovateAndServices/content/2015-07/07/content_1081097. htm.

浙江省大学生创业引领计划实施方案（2014—2017 年）的通知》（浙人社发〔2014〕147 号）[1]，提出：深入实施电商换市发展战略，建立健全各级网商协会，加强对大学生网络创业的指导和服务；完善网络诚信评价系统，建立网商诚信档案，开展网商行业信用评价，促进网商诚信经营；健全大学生网络创业认定办法，探索建立网络创业、就业统计标准和办法；加大网络创业扶持力度，按规定落实网络创业小额担保贷款和贴息、创业补助等政策；加强电子商务人才培养和评价工作，争取到2017 年，培训电子商务专业人员 8 万人，培养高级电子商务职业经理人 800 人，为浙江省电子商务和大学生网络创业新一轮快速发展提供专业人才支撑。

根据《云南省人力资源和社会保障厅等九部门关于实施云岭大学生创业引领计划的通知》（云人社发〔2014〕150 号）[2]，云南省为在电子商务平台从事网店经营的大学生提供网店补贴，对毕业学年和离校未就业高校毕业生开办网店，持续经营半年以上，且月收入超过当地最低工资标准，经认定后，一次性给予 2 000 元资金补贴。在电子商务网络平台开办网店的高校毕业生，可按照规定享受小额担保贷款和贴息政策。

上海市也在《上海市人民政府办公厅关于印发上海市鼓励创业带动就业三年行动计划（2015—2017 年）的通知》（沪府办发〔2015〕43 号）[3] 对电子商务领域创业制定了相应的鼓励政策：已进行工商注册登记的网络商户创业者，可同等享受上海市各项创业就业扶持政策。未进行工商登记注册，但在网络平台实名注册、稳定经营且信誉良好的网络商户创业者，可按规定申请最高 15 万元的创业贷款担保及贴息政策。未进行工商登记注册的网络商户上海市创业者及其从业人员，可按灵活就业人员参保缴费办法，参加社会保险。

4. 创业金融相关政策

地方政府出资引导创业投资的初次尝试始于 20 世纪末。1999 年 8 月，上海市政府批准成立了上海创业投资有限公司，并在 2000 年至 2001 年间投资设立了具有基金性质的机构，其设立与运作是我国政府出资引导创业投资的最早尝试。2002

① 浙江省人力资源和社会保障厅等 10 部门关于印发浙江省大学生创业引领计划实施方案（2014—2017 年）的通知（浙人社发〔2014〕147 号）[EB/OL]．（2015−01−16）[2018−10−24]．http://www.lm.gov.cn/InnovateAndServices/content/2015−01/16/content_1029668.htm.

② 云南省人力资源和社会保障厅等九部门关于实施云岭大学生创业引领计划的通知（云人社发〔2014〕150 号）[EB/OL]．（2014−08−14）[2018−11−12]．http://www.lm.gov.cn/InnovateAndServices/content/2014−09/12/content_978184.htm.

③ 上海市人民政府办公厅关于印发上海市鼓励创业带动就业三年行动计划（2015—2017 年）的通知（沪府办发〔2015〕43 号）[EB/OL]．（2015−10−23）[2018−11−25]．http://www.shanghai.gov.cn/nw2/nw2314/nw2319/nw11494/nw12331/nw12343/nw33213/u26aw45374.html.

年1月，中关村管委会出资设立了"中关村创业投资引导资金"，这是我国第一只由政府出资设立的具有"引导"性质的创业投资基金。该基金初期规模为5亿元，资金来源于中关村管委会的财政资金。2005年，中关村最先建立了政府创业投资引导资金的母基金运作方式。2007年，中关村政府创业投资引导资金与4家创投基金陆续设立了参股子基金，子基金以市场化的方式运行。中关村创业投资引导资金的运行模式也成为后续大部分政府引导基金的运行模式。[①]

（1）各省份创业金融相关支持政策。

近年来，各省份响应中央的政策，纷纷制定了金融方面的创业支持政策，主要包括拓宽直接融资渠道，建立多层次资本市场，发展创业投资引导基金，丰富创业企业融资手段等。

陕西省在《陕西省人民政府办公厅关于进一步稳金融支撑促经济发展的意见》（陕政办发〔2015〕51号）[②]中提出：要拓宽企业融资渠道，深入实施"双推双增"融资工程，强化企业直接融资培训，引导企业利用中期票据、短期融资券、集合票据等债务工具融资。支持符合条件的企业上市融资。鼓励省内企业到"新三板"挂牌。研究出台扶持政策，发挥陕西区域性股权交易中心作用，促进企业股权交易。推进民营银行设立。开展股权众筹融资试点。支持省金控集团设立产业发展基金，加强对省内重点产业、重大项目的融资支持。

河南省郑州市在《郑州市金融支持小微企业发展（暂行）办法》（郑政文〔2013〕191号）[③]中规定：（1）由市金融办牵头，从人民银行郑州中心支行、驻郑金融机构企业库、上市后备企业库、"新三板"后备企业库、科技型小微企业库中，筛选2 000家左右符合产业政策、发展潜力大、市场前景好的小微企业，建立郑州市小微企业名录库，重点向参与试点的银行、保险机构推荐，并作为贷款风险补偿基金和创业投资重点支持对象。对名录库实行动态管理。2014年4月，郑州市政府金融办和国泰君安创新投资有限公司签署小微企业创业投资基金合作框架协议，市政府出资1 000万元引导资金，按照1∶50的比例放大，由国泰君安发起募集总规模为5亿元、首期2亿元的小微企业创业投资基金，主要投资于名录库内小微企业，

---

① 400亿新兴产业创投基金将投入运作 社会资本首次进入［EB/OL］.（2016-09-04）［2019-03-02］. http://finance. sina. com. cn/roll/2016-09-04/doc-ifxvqcts9398700. shtml.

② 陕西省人民政府办公厅关于进一步稳金融支撑促经济发展的意见（陕政办发〔2015〕51号）［EB/OL］.（2015-06-09）［2018-12-25］. http://knews. shaanxi. gov. cn/0/104/10999. htm.

③ 郑州市金融支持小微企业发展（暂行）办法（郑政文〔2013〕191号）［EB/OL］.（2013-09-17）［2019-02-17］. http://www. xinmi. gov. cn/sitegroup/root/html/ff808081158ecabb0115920126be0059/20131017165193900. html.

这标志着国内首只定位于服务小微企业发展的创业基金正式启动。① （2）成立郑州市小微企业债券增信服务公司，探索建立小微企业债券发行增信机制，有效提升小微企业的信用等级；鼓励信托公司发行小微企业集合资金信托计划，支持符合条件的国有企业和政府投融资公司发行"小微企业增信集合债券"；推动有条件的小微企业运用中小企业集合债券、中小企业私募债券等债务性融资工具进行融资；鼓励成长性好、经营管理规范、信用度较高的小微企业发行中小企业集合票据和中小企业区域集优票据，实现"统一冠名、统一申报、统一利率、统一担保、统一评级、统一发行、分别负债"的"抱团融资"。（3）为了弥补银行、保险机构支持发放小微企业贷款的损失，郑州市政府还设立了风险补偿基金。该基金资金来源由三部分组成：市、县（市、区）、开发区财政预算安排的专项资金，其中市财政2年内分批安排2亿元，各县（市、区）、开发区2年内分期安排不少于1 000万元的配套资金，并视贷款增长及效果每年安排适量的专项后续补充资金；驻郑银行业金融机构每年缴纳营业税地方留成部分的2%用于补充风险补偿基金；上级补助、专项拨款、社会捐助等其他资金。通过风险补偿基金的方式一定程度上减少金融机构发放小微企业贷款的损失，提高金融机构支持小微企业间接融资的积极性。

新疆维吾尔自治区在《关于金融支持小微企业发展的实施意见（暂行）》（新政办发〔2013〕92号）② 中提出：要大力丰富和创新小微企业金融服务方式；支持小微企业进行股权融资，对小微企业改制上市、赴全国中小企业股权转让系统、新疆区域性股权交易市场挂牌，从自治区企业上市政策引导专项资金中给予相应补助；积极推进外商股权投资企业（QFLP）和区域性国际合作基金支持小微企业发展；加快多层次资本市场建设，支持新疆股权交易中心开展金融创新活动，设立自治区多层次资本市场发展基金，用于支持新疆区域性股权交易中心市场开展创新金融工具研发、宣传和推广活动，为小微企业提供服务。《新疆维吾尔自治区促进股权投资类企业发展暂行办法》（新政办发〔2010〕187号）③ 进一步规定，为培育更多成长性企业，吸引更多直接投资，自2010年起，自治区财政每年在预算内安排2 000万元的专项资金，用于培育发展股权投资企业，培育进入非上市公司股权登记管理中心的成长性企业。对重点企业要提供政策性金

① 郑州出资千万设立国内首只小微创业引导基金 ［EB/OL］. （2014-04-23）［2018-12-28］. http://henan. sina. com. cn/finance/cjnews/2014-04-23/0837114768. html.

② 关于金融支持小微企业发展的实施意见（暂行）（新政办发〔2013〕92号）［EB/OL］. （2013-08-19）［2019-01-23］. http://www. xinjiang. gov. cn/xxgk/gwgb/zfwj/2013/224830. htm.

③ 新疆维吾尔自治区促进股权投资类企业发展暂行办法（新政办发〔2010〕187号）［EB/OL］. （2010-08-26）［2019-02-13］. http://www. xjks. gov. cn/Item/23830. aspx.

融服务，包括鼓励和引导直接股权投资、支持各类债务和债券融资、促进金融服务创新等。自治区相关部门要根据国家有关规定研究制定外资股权投资类企业的注册登记、外汇管理、产业投资和退出机制，支持外资股权投资企业在自治区发展；研究支持股权投资类企业投资中西亚国家项目的办法。

《关于进一步深化小微企业金融服务的意见》（银发〔2018〕162号）和北京市支持民营企业、小微企业发展的相关要求指出，要增强辖区内金融机构服务小微企业的能力，引导更多资金用于支持民营和小微企业发展。（1）为民营和小微企业融资创造良好的货币信贷环境。贯彻落实稳健中性的货币政策，用好300亿元的常备借贷便利额度，为辖区内符合条件的金融机构发放小微和民营企业贷款提供流动性支持。将未经央行内部（企业）评级的单户授信500万元及以下的小微企业贷款纳入常备借贷便利的合格抵押品范围。完善宏观审慎评估（MPA），在"信贷政策执行情况"中增设临时性专项指标，引导定向降准范围内的金融机构将净释放资金用于发放小微企业贷款，并要求该类机构小微企业贷款加权平均利率不高于2018年第一季度小微企业贷款加权平均利率。（2）强化再贴现政策导向作用。将不少于70亿元的再贴现额度专项用于支持小微和民营企业，力争每年累计办理小微和民营企业票据再贴现不少于120亿元。简化再贴现审批流程，将符合条件的小微企业小额再贴现审批时间缩减至2个工作日以内。增设中国人民银行中关村中心支行再贴现窗口，重点支持注册在中关村示范区内的科技型小微企业、民营企业。（3）发挥再贷款政策工具效应。根据中国人民银行降低支小再贷款利率和申请门槛的要求，引导符合条件的辖区内银行用好再贷款政策。用足支小再贷款额度，为银行降低小微企业贷款利率提供低成本资金支持。（4）鼓励金融机构利用金融市场工具增强服务小微企业的能力。支持银行业金融机构发行小微贷款资产支持证券，将小微企业贷款基础资产由单户授信100万元及以下放宽至500万元及以下。鼓励银行业金融机构发行小微企业金融债券，放宽发行条件。将不低于AA级的小微金融债券纳入再贷款合格担保品范围。加强后督管理，确保筹集资金用于向小微企业发放贷款。鼓励辖区内银行支持北京市企业发行"双创"专项债务融资工具。指导银行加强对小微企业应对汇率波动和管理汇率风险的服务。

《浙江省创业风险投资引导基金管理办法》[1]规定，浙江省创业风险投资引导基金规模为5亿元人民币，主要通过阶段参股和跟进投资等方式实施投资运作，其中跟进投资的资金比例不得高于30%。重点引导创投基金或创业投资企业投向电子信

---

① 浙江省创业风险投资引导基金管理办法［EB/OL］.（2009-03-18）［2018-12-24］. http://gjss.ndrc. gov.cn/gjsgz/200906/t20090630_677484.html.

息、生物医药、先进制造、新能源、新材料、环保节能、高效农业、现代服务业等符合浙江省高新技术产业发展规划的领域，引导创业投资企业重点投资处于初创期、既有风险又具成长性的科技型中小企业创新创业。

《福建省创业投资引导资金管理实施办法（试行）》[①]规定，在福建境内工商部门注册，并实际投资于福建境内企业的创业投资企业，可申请创业投资风险补偿。创业投资风险补偿的标的为创业投资企业的实际投资额，补偿额度计算式子为：补偿额度＝实际投资额×补偿比例；补偿比例＝年度引导资金中用于风险补偿的资金总额÷核定的年度创业投资实际投资总额。接受省内外创业投资咨询服务机构服务的省内创业企业，可以申请创业投资管理服务补助。创业投资管理服务补助的标的为服务合同额，补助额度计算式子为：补助额度＝服务合同额×补助比例；补助比例＝年度引导资金中用于管理服务补助的资金总额÷核定的年度创业企业接受管理服务合同总额。

（2）地方政府创业引导基金。

目前，我国创业投资引导基金的政府引导作用日益增强、运作模式日趋完善，其发展已步入繁荣期。2015年，各地方政府纷纷积极主导设立政府引导基金，设立主体也由省级单位逐渐延伸至市级及区级单位，掀起了发展政府引导基金的新浪潮。各地方政府设立的各类政府引导基金如雨后春笋般涌现，遍及科教文化、产业投资等各个领域，出现了诸如"一带一路"、PPP、文创、产业引导等主题基金。在政府引导基金的设立形式上，各地方政府根据投资方向和重点，设立了股权投资基金、产业投资基金、天使投资基金等。股权投资基金有东莞长安产业股权投资基金、龙岩市产业引导股权投资基金、重庆市产业引导股权投资基金；产业投资基金有集美区产业引导基金、唐山市产业投资引导基金、荆门市市级产业投资基金等；天使投资基金有重庆市天使投资引导基金、上海天使投资引导基金、青岛天使投资引导基金等。

根据清科集团私募通所统计的数据[②]，截至2018年年底，国内共设立1 636只政府引导基金，基金目标规模总额为9.93万亿元人民币，已到位资金规模为4.05万亿元人民币。整体来看，我国超过八成的政府引导基金的规模集中在100亿元人民币以内；而超过100亿元人民币的大型政府引导基金虽然在数量上仅占总体的13.8％，但在规模上却占据了全国市场82.2％的比重。

纵观我国引导基金的区域分布，可以看到，近年来北京、上海、深圳、江苏等VC/PE发展较好的城市的政府引导基金发展势头强劲，同时民间企业与产业园区云

① 福建省创业投资引导资金管理实施办法（试行）[EB/OL].（2009-07-30）[2019-01-18]. http://gjss.ndrc.gov.cn/gjsgz/200907/t20090730_677487.html.

② https://www.pedata.cn/RANKING/2019/fund.html。

集的一些二线城市也先后跟进创立政府引导基金扶持当地产业发展。总体而言，在经济发达的东部地区引导基金设立密集，而中西部经济欠发达地区设立的引导基金相对较少。具体来看，江苏和浙江是中国政府引导基金设立最密集的省份，云集了大批地市级、区县级引导基金。环渤海地区中，北京、天津、山东引导基金设立较多。中西部地区引导基金起步时间较晚，但近几年也逐渐活跃起来，湖北、四川、陕西、内蒙古是引导基金设立数量较多的地区，并不断出现十亿元以上规模的引导基金。偏远地区也成立了政府引导基金，如西藏2012年成立了西藏自治区创业投资引导基金，新疆成立了新疆维吾尔自治区科技风险投资基金和乌鲁木齐市科技型中小企业投资引导基金，广西成立了南宁北部湾引导基金，宁夏于2014年成立了宁夏政府引导基金。目前，我国政府引导基金已形成以长三角、环渤海地区为聚集区域，由东部沿海地区向中西部地区全面扩散的分布特征，中西部地区成为政府引导基金设立的新沃土。此外，政府引导基金有逐渐往区县级扩展的趋势，尤其以长三角地区最为典型。

从设立数量来看，北京地区累计成立88只政府引导基金，居各地区之首；另外广东和浙江引导基金设立相对活跃，基金数量分别为85只和84只。从基金设立规模来看，湖北以5 471.28亿元稳居各省份之首，紧随其后的是北京和广东，基金规模分别为4 367.25亿元和1 451.83亿元。

根据清科集团旗下私募通的排名，2018年中国政府引导基金10强如表5-5所示。

表5-5　2018年中国政府引导基金10强

排名	基金名称	管理机构名称
1	深圳市政府投资引导基金	深圳市创新投资集团有限公司
2	山东省新旧动能转换引导基金	山东省新动能基金管理有限公司
3	江苏省政府投资基金（有限合伙）	江苏金财投资有限公司
4	湖北长江产业基金	湖北省长江经济带产业基金管理有限公司
5	天津市海河产业基金合伙企业（有限合伙）	天津市海河产业基金管理有限公司
6	杭州市创业投资引导基金	杭州高科技创业投资管理有限公司
7	湖北省级股权投资引导基金	湖北省高新产业投资集团有限公司
8	浙江省级政府产业基金	浙江金控投资管理有限公司
9	安徽省高新投母基金	安徽省高新技术产业投资有限公司
10	珠海发展投资基金（有限合伙）	珠海发展投资基金管理有限公司

资料来源：私募通（www. pedata. cn）。

（三）各省份政策比较

为响应国家关于大学生创业的有关政策，各省份也制定了相应的政策，以下分别选取东部、东北、东南、西南、西北代表性省份，对各省份出台的创业政策进行相应的对比（见表5-6）。

表5-6 主要省份创业

省份	覆盖人数	创业教育	创业培训	工商登记和开户便利
广东	5万人	把创新创业教育融入人才培养体系，贯穿人才培养全过程；推进创新创业教育示范校建设。鼓励有条件的高校设立创业学院。力争到2018年年底前建设30个左右高水平的"双创"示范基地，培育一批具有市场活力的"双创"支撑平台。加快推进粤港澳大湾区（广东）创新创业孵化基地建设。整合建立一批主要面向到乡村创业人员的创业孵化基地，各地级以上市按每个基地10万元标准由就业补助资金给予一次性补助。	鼓励有创业愿望、有培训需求的学生参加创业培训（实训），支持有条件的高校开发适合大学生的创业培训（实训）项目，并给予补贴。加强创业培训师资队伍建设，指导创业培训机构创新培训方式，积极推行创业模拟实训和创业案例教学。力争2014—2017年全省平均每年组织大学生参加创业培训（实训）2万人以上。	放宽工商登记条件，实行"先照后证"、注册资本认缴登记制。将企业年检制度改为年度公示报告制度。为大学生办理工商登记开辟绿色通道。拓展电子营业执照应用，推行商事登记银政直通车服务。
辽宁	2.6万人	各高校要设置专门机构负责创业教育的教学组织与管理，积极开发创业类课程，建立和完善创业教育课程体系；重视创业实践活动；加强创业教育专职教师及创业导师的培养；深化"大学生就业创业报告季"活动。	以有创业意愿的大学生为重点，编制专项培训计划；鼓励有条件的高校征集适合大学生的创业培训项目，可纳入本地区创业培训计划，对按要求开展培训的，给予创业培训补贴。在全省范围内以省就业网为依托搭建创业培训网上模拟实训平台，进一步强化案例教学和创业实务训练，对符合条件的参训大学生实施免费培训。加快推行企业新型学徒制、初高中毕业生劳动预备制，落实企业技师培训等补贴项目。	为大学生创业办理注册登记开辟"绿色通道"。提供"一条龙"便利。放宽创业经营场所要求。改进金融服务，为创业大学生办理企业开户手续提供便利。
宁夏	3 210人	在普通本科院校推行"创业基础"课程，并纳入高校人才培养计划；不断丰富创业教育形式，开展灵活多样的创业实践活动；切实加强师资队伍建设。	各级公共就业服务机构要组织有创业愿望的大学生免费参加创业培训；组织开展形式多样的大学生创业竞赛活动，积极开展在校大学生创业培训服务。每年全区组织2 000名左右大学生开展以"创办你的企业（SYB）＋创业实训"为主要内容的创业培训。	放宽注册资本登记条件，放宽经营场所限制，金融机构要为创业大学生办理单位银行结算账户、转账、贷款等业务提供便利。

政策对比

财政资金支持	完善公共创业服务体系	推进创业孵化基地建设
在广东省参加培训并取得合格证书的大学生，给予最高每人1 000元补贴；对成功创业的大学生给予5 000元一次性创业资助，不超过3年的租金补贴。入选省级优秀创业项目的，每个给予5万～20万元资助。	加强创业服务信息化建设，统一发布相关优惠政策和业务指南。鼓励有条件的高校建立大学生创业指导站。对留学人员回国创业开展针对性服务，帮助他们了解国内信息、熟悉创业环境、交流创业经验、获得政策支持。	鼓励和支持高校新建或利用现有场地资源改造建设创业孵化基地，力争到2017年，有条件的高校都建立一个以上创业孵化基地。鼓励各地在高校集中或产业聚集的地区建设综合性创业孵化基地。在全省重点扶持建设10个创业孵化基地。
对符合条件纳入YBC辽宁青年创业项目的初次创业大学毕业生，根据实际情况提供3万～5万元的无息无抵押创业资金，3年内分期偿还。对没有进入孵化基地或创业园的大学生，给予不超过2年的3 000～6 000元的租金补贴。	加强创业政策的宣传解读并提供咨询服务；建立健全青年创业辅导制度；开发校园创业网，开设大学生创业论坛，鼓励创业指导专家与大学生在网上进行实时交流；建立创业大学生俱乐部、联谊会等交流平台；广泛开展针对高校毕业生的创业大讲堂、创业大赛、创业成果展等活动；进一步完善青年创业项目库，定期开展项目对接服务。将在电子商务网络平台注册网店的大学生纳入创业扶持范畴。	全省每年至少为1 000名大学生创业项目提供孵化服务，对达到省规定且吸纳大学生创业企业数达到入驻企业数40%以上的创业孵化基地，省财政在原有基地运营费用补助基础上给予增加。
创业大学生可办理不超过10万元的小额担保贴息贷款，期限不超过2年，到期可展期1年；符合条件的小微企业可申请最高不超过200万元的小额担保贷款，并享受财政贴息。应届高校毕业生从事创业项目，正常经营1年以上，可给予6 000元创业补贴。大学生创办企业每新招用1名高校毕业生，签订1年以上劳动合同并缴纳社保，给予一次性补贴5 000元。	建立健全创业公共服务政府采购机制并加强绩效管理。建立健全大学生创业辅导制度。采取多种方式搭建大学生创业者交流平台。积极引导大学生参加创业竞赛活动，有条件的地区可定期举办创业大赛。为创业大学生提供人事和劳动保障事务代理服务。为在电子商务网络平台注册网店的大学生提供政策支持和服务。对留学回国人员开展针对性服务。	对每年在孵大学生创业实体不少于25户、提供就业岗位不少于180个、孵化成功率不低于60%的大学生创业孵化园，给予50万元补助。大学生创业孵化园每3年认定一次。

续表

省份	覆盖人数	创业教育	创业培训	工商登记和开户便利
山东	不少于6万人	高校要积极建立创业学院；严格落实创业教育课程不低于32学时和2个学分的规定；鼓励大学生积极参与各类创业创新大赛；开展省级示范创业大学评选认定工作。	优化整合创业培训实训资源，积极组建创业大学，系统实施创业培训实训计划，开展网络实战、沙盘模拟、创业团队协作等实训项目。对有创业意愿的大学生实行创业项目、创业规划、创业技巧和创业信心等"一对一"的指导。	落实注册资本认缴登记制，推行电子营业执照和全程电子化登记管理；完善工商登记"绿色通道"；落实减免行政事业性收费政策；银行业金融机构为创业大学生办理企业开户手续提供便利和优惠。
上海	不少于2万人	各高校将创新创业教育纳入学校人才培养方案，促进专业教育与创新创业教育有机融合。加强创业教育实践平台建设，制定实施创业培训实践计划，意向创业大学生创业教育实践参与率不低于95%。同时，设置合理的创新创业学分，建立创新创业学分积累和转换制度；推行弹性学制，放宽学生最长修业年限，允许意向创业大学生调整学业进程、保留学籍休学创业；组建专兼结合的创业教育师资队伍，从教学考核、职务聘任、培训培养、经费支持等方面给予倾斜支持。有条件的高校建立创新创业教育教研机构，积极探索开发适合本校特点的创业教育课程体系，支持学生开展研究性学习、创新性实验、创业计划和创业模拟活动，丰富创业教育形式。	丰富创业培训的内容和模式，探索将上海市高校开发的适合大学生创业特点的创业理论教育课程纳入创业培训体系；已接受创业理论教育的大学生，可直接参加创业模拟实训内容的培训。鼓励高校、培训机构、社会组织开发适合青年大学生的创业培训项目。将政府补贴创业培训的对象范围扩大到上海市高校在校学生。	深化商事制度改革，降低创业注册门槛。落实注册资本认缴登记制，放宽出资方式。积极推进"先照后证"工作，减少工商登记前置审批。探索推进"三证合一"，实施统一的社会信用代码。优化登记方式，继续推行集中登记、一址多照等经营场地登记制度。研究推广自贸试验区企业"单一窗口"登记制度，优化登记流程。完善网上登记系统，加快推进工商注册登记全程电子化。
四川	3.5万人	各高校要积极开展业务知识和能力培训，努力培养一支专业化、高水平、高素质的创业教育师资队伍；要进一步拓宽创新创业指导课的覆盖面，科学安排课程时间和内容，丰富授课方式，全面普及创新创业知识，并纳入学分管理，使所有大学生都接受创新创业教育，培养创新创业意识。各地要积极组织开展"青春创业大讲堂""创业指导进校园"等活动，充分激发大学生创业的热情。	各地人社部门要加强与教育部门和高校的衔接，以创业愿望强、有一定创业潜力和培训需求的大学生为重点，编制专项培训计划，组织有资质的培训机构开展培训。积极整合校内外资源，共同推动实施"逐梦计划"等大学生创新创业实践培训项目。对成功创业的大学生，组织参加"我能飞"四川省大学生成功创业者提升培训，增强经营管理能力，提高创业企业的存活率。对参加创业培训的大学生，按规定给予创业培训补贴。	落实注册资本认缴登记制，拓宽企业出资方式，放宽住所（经营场所）登记条件，推行电子营业执照和全程电子化登记管理。完善工商登记"绿色通道"，为创业大学生办理营业执照提供便利。对符合条件的大学生小额经营者，免予工商登记，实行社区备案。对符合条件的创业大学生，按规定减免登记类、管理类和证照类等有关行政事业性收费。

财政资金支持	完善公共创业服务体系	推进创业孵化基地建设
为自主创业大学生提供最高额度为 10 万元的小额贷款，为创办符合条件的小微企业提供最高额度为 300 万元的小额贷款。对还款及时、无不良信贷记录的，允许再申请一次不超过 2 年的小额担保贷款。2013 年 10 月 1 日以后登记注册并正常经营 1 年以上的小微企业，给予不低于 1 万元的一次性创业补贴，每创造 1 个就业岗位给予 2 000 元的岗位开发补贴。	依托各级、各类大学生创业孵化基地（园区）设立大学生创业服务中心，提供一站式服务。积极开发建设大学生创业项目资源库，择优为有创业意愿的大学生推荐项目。	每年开展评估省级大学生创业孵化示范基地和大学生创业示范园工作，并对已通过评估认定的实施绩效评价，动态管理，对促进创业、带动就业的给予资金奖补，每年评估认定 20 处省级创业孵化示范基地、创业示范园区，根据入驻企业户数和吸纳就业人数，给予每处不超过 500 万元的一次性奖补资金；对不合格的单位取消示范资格。
发挥上海市大学生科技创业基金的政策效应，将基金扶持的对象范围扩大到毕业 5 年以内在沪创业的高校毕业生。研究制定港澳台大学生在沪创业资助办法。将小额担保贷款调整为创业担保贷款，将其对象范围扩大到本市高校在校及毕业且在沪实现创业的青年大学生。符合条件的对象，按规定可以申请个人最高 50 万元、法人最高 200 万元的创业担保贷款，其中 20 万元以下的创业贷款免于个人担保。贷款期间稳定就业岗位的，还可根据吸纳本市就业情况，给予一定额度的利息补贴。	各级公共创业服务机构不断完善政策咨询、创业指导、办事受理、补贴发放等"一站式"公共创业服务；将创业服务工作延伸到高校，与高校合作建立创业指导站，并给予一定的经费支持。不断优化和充实创业指导专家、创业导师团队，支持具有创业经验和社会责任感的企业家、投资人为创业者和初创企业提供形式多样的创业辅导和创业咨询。适时表彰一批优秀的创业指导专家和创业导师。	充分发挥创业孵化示范基地的示范引领作用。不断完善上海市各类创业孵化基地、园区的场地支持、创业辅导、投融资对接等全方位多层次的创业孵化服务功能。组织开展市级创业孵化示范基地的认定工作，委托社会中介机构对创业孵化成效进行分级评估，并根据评估结果，给予适当的经费补贴，所需资金从市就业专项资金中列支。
认真落实小额担保贷款政策，简化反担保手续，重点支持吸纳大学生较多的初创企业。鼓励设立大学生创业投资基金，对支持创业早期企业的投资，符合规定条件的给予所得税优惠或其他政策鼓励。落实大学生创业补贴和创业吸纳就业奖励政策，充分发挥中小企业发展专项资金的作用。充分发挥四川省科技创新苗子工程专项资金对大学生创新创业的支持作用。	在公共就业服务场所、政务服务中心设立大学生创业服务窗口。组建创业指导专家队伍，建立创业项目库，提供一条龙创业公共服务。各地、各高校要充分发挥大学生创新创业俱乐部等交流平台作用。定期举办"挑战杯"系列竞赛和高校毕业生创业大赛并引导大学生参加。为创业大学生提供人事和劳动保障事务代理服务。要充分发挥留学人员回国服务工作体系的作用，对留学回国创业人员开展针对性服务。	充分利用现有资源，建设大学生创新创业园区（孵化基地）。各高校要积极建立大学生创新创业俱乐部，提供专门场地并在部门综合预算中统筹安排经费予以保障。对建立大学生创新创业园区（孵化基地）和俱乐部的地方和高校，有关部门要积极给予对口支持和业务指导。各地要鼓励、支持大学生创业企业入驻小企业创业基地。对入驻企业给予生产厂房租赁补贴。

续表

省份	覆盖人数	创业教育	创业培训	工商登记和开户便利
云南	2.5万人	将创业教育融入人才培养体系；积极开发开设创新创业类课程，并纳入学分管理；开展灵活多样的创业实践活动；切实加强师资队伍建设。确保2017年前，所有高校全部系统开展创业教育。	将普通高等院校毕业前2年的学生纳入培训对象范围，2014—2017年，每年组织1万名以上大学生进行创业培训。要积极开发适合大学生的创业培训项目；切实加强创业培训师资队伍建设；积极推行创业模块培训、创业案例教学和创业实务训练；进一步完善和落实创业培训补贴政策。	高校毕业生注册登记个体工商户、合伙企业、独资企业不受出资数额限制。非货币资产可作为企业注册资本。减免登记类和证照类等有关行政事业性收费。
浙江	3万人	广泛开展创业教育，将创业教育课程纳入学分管理，根据大学生的创业需求，采取多种形式开展以培养学生创新精神、创业意识和创业能力为核心的创业教育，组织高校学生参加各类创业实践活动。	加强创业教育培训和创业指导师资队伍建设，不断提升师资整体素质和服务水平。强化创业培训，鼓励支持有条件的高校等开发适合大学生的创业培训项目，使每一个有创业愿望和培训需求的大学生都有机会获得创业培训。在校大学生和高校毕业生在定点培训机构参加创业培训的，要按规定落实创业培训补贴。	各级工商部门要加强对大学生创业情况的统计，落实注册资本认缴登记制，放宽住所（经营场所）登记条件，推行电子营业执照和全程电子化登记管理。对符合条件的创业大学生，按规定减免登记类和证照类等有关行政事业性收费，简化登记程序。

财政资金支持	完善公共创业服务体系	推进创业孵化基地建设
每年评选100个毕业生自主创业经营实体，给予每个项目3万～5万元无偿资助。 对经"贷免扶补"或小额担保贷款政策扶持，稳定经营2年以上、带动就业5人以上、偿还贷款记录良好、按期纳税的优秀大学生经营实体，每年评审1000个，协调金融机构再次给予2年期50万元以内的贷款扶持，按照中国人民银行公布的同期贷款基准利率的60%给予贴息。对毕业学年和毕业后1年的高校毕业生自主创业，未享受大学生创业园区孵化的经营实体，给予5000元的场租补贴。对毕业学年和离校未就业高校毕业生开办网店，持续经营半年以上，且月收入超过当地最低工资标准的，一次性给予2000元资金补贴。对在电子商务网络平台开办网店的高校毕业生，可按照规定享受小额担保贷款和贴息政策。	选拔一批青年创业导师，建立和完善省级"大学生就业创业导师库"，在网络服务平台上实现创业成果展示、创业导师资源共享。建设以大学生为重点的青年创业示范园。加大"贷免扶补"、小额担保贷款对自主创业大学生的扶持力度，完善"1＋3"跟踪服务机制。开展创业公共服务、创业服务和大学生创业培训进校园活动。为创业大学生提供人事和劳动保障事务代理服务。	设立云南省大学生创业扶持资金，鼓励各地建设以大学生为重点的创业孵化基地园区，每年评审10个省级青年创业示范区，各补助100万元。鼓励各类开发区、产业园区、企业、高校等组织通过自建、合建、联建等方式，建设以大学生为重点的青年创业示范园，为创业大学生提供低成本的生产经营场所，提供全方位、阶梯形的创业孵化服务。
将符合条件的大学生创业实体纳入中小企业发展专项资金、就业专项资金和人才发展专项资金的扶持范围。鼓励企业、行业协会、群团组织、天使投资人等设立重点扶持大学生的天使投资和创业投资基金。健全小额担保贷款省级补偿机制。对大学生在信用社区从事创业活动，符合条件的，可以免除反担保手续；对小额担保贷款回收率达到90%以上的信用社区（村），可给予适当奖励。金融机构对在高新技术、绿色环保等行业创业者提供差异化利率。毕业2年以内的高校毕业生自主创业自筹资金不足的，可按规定申请小额担保贷款，其中从事微利项目的，给予100%贴息；从事其他项目的，困难家庭高校毕业生给予100%贴息，其他人员给予50%贴息。	鼓励创业服务机构为高校毕业生创业开展"一条龙"服务。加快大学生创业项目库建设，征集、评估、发布优秀大学生创业项目，建立健全创业导师队伍，推行创业导师制，通过信息平台汇总到浙江省大学生创业项目库和创业导师库，实现全省联网和信息共享。开展创业助力"1＋4"行动，即争取为每一个有创业意愿且创业培训合格的大学生提供一个创业项目、推荐一名创业导师、协助落实一处经营场地、帮助办理一笔小额担保贷款，帮助创业者成功创业。	依托大学科技园、小企业创业基地、科技企业孵化器等现有资源，建设大学生创业园、留学人员创业园及各类创业孵化基地。2014—2017年，全省建设和认定省级大学生创业园（创业基地）30家、市级大学生创业园（创业基地）100家。在浙江省中小企业公共服务平台网络中开设大学生创业专栏。发挥"浙江省创业大赛""浙江省大学生创业创新大赛""浙江省大学生挑战杯"等特色创业大赛作用，选拔、展示、推广优秀创业项目。

（四）2017年以来各省份创新创业政策的主要变化

2017年以来，政府对"双创"的扶持力度持续加大，扶持方式不断创新，使得国内创业环境继续保持利好。其中，完善创业金融、引入社会资本参与创业投资、发展创业载体、加强人才队伍建设以及鼓励返乡下乡创业成为各地促进创新创业发展的主要着力点。

1. 进一步完善创业金融，提高金融支持创新的灵活性和便利性

江苏省在《省政府关于做好当前和今后一段时期就业创业工作的实施意见》[1] 中提出，要落实好创业担保贷款政策，鼓励各地将个人贷款最高额度从10万元调整为不低于30万元，将支持范围从创办个体工商户、企业扩大到农民专业合作社、民办非企业单位和网络创业，合伙经营或创办企业的，可适当提高贷款额度。2017年8月2日发布的《内蒙古自治区创业担保贷款实施办法》[2] 中规定，将创业担保贷款对象范围在当时的小额担保贷款对象范围的基础上调整扩大为城镇登记失业人员、就业困难人员（含残疾人）、复员转业退役军人、刑满释放人员、高校毕业生（含大学生村官和留学回国学生）、化解过剩产能企业职工和失业人员、返乡创业农牧民工、网络商户、建档立卡贫困人口，并强调对上述群体中的妇女，应纳入重点对象范围；将现行适用于劳动密集型小企业的小额担保贷款政策调整为适用于所有符合条件的小微企业。

安徽省在《安徽省人民政府办公厅关于印发强化小微企业融资服务行动方案的通知》[3] 中提出，鼓励银行业金融机构针对小微企业开展1年期以上中长期贷款，对于3年期（含）以上，用于企业技术改造项目的小微企业固定资产贷款，省级制造强省建设专项资金按照同期银行贷款基准率的40％予以贴息，每户企业贴息金额最高可达500万元；大力发展小微企业信用保险和小额贷款保证保险，大力推广保单质押贷款、"信贷＋抵押（质押）＋担保＋保险"等信贷保险合作模式，争取到2020年，当年累计实现小额贷款保证保险100亿元；严格落实小微企业贷款尽职免责制度，对商业银行小微企业贷款不良率未高出自身各项贷款不良率年度目标2个百分点的，或小微企业贷款不良率不高于3.5％的，不作为监管部门监管评级扣分因素；强化商业银行利率风险定价机制、独立核算机制、高效审批机制、激励约束

———————————

① 省政府关于做好当前和今后一段时期就业创业工作的实施意见（苏政发〔2017〕131号）［EB/OL］.（2017-10-10）［2018-12-08］. http://www.jiangsu.gov.cn/art/2017/10/10/art_46143_6092147.html.

② 内蒙古自治区创业担保贷款实施办法［EB/OL］.（2017-08-02）［2019-05-18］. http://www.dlxzf.gov.cn/dlgovmeta/bmxzgk/gzbm/jyj/zfbgkml/tygkxx/201708/t20170802_1844996.html.

③ 安徽省人民政府办公厅关于印发强化小微企业融资服务行动方案的通知（皖政办秘〔2017〕229号）［EB/OL］.（2017-08-28）［2019-02-23］. http://www.ahjr.gov.cn:8081/web/display.aspx? id=2485.

机制、专业人员培训机制和违规信息通报机制建设，落实小微企业金融服务专营机构单列信贷计划、单独配置人力资源和财务资源、单独客户认定与信贷评审、单独会计核算的"四单原则"，提高小微企业贷款发放效率。

宁夏回族自治区人民政府印发的《自治区人民政府关于做好当前和今后一段时期就业创业工作的实施意见》[1]中提出，对资信良好、贷款金额较少和市场前景评估较好的创业者个人，可降低反担保条件；对高校毕业生、高校及科研院所等事业单位专业技术类离岗创业人员、复转军人等申请个人创业担保贷款的，经担保机构审核评估后，可以探索取消反担保。鼓励金融机构开辟创业担保贷款绿色通道，根据创业担保贷款特点改进风险防控体系，进一步优化贷款流程，缩短贷款审批时间，严格执行创业担保贷款利率，推行信贷尽职免责制度，配合担保机构做好贷后管理工作。

天津市在 2017 年 8 月发布的《天津市人民政府关于做好当前和今后一段时期就业创业工作的实施意见》[2]中规定，将面向个人的创业担保贷款期限延长至 3 年，将适用于劳动密集型小企业的小额担保贷款政策扩大到所有符合条件的小微企业，贷款额度最高不超过 200 万元。2018 年 5 月，天津市在《关于促进大学生就业创业的扶持政策》[3]中规定，自主创业大学生在企业注册所在地可申请最高 30 万元的创业担保贷款，贷款期限不超过 3 年，按规定给予贷款贴息；对已成功创业且带动就业 5 人以上、经营稳定的创业者，可给予最高不超过 50 万元贷款再扶持。2017 年以来各省、自治区、直辖市相关创业金融政策见表 5-7。

表 5-7 2017 年以来各省、自治区、直辖市相关创业金融政策

	政策内容
天津市	推广专利权质押融资，鼓励保险公司为科技型中小企业提供专利融资保证保险服务。研究完善《关于推动科创企业投贷联动试点工作的指导意见》，稳妥推进投贷联动试点工作。探索"政银担"合作机制，探索建立以风险补偿为核心的风险分担机制，提升担保行业的服务能力。推动天津市工商联民营企业上市融资服务平台汇集优秀服务机构，为科技型企业提供上市辅导和投融资服务。 落实创业担保贷款政策，鼓励金融机构和担保机构依托信用信息，科学评估创业者还款能力，改进风险防控，降低反担保要求，健全代偿机制，推行信贷尽职免责制度。将面向个人的创业担保贷款期限由 2 年延长至 3 年，将适用于劳动密集型小企业的小额担保贷款政策扩大到所有符合条件的小微企业，贷款额度最高不超过 200 万元。

---

① 自治区人民政府关于做好当前和今后一段时期就业创业工作的实施意见（宁政发〔2017〕77 号）[EB/OL]. (2017-10-17) [2018-12-13]. http://www.nx.gov.cn/zwgk/zfxxgml/zhzw/201710/t20171026_535226.html.

② 天津市人民政府关于做好当前和今后一段时期就业创业工作的实施意见 [EB/OL]. (2017-08-30) [2018-11-28]. http://www.tj.gov.cn/xw/ztzl/dzcy/zfwj/bdwj/201708/t20170830_3612595.html.

③ 市人力社保局市财政局关于印发促进大学生就业创业扶持政策的通知（津人社规字〔2018〕12 号）[EB/OL]. (2018-05-15) [2019-01-11]. http://hrss.tj.gov.cn/ecdomain/framework/tj/mciakmldehicbbodidnlmldmhkighpdn/llhglblnkgjkbboejpinpopkpbhedemg.do?isfloat=1&disp_template=ccnjmfhhefpibbodjemcncephdmpjlhn&fileid=20180521170045689&moduleIDPage=llhglblnkgjkbboejpinpopkpbhedemg&siteIDPage=tj&infoChecked=0.

续表

	政策内容
河北省	设立中小企业投融资服务中心，搭建中小企业投融资服务平台，设立一站式的投融资服务大厅，启动中小企业融资项目征集系统，举办融资服务推介会，开通服务热线，按照政府主导、市场化运作的原则，面向广大中小型企业，提供政策咨询服务、融资服务、财务顾问服务、资信评估服务、创新金融服务等全方位、多层次、多样化的一站式服务。 由保险机构、担保机构和银行三方按一定比例共同承担融资风险，形成以贷款风险分摊机制为核心的专利权质押保险贷款新模式，大幅降低商业银行的放贷风险，提高银行以专利为质押向企业提供贷款的积极性。
山西省	加快金融创新。引导辖区银行业金融机构积极创新小微金融产品和服务，积极开展知识产权质押、应收账款质押、动产质押、股权质押、仓单质押、保单质押等抵质押贷款业务。研发适合小微企业发展的中长期固定资产贷款产品。加强与"互联网＋"融合，有效利用大数据，充分运用手机银行、网上银行等渠道为小微企业提供综合性金融服务，提高服务便利度。 积极支持中小企业对接"双创债"试点。认真贯彻落实证监会《关于开展创新创业公司债券试点的指导意见》（证监会公告〔2017〕10号）中，对创新创业企业、创业投资公司发行公司债券实施专项审核、支持设置转股条款、鼓励业务创新等政策措施。
内蒙古自治区	加大创业担保贷款工作力度，创新创业担保贷款担保模式，在政策允许和风险可控的前提下，降低反担保要求，健全代偿机制，推行信贷尽责免责制度，推动金融机构及时为符合条件的创业者发放创业担保贷款。 支持地方性法人银行在符合条件的情况下在旗县（市、区）等基层区域增设小微支行、社区支行，支持商业银行改造小微企业信贷流程和信用评价模型，合理设置小微企业授信审批权限。
辽宁省	面向中小企业的一站式投融资信息服务。构建物理载体和信息载体，通过政府引导、民间参与、市场化运作，搭建债权融资服务、股权融资服务、增值服务三大信息服务体系，加强科技与金融融合，为中小企业提供全方位、一站式投融资信息服务。 贷款、保险、财政风险补偿捆绑的专利权质押融资服务。金融机构、地方政府等依法按市场化方式自主选择建立"贷款＋保险保障＋财政风险补偿"的专利权质押融资新模式，为中小企业专利贷款提供保证保险服务。
吉林省	搭建创业融资平台。扩大创业担保贷款扶持范围，延长贷款期限，简化贷款程序。鼓励金融机构和担保机构改进风险防控机制，健全代偿机制，推行信贷尽职免责，降低反担保条件。开展小微企业应收账款融资专项行动，加快推进中小微企业贷款贴息及担保业务。
黑龙江省	放大财政贴息担保贷款对创业的扶持作用。凡有创业要求并符合一定条件的就业重点群体和困难人员，可在创业地申请2年期最高额度为10万元财政贴息的创业（小额）担保贷款；对合伙经营和组织起来创业的，按人均10万元、实际贷款人数和额度分别给予2年期的担保贷款。对个人发放的创业担保贷款，在贷款基础利率基础上上浮3个百分点以内的，由财政给予贴息。对小微企业当年新招用各类就业困难人员达到企业员工的30%（超过100人的达到15%）以上并与其签订1年以上劳动合同的，给予为期2年、最高不超过200万元的担保贷款，财政部门按贷款基准利率的50%给予贴息。完善担保基金呆坏账核销办法，细化核销标准，提高代偿效率。简化担保贷款申请手续，开展网上申请和办理服务。

续表

	政策内容
上海市	拓宽融资渠道。完善创业担保贷款政策，强化创业担保资金管理，健全担保资金持续补充机制和代位清偿资金核销机制。进一步扩大个人创业担保贷款政策范围，提高个人免担保额度，优化利息补贴办法。推进应收账款融资试点、投贷联动业务试点，有效满足创业融资需求。进一步发挥上海市大学生科技创业基金作用，通过降低资助门槛、提高资助标准等方式，加大对大学生创业的支持力度。加强征信知识教育引导，扩大高校毕业生融资渠道，完善融资服务政策体系。
江苏省	拓宽投资融资渠道。落实好创业担保贷款政策，鼓励各地将个人贷款最高额度从 10 万元调整为不低于 30 万元，将支持范围从创办个体工商户、企业扩大到农民专业合作社、民办非企业单位和网络创业，合伙经营或创办企业的，可适当提高贷款额度。健全代偿机制，对贷款额度在 10 万元以下（含 10 万元）的，由担保基金与经办银行按协议约定比例分担，最高全额代偿；贷款额度超过 10 万元的，由担保基金代偿不超过 80％。
安徽省	打造创业担保贷款升级版，充分利用劳动者或小微企业信用信息，科学评估创业者还款能力，降低或免除反担保要求，稳妥开展"社保贷"试点。在初始创业者或小微企业自主提供反担保、自愿承担贷款利息的前提下，鼓励各地由创业贷款担保基金提供担保，个人贷款额度可提高至 50 万元，小微企业贷款额度可提高至 400 万元。改进风险防控，推行信贷尽职免责制度。引导金融机构开展应收账款、动产、供应链融资等创新业务，提供科技融资担保、知识产权质押、股权质押等方式的金融服务，拓宽创业投融资渠道。拓展省股权托管交易中心市场功能，为创业企业提供展示、股权转让、融资对接等综合金融服务。
福建省	健全普惠金融服务机制。引导银行业机构在总行授权范围内，结合辖区实际，合理设置小微企业授信审批权限，优化审批机制。在有效防控风险的前提下，尽可能贴近基层下放审批权限，提高小微企业金融服务效率。
江西省	落实创业担保贷款政策，降低反担保门槛，对创业项目前景好但自筹资金不足且不能提供反担保的，允许对符合条件的采取信用担保或互联互保方式进行反担保。对采取信用担保的，还应对企业主户籍、房产、授信银行家数以及企业的环保达标状况、按时纳税情况等进行综合评估；对采取互联互保方式进行反担保的，反担保机构原则上以政府背景类担保机构为主。
山东省	大力发展创业担保贷款，符合条件的创业人员，可申请最高不超过 10 万元的创业担保贷款，期限最长不超过 3 年；符合条件的小微企业，可申请最高不超过 300 万元的创业担保贷款，期限最长不超过 2 年，按照规定给予贴息。在网络平台实名注册、稳定经营且信誉良好的网络创业人员，可按规定享受创业担保贷款及贴息政策。有条件的市可适当放宽创业担保贷款借款人条件，提高贷款利率上限。
河南省	加大对中小微企业金融支持力度。充分发挥大型银行机构和网点优势，在有效防控风险的前提下，合理赋予县域支行信贷审批权限，引导地方法人银行向小微企业集中地区延伸服务网点，在符合条件的区域增设小微支行、社区支行，提供普惠金融服务。推动银行打通线上线下金融服务链条，积极完善小微企业信贷流程和信用评价模型，合理设立授信审批条件，优化小微企业贷款审批政策，提高审批效率。
湖北省	金融机构、地方政府等依法按市场化方式自主选择建立"贷款＋保险保障＋财政风险补偿"的专利权质押融资新模式，为中小企业专利贷款提供保证保险服务。

续表

	政策内容
湖南省	个人创业担保贷款最高额度调整为 10 万元；对符合条件的借款人合伙创业或组织起来共同创业的，按合伙创业或组织起来共同创业人数，每人贷款最高额度 10 万元，最高贷款额度 50 万元；个人创业担保贷款最长期限从 2 年调整为 3 年。为鼓励金融机构放贷，贷款利率可在中国人民银行公布的贷款基准利率的基础上适当上浮。
广东省	面向中小企业的一站式投融资信息服务。依托省中小微企业信用信息和融资对接平台，加强企业信用、政策扶持和投融资等信息共享，为中小微企业提供融资增信和银企对接服务。推动科技与金融融合，为中小企业提供全方位、一站式投融资信息服务。
广西壮族自治区	提供面向中小企业的一站式投融资信息服务。建立金融支持重点科技企业（项目）精准名录库。加强部门协作，鼓励全区各级政府与金融主管部门共同搭建信息沟通平台，筛选建立科技行业重点企业支持名录库，引导金融机构做好贷款项目的精准对接工作。建立科技企业"资金池"，引入政府、保险机构参与的科技企业增信机制，撬动银行信贷支持，实现科技企业信贷支持稳步增长。
海南省	实施好创业担保贷款贴息奖补政策，支持有条件的市县设立政策性融资担保机构，创造良好的融资环境。专项资金贴息的个人创业担保贷款，最高贷款额度为 10 万元，贷款期限最长可达 3 年。专项资金贴息的小微企业创业担保贷款，贷款额度由经办银行根据小微企业实际招用符合条件的人数合理确定，最高可达 200 万元，贷款期限最长可达 2 年。有条件的市县可设立高校毕业生就业创业基金，提供股权投资等服务。
重庆市	优化完善创业担保贷款政策，鼓励有条件的区县加大财政贴息资金投入，提高贷款额度上限或贴息比例，放大政策性贷款的惠民效应。优化完善政府公共就业创业服务机构、担保公司、承贷银行三方合作的"政担银"金融服务机制，继续推行"政策性＋商业性"组合贷款，对足额提供抵质押物或保证人的创业者免收担保费，满足创业者多元化的融资需求。
四川省	加大对各类创业主体的信贷支持，开展金融产品和服务模式创新。落实创业担保贷款政策，鼓励金融机构和担保机构依托信用信息，科学评估创业者还款能力，改进风险防控，降低反担保要求，健全代偿机制，推行信贷尽职免责制度。
贵州省	创业担保贷款政策优先用于支持大扶贫、大数据、大生态战略行动和农村"三变"改革的创业项目，以及具有扶贫带动效应的产业项目。鼓励金融机构和担保机构利用个人和小微企业信用信息，科学评估创业者还款能力，改进风险防控，探索建立土地承包经营权、林权、农村居民房屋产权"三权抵押"制度，通过互相担保信用社区等形式降低反担保门槛，健全代偿机制，推行信贷尽职免责制度。
云南省	建立担保基金持续补充机制，丰富和拓展贷款担保方式，探索引入商业担保（保险）机构参与小微企业贷款担保业务。扩大"贷免扶补"经办银行范围，提升贷款服务水平。将去产能企业分流职工和失业人员、网络商户和建档立卡贫困人口纳入创业担保贷款扶持对象范围。将贷款期限从 2 年延长至 3 年，对符合条件的贷款个人和企业按照规定给予财政贴息。

续表

	政策内容
西藏自治区	创新金融产品，扩大信贷支持，鼓励在藏银行业金融机构转变服务方式，增强服务功能，针对不同行业、不同类型、不同发展阶段的小微企业，不断开发特色产品，提供"量身定做"的金融产品和服务，通过联保贷款、动产质押、应收账款质押等方式帮助企业获得更多信贷资金支持。支持在藏金融机构在符合条件的情况下延伸金融服务区域，在有条件的县（区）、乡（镇）增设营业网点，拓展金融服务的广度和深度。加快推进担保体系建设，鼓励有条件的地（市）壮大现有担保机构，引进区外有实力的信用担保公司，并协调完善相关配套政策。
陕西省	完善落实创业担保贷款政策，扩大金融机构合作范围，探索建立合作机构考核管理办法，健全代偿机制，推行信贷尽职免责制度。加快创业担保贷款信用乡村建设，免除孵化对象反担保手续或降低反担保要求。
甘肃省	研究制定甘肃省创业担保贷款实施办法，进一步创新创业担保贷款模式，在政策允许和风险可控的前提下，降低反担保要求，推动金融机构对符合条件的个人发放创业担保贷款，最高额度为10万元。对符合条件的借款人合伙创业或组织起来共同创业的，贷款额度可适当提高。根据小微企业实际招用人数合理确定创业担保贷款额度，最高不超过200万元。
青海省	凡在青海省以个体、合伙经营和组织起来创业（含网络创业），且已办理《就业创业证》的城乡劳动者（不受户籍限制，外省来青创业者需办理《居住证》），以及当年新增就业岗位吸纳就业人数达到原有职工总数20%（100人以上的企业达到10%）以上的小微企业，可按规定享受青海省创业担保贷款扶持政策。
宁夏回族自治区	对资信良好、贷款金额较少和市场前景评估较好的创业者个人，可降低反担保条件；对高校毕业生、高校及科研院所等事业单位专业技术类离岗创业人员、复转军人等申请个人创业担保贷款的，经担保机构审核评估后，可以探索取消反担保。鼓励金融机构开辟创业担保贷款绿色通道，根据创业担保贷款特点改进风险防控体系，进一步优化贷款流程，缩短贷款审批时间。
新疆维吾尔自治区	适时推进工商银行在小微企业名录系统开设小微企业金融服务栏目，提供合作的银行业金融机构的小微企业金融信贷信息，推动建立线上申贷系统，提交贷款申请。推动银行业金融机构与当地工商部门、税务部门在符合法律法规规定、自主协商的前提下开展中小企业信贷信息、数据信息共享等合作。

　　资料来源：本表中所列的政策内容主要摘录自各省、自治区、直辖市发布的《关于强化实施创新驱动发展战略 进一步推进大众创业万众创新深入发展的意见》《关于推广支持创新相关改革举措的通知》《关于做好当前和今后一段时期就业创业工作的实施意见》《关于支持返乡下乡人员创业创新促进农村一二三产业融合发展的实施意见》等。

2. 引导社会资本参与创业投资，形成市场化、多元化的资金来源

　　浙江省于2017年4月印发的《浙江省人民政府关于促进创业投资持续健康发展的实施意见》[①]中提出，要使市场在资源配置中起决定性作用和更好地发挥政府作用，促进创业投资企业做大做强做优，加快培育一批具有国际竞争力和影响力的浙商创业投资品牌。具体内容包括：大力发展多元创业投资主体，加快形成具有浙

　　① 浙江省人民政府关于促进创业投资持续健康发展的实施意见（浙政发〔2017〕12号）[EB/OL].（2017-04-19）[2018-12-30]. http://www.zj.gov.cn/art/2017/4/19/art_32431_291123.html.

江特色、充满活力的创业投资机构体系；鼓励和支持包括天使投资人在内的各类个人从事创业投资，鼓励成立政府或民间的公益性天使投资人联盟等各类平台组织，培育和壮大天使投资人群体，促进天使投资人与创业企业及创业投资企业的信息交流与合作，营造良好的天使投资氛围，推动天使投资事业发展；支持有实力的国有企业、民营企业、保险公司、大学基金等各类机构投资者在风险可控、安全流动的前提条件下，投资创业投资企业和设立创业投资母基金；按照依法合规、风险可控、商业可持续的原则，建立创业投资企业与各类金融机构长期性、市场化合作机制。

安徽省在《安徽省人民政府办公厅关于印发强化小微企业融资服务行动方案的通知》① 中提出：支持小微企业对照多层次资本市场上市挂牌标准，开展股份制改造，鼓励有条件的地方给予一定补助；大力推动尚未达到上市条件的小微企业在全国股转系统和省区域性股权市场挂牌，力争到 2020 年，省区域性股权市场每年新增挂牌小微企业 100 家以上，年均帮助挂牌小微企业融资 10 亿元以上；支持小微企业开展债券融资，积极推动更多符合条件的小微企业依托各类债券市场，灵活运用多元化债券融资工具融资，力争到 2020 年，全省每年涉农涉小直接融资额不低于 50 亿元。健全省级股权投资基金体系。加快建成覆盖企业种子期、初创期、成长期、成熟期全生命周期的省级股权投资基金体系；强化基金与项目对接，力争到 2020 年，全省累计使用省级股权投资基金资金不低于 300 亿元。

四川省人民政府办公厅于 2017 年 9 月印发的《四川省人民政府关于做好当前和今后一段时期就业创业工作的实施意见》② 中指出，充分发挥四川省创新创业投资引导基金作用，加强对科技型中小微企业的支持和培育。鼓励银行业金融机构在现有法律框架下，积极探索开展外部投贷联动业务，提升对科技创新企业的金融服务能力。支持企业改制上市、挂牌，利用主板、中小板、创业板、"新三板"、天府（四川）联合股权交易中心及国外资本市场实现融资。促使天使投资、创业投资、互联网金融等规范发展，灵活高效满足创业融资需求。

新疆维吾尔自治区在《关于印发自治区推广支持创新相关改革举措实施方案的通知》③ 中提出，加强债权融资服务，支持企业发行绿色企业债券、创新创业公司

---

① 安徽省人民政府办公厅关于印发强化小微企业融资服务行动方案的通知（皖政办秘〔2017〕229 号）[EB/OL]. (2017-08-28) [2019-01-23]. http://www.ahjr.gov.cn:8081/web/display.aspx? id=2485.

② 四川省人民政府关于做好当前和今后一段时期就业创业工作的实施意见（川府发〔2017〕53 号）[EB/OL]. (2017-09-27) [2019-02-04]. http://zcwj.sc.gov.cn/xxgk/NewT.aspx? i=20170927190720-247656-00-000.

③ 关于印发自治区推广支持创新相关改革举措实施方案的通知（新政办发〔2018〕1 号）[EB/OL]. (2018-01-18) [2018-11-15]. http://www.xinjiang.gov.cn/2018/01/18/147158.html.

债券，鼓励企业以 PPP 项目资产证券化方式融资。加强股权融资服务，培育上市挂牌后备企业资源，推进符合产业政策导向的战略性新兴产业相关企业在主板、中小板和创业板实现首次公开发行。

3. 加快发展创业载体，为创业者提供指导服务和政策支持

2017 年 3 月，江苏省人民政府办公厅印发《全民创业行动计划（2017—2020年）》（苏政办发〔2017〕42 号）[1]，提出了每年遴选认定省级创业示范基地 40 个，累计建成留学回国人员创新创业园 80 家、各类创业载体不少于 2 000 家的目标，并提出培育创业公共平台、打造创业示范基地、强化创业项目开发等 3 项建设创业载体的具体行动。

2017 年 9 月，山西省人民政府办公厅发布《关于建设省级大众创业万众创新示范基地的实施意见》（晋政办发〔2017〕109 号）[2]，提出要坚持创新模式，完善"双创"平台；以构建"双创"良好生态为目标，系统谋划、统筹考虑，结合各类"双创"支撑平台特点，支持建立多种类型的"双创"示范基地；探索创新平台发展模式，不断丰富平台服务功能，引导社会资源支持"双创"。该文件指出，要依托"双创"资源集聚的区域、高校和科研院所、创新型企业等不同载体，鼓励社会各方面力量和资本投入"双创"平台建设，支持多种形式的"双创"示范基地建设。引导"双创"要素投入，有效集成高校、科研院所、企业和金融、知识产权服务以及社会组织等力量，统筹部署"双创"示范基地建设，发挥各自优势和资源，探索形成不同类型的示范模式。加强"双创"基地发展监测评估，完善制度设计，扩大示范范围，探索统筹各方资源共同支持建设"双创"示范基地的新模式。

2018 年 5 月，天津市人力资源和社会保障局在印发的《关于促进大学生就业创业的扶持政策》[3] 中，制定了给予大学生创业孵化基地补贴的政策措施。该文件提出，对在天津市有固定孵化场所、有依法建立的管理服务团队、创业孵化基地建筑面积不少于 200 平方米、吸纳大学生创业企业 10 户（每户至少招用 2 人）的，可认定为大学生创业孵化基地，对符合条件的给予 30 万元的资金扶持。在此基础上，

---

① 省政府办公厅关于印发全民创业行动计划（2017—2020 年）的通知（苏政办发〔2017〕42 号）［EB/OL］.（2017-03-12）［2018-12-18］. http://www.jiangsu.gov.cn/art/2017/3/12/art_46144_2545525.html.

② 山西省人民政府办公厅关于建设省级大众创业万众创新示范基地的实施意见（晋政办发〔2017〕109 号）［EB/OL］.（2017-09-13）［2019-01-02］. http://www.shanxi.gov.cn/sxszfxxgk/sxsrmzfzcbm/sxszfbgt/flfg_7203/bgtgfxwj_7206/201709/t20170913_334769.shtml.

③ 市人力社保局市财政局关于印发促进大学生就业创业扶持政策的通知（津人社规字〔2018〕12 号）［EB/OL］.（2018-05-15）［2019-01-11］. http://hrss.tj.gov.cn/ecdomain/framework/tj/mciakmldehicbbodidnlmldmhkighpdn/llhglblnkgjkbboejpinpopkpbhedemg.do? isfloat=1&disp_template=ccnjmfhhefpibbodjemcncephdmpjlhn&fileid=20180521170045689&moduleIDPage=llhglblnkgjkbboejpinpopkpbhedemg&siteIDPage=tj&infoChecked=0.

每新增 1 户大学生创业企业，再补贴 2 万元；对新增企业招用 2 人以上的，每新增 1 人按照每人 5 000 元的标准再给予补贴。对吸纳企业多、带动就业明显的大学生创业孵化基地，每年给予最高 500 万元的资金支持。截至 2017 年年底，天津市大学生创业孵化基地达 106 家，在孵企业 1 887 家。[①] 2017 年以来各省、自治区、直辖市创业载体相关政策见表 5-8。

表 5-8　2017 年以来各省、自治区、直辖市创业载体相关政策

	政策内容
天津市	对在天津市有固定的孵化场所、有依法建立的管理服务团队、创业孵化基地建筑面积不少于 200 平方米、吸纳大学生创业企业 10 户（每户至少招用 2 人）的，可认定为大学生创业孵化基地，对符合条件的给予 30 万元资金扶持。在此基础上，每新增 1 户大学生创业企业，再补贴 2 万元；对新增企业招用 2 人以上的，每新增 1 人按照每人 5 000 元的标准再给予补贴。
河北省	加快推动众创空间、创业孵化基地、返乡创业园建设，为高校毕业生、失业人员、农村转移就业劳动力提供低成本、便利化、全要素创业服务，为入驻企业和创业项目提供 3 年的房租物业补贴。
山西省	推进省级创业孵化示范基地、省级创业示范园区建设。对入驻创业实体数量多、孵化效果好的创业孵化基地，在省级奖补的基础上，有条件的市可由市级财政给予一定奖补。
内蒙古自治区	加快众创空间、创业园和创业孵化基地等建设，实施示范性创业园和孵化基地建设项目，到 2020 年，力争打造 100 个以上特色突出、功能完备、承载力强、具有示范和带动效应、与区域优势产业高度契合的创业园和孵化基地。各地可将具备条件的创业园和孵化基地，根据自治区有关规定纳入"以奖代补"项目扶持范围。
辽宁省	经辽宁省人力资源社会保障、财政部门认定并挂牌的市级创业孵化基地，基地面积达到 1 万平方米以上（含 1 万平方米，下同），入驻孵化对象 60 户以上，带动就业 500 人以上的，每年市政府给予 150 万元的补贴；面积达到 5 000 平方米以上，入驻孵化对象 40 户以上，带动就业 300 人以上的，每年市政府给予 100 万元的补贴；面积达到 3 000 平方米以上，入驻孵化对象 30 户以上，带动就业 200 人以上的，每年市政府给予 70 万元的补贴。按照谁主管、谁负责的原则，各县（市）区建成 1 500 平方米以上的县区级创业孵化基地（孵化园），每年由县（市）区政府给予 20 万元的补贴。
吉林省	建设一批创业孵化基地，对依法注册并符合条件的各级政府、省内高校和企业创办的创业孵化基地和创业园区，按规定给予资金扶持。
黑龙江省	推进创业孵化基地、众创空间建设，利用各级政府清理出来的非办公类资产和闲置楼宇资源改扩建、新建一批孵化基地，各级政府可租用存量商品房、厂房等社会资源建立孵化基地，鼓励企业自建、合建孵化基地。各地政府可根据创业孵化基地入驻实体数量和孵化效果给予一定奖补。
上海市	鼓励各区、各类产业园区和企业利用已有的商业商务楼宇、工业厂房、仓储用房等存量房产，改建为创业孵化基地和众创空间。鼓励各类孵化基地探索形成各具特色的孵化服务模式，适应市场需求，实现可持续发展。对符合条件的市级创业孵化示范基地、众创空间等创业载体，开展服务评估，落实奖补政策，促进创业服务提质增效。

① 天津大学生创业基地达 106 家，带动就业 6 545 人［EB/OL］.（2017-12-19）［2019-03-24］. http://www.tj.gov.cn/xw/ztzl/dzcy/scdt/201712/t20171219_3618515.html.

续表

	政策内容
江苏省	鼓励有条件的地方采取购置、置换、租赁、收回等形式，推动老旧商业设施、仓储设施、闲置楼宇、过剩商业地产转为创业孵化基地。建立县级以上创业示范基地评估认定制度，完善省级创业示范基地评估认定和跟踪管理机制。
浙江省	鼓励特色小镇、科技企业孵化器、众创空间、小微企业园区、创业孵化基地等平台为创业者提供政策咨询、创业培训、创业指导、融资等服务，创业孵化基地和创业孵化企业提供孵化服务的，可按实际成效给予补贴。各地要推进创业孵化示范基地建设，到 2020 年，认定 100 家省级创业孵化示范基地，省财政按孵化数量及成效给予每家省级示范基地最高 30 万元的一次性奖补。
安徽省	实施国家"双创"示范基地三年行动计划，建设一批高水平的创业创新示范基地。推进合肥国家级小微企业创业创新示范基地、皖南皖西乡村旅游创客示范基地建设。整合资源，发挥孵化基地资源集聚和辐射引领作用，细化各类孵化基地补贴、奖补等政策，为创业者提供指导服务和政策扶持。
福建省	加快国家级"双创"示范基地、省级示范创业创新中心、创业孵化基地、创业大本营、科技企业孵化器、众创空间和大学生创新创业基地等建设。鼓励个人、单位购置商业办公地产用于创业经营，作为众创空间等创新创业载体。依托国家级和省级高新技术产业开发（园）区及其他各类产业园区，对现有孵化器进行改造，拓展孵化功能，支持培育与上市公司、创投机构相结合的新型孵化器。
江西省	加大创业孵化基地建设资金投入力度，对被评为全国创业孵化示范基地的给予一次性补助 200 万元，对被评为省级创业孵化示范基地的给予一次性补助 100 万元。
山东省	支持各市结合本地实际，打造一批不同主题的特色小镇（街区），向创业者提供免费工位或场所。推广海尔集团、浪潮集团经验做法，鼓励大企业由传统的管控型组织向新型创业平台转型，利用自身资源优势，实施创客化、平台化改造，带动企业内部员工和社会创业者共同创业。
湖北省	推进龙头企业和领军企业围绕产业链建设创业孵化平台。各地可根据创业孵化基地入驻实体数量和孵化效果，给予一定奖补。按规定落实大学生创业孵化示范基地场租、水电费补贴政策。
湖南省	积极争取建设国家级"双创"示范基地，打造一批省级"双创"示范基地。加快发展市场化、专业化、集成化、网络化的众创空间，形成开放共享的科技创新创业服务平台。
广西壮族自治区	大力扶持创业孵化基地、众创空间等创业载体建设。对经认定为创业孵化基地的众创空间，给予 2 年的房租、宽带接入费补助。对认定为自治区级创业孵化示范基地的，给予 100 万元的奖补。各设区市可结合实际情况评估认定市级创业孵化示范基地，给予不超过 50 万元的奖补。
海南省	鼓励六类园区、各类院校和企业开展创业创新公共平台建设，在场所用地、基本设备设施、公共管理服务等方面给予扶持。推动闲置楼宇、过剩商业地产转为创业孵化基地，经所在市县商务、财政等有关部门认定，分别按规定给予相应的业主、孵化期中小创业企业适当的财政补贴和贷款贴息补助。通过"以奖代补"的方式着力打造、扶持一批创业孵化基地和重点示范众创空间。

续表

	政策内容
重庆市	建立健全创业孵化基地年度评估和动态管理机制，对服务质量高、孵化成效好、带动就业多的创业孵化基地按规定给予一定奖补，孵化服务周期可延长至3年。对成功创建国家级创业孵化基地的，按规定给予一定的示范奖补。
贵州省	对促进创业、带动就业成效明显的各类创业孵化基地（园区），认定为省级创业孵化示范基地的，从省级就业补助资金中给予一次性补助50万元；认定为省级农民工创业示范园的，从省级就业补助资金中给予一次性补助50万元；认定为省级农民工创业示范点的，从省级就业补助资金中给予一次性补助5万元。
云南省	实施省级创业园区建设升级计划，根据创业孵化基地入驻实体数量和孵化成功户数，在已认定的60个省级创业园区中，每年重点培育建设3个省级创业园示范基地，由省财政对每个示范基地给予不超过500万元的补助资金。
西藏自治区	支持具备条件的高校、职校、经济技术开发区、高新技术园区等建设自治区级创业孵化基地、众创空间和创客空间，对经自治区人力资源社会保障、财政、科技、团委等部门统一认定的自治区级创业载体，根据相关规定，给予一次性建设资金和年度运行经费补助。鼓励国有企业特别是在藏央企搭建创新创业孵化平台，支持员工和社会创新创业。
陕西省	根据当期孵化成功创业实体数量和吸纳就业人数，给予创业孵化项目补贴，对被认定为省级、国家级创业孵化示范基地的，再给予一次性创业孵化奖补资金。支持开发区、工业集中区、高校和各类投资人创办创业创新基地，加快培育创新工场、创客空间、星创天地等各类创新孵化器，打造特色创业创新聚集区。创业创新基地和各类创业园区可参照创业孵化基地享受奖补政策。
甘肃省	2020年前，建成100个省级创业就业孵化示范基地（园区），对符合条件的，给予每个基地（园区）60万元的奖励补助。
青海省	充分挖掘社会资源，加快创业孵化基地（园区）、众创空间、科技孵化器等建设，为创业者和小微企业提供生产、经营场地支持，对创业载体的房租、宽带接入费用和公共软件等给予适当财政补贴。也可利用符合条件的现有经济技术开发区、工业园区、高新技术园区、大学科技园区、小微企业孵化园等通过挂牌、共建等方式，认定为创业孵化基地。
宁夏回族自治区	积极开展创业孵化示范基地（含大学生、农民工创业孵化示范基地等）创建工作，对达到地级市创业孵化示范基地建设标准的，由所在地级市给予每个园区不低于50万元的一次性奖补；对达到国家和自治区创业孵化示范基地建设标准的，自治区给予每个孵化园区100万元的一次性奖补。

资料来源：本表中所列的政策内容主要摘录自各省、自治区、直辖市发布的《关于强化实施创新驱动发展战略 进一步推进大众创业万众创新深入发展的意见》《关于推广支持创新相关改革举措的通知》《关于做好当前和今后一段时期就业创业工作的实施意见》《关于支持返乡下乡人员创业创新促进农村一二三产业融合发展的实施意见》等。

4. 加大人才引进力度，丰富人才引进形式，积累人才资源优势

（1）贵州省：优化人才服务配套政策，打造"人才＋项目"联动引才新机制。

2013 年，贵州省发布了《贵州省"百千万人才引进计划"实施办法》[1]，提出了"百人领军人才计划"、"千人创新创业人才计划"和"万人专业技术人才计划"，决定每年安排 2 亿元专项资金，用于领军人才、创新创业人才和专业技术人才的引进。除资金奖励、税收优惠和贷款贴息补助外，贵州省的人才引进政策中还纳入了职称评定、子女入学、配偶就业、医疗保障、社会保险、住房安置、科研服务、出入境和居留服务等一系列内容，以优化人才发展的服务环境。

每年，贵州省人力资源和社会保障厅人才服务局会定期搜集梳理各地区、各部门、各单位人才需求信息，及时制定发布引才目录和项目榜单，通过各类引才活动和人力资源服务机构，紧扣人才（项目）需求实现精准引才、全面引才。[2] 2013 年以来，贵州已经连续 6 年成功举办人才博览会。其中前 5 届人才博览会累计引进22 820 名高层次人才和急需紧缺人才，现场签约人才引进合作项目 300 余个，强势开启"人博模式"，打造人才新磁场。[3]

2017 年，贵州人才博览会人才项目路演活动创造性地提出了"人才＋项目＋基金"的引才新思路，为贵州省投资机构和人才项目成功搭建了直通平台。活动将引进人才（项目）与基金进行捆绑，并通过人才＋项目路演的方式，从"百千万人才计划"落地项目、各地各重点产业报送的重点项目中遴选出部分项目，邀请创投、风投、银行及产投等投融资机构参加洽谈，为高层次人才（项目）尽快落地见效搭建有效的投融资平台，不断探索形成"人才＋项目"联动引才新机制和"项目＋基金"互促引才新模式。[4]

（2）宁波市：实施"3315 计划"，引进高层次人才和高端创新创业团队。

2011 年，浙江省宁波市启动"3315 人才计划"，预计用 5～10 年时间，以各类开发区、科研机构和留创园、研发园、创意园等为载体，引进并重点支持一批海外高层次人才和高端创业团队来宁波创新创业。2015 年 8 月，宁波市委联合宁波市人民政府发布《关于实施人才发展新政策的意见》[5]，加大了对引进创业创新团队和海外高层次人才的政策支持力度。

《关于实施人才发展新政策的意见》规定，对入选的高端团队给予 500 万～

---

① 贵州省"百千万人才引进计划"实施办法 [EB/OL]. (2013-06-20) [2015-07-31]. http://www.gzs-ti.gov.cn/ArtcleDetail.aspx? ID=216.

② "人才＋项目＋基金"精确定位 [N]. 贵州日报，2017-03-26.

③ 近五年来，贵州人才引进"很给力"[N]. 贵州晚报，2018-03-19.

④ 贵州人博会首搭"人才＋项目＋基金"直通平台，现场签约逾 6 亿 [EB/OL]. (2017-03-25) [2018-12-27]. http://www.gog.cn/zonghe/system/2017/03/25/015525446.shtml.

⑤ 关于实施人才发展新政策的意见 [EB/OL]. (2015-08-12) [2017-03-15]. http://www.87188718.com/8718-utils-Contenttest-166-118412-3828.html.

2 000 万元资助，对入选的海外高层次人才给予一次性 100 万元资助；实施"泛3315 计划"，大力引进信息经济（电子商务）、港航物流、金融创投、文化体育、教育卫生、时尚创意、科技服务等城市发展急需的各类人才和团队，对入选的人才给予每人 50 万元资助，入选的团队给予 100 万~500 万元资助；充分发挥企业引才用才主体作用，对企业全职新引进顶尖人才、特优人才、领军人才以及拔尖人才并签订 5 年以上劳动合同的，分别给予 100 万元、30 万元、10 万元、5 万元引才资助。

支持"3315 计划"人才（团队）创办企业快速发展。对入选"3315 计划"人才（团队）创办企业自成立之日起，5 年内成长发展较快、对宁波经济社会发展贡献度较大的，经认定后再给予企业最高 500 万元资助。对"3315 计划"人才（团队）创办企业与券商、会计师及律师事务所签订上市（新三板挂牌）服务协议后完成股份制改造，或股改后在经认定的股权交易中心托管的，给予个人或团队带头人50 万元补助。根据宁波市进一步推进企业挂牌上市和上市公司兼并重组加快发展的有关政策，上述企业到经认定的股权交易中心挂牌并实现股权融资 500 万元以上的，给予企业 30 万元补助；实现新三板挂牌的给予企业 50 万元补助；在境内外成功上市的给予企业 300 万元补助。

（3）西安市：开展就业创业"九个一"系列活动，打造国家创业创新人才高地。

2017 年 3 月 29 日，西安市全面启动"就业在古城、创业大西安"就业创业"九个一"系列活动，旨在营造良好的就业创业氛围，全面推进就业创业工作追赶超越，优化就业创业环境，吸引以高校毕业生为主的更多优秀青年到西安就业创业、成长成才，使西安成为海内外青年人才创业创新的"天堂"，着力打造国家创业创新人才高地。[①]

"九个一"系列活动的具体内容包括：举办一场创业大赛；举办一期国际创客节；评选一批创业明星；建成一批就业创业服务平台；评选一批"西安工匠之星"；开展一系列就业创业校园行活动；举办一场高校毕业生求职大赛；开展一系列"雁归西安"农民工就业创业专项活动；帮扶一批就业困难人员实现就业。

5. 积极引进外籍人才，壮大创新创业人才队伍

（1）广东省：创新海外人才引进方式，让广东成为外国人来华首选地。

2018 年 3 月 1 日，广东省人民政府办公厅印发《广东省推广支持创新相关改革

---

① 我市就业创业"九个一"系列活动全面启动，打造国家创业创新人才高地 ［N］. 西安日报，2017-03-30.

举措工作方案的通知》①，就积极引进外籍高层次人才、鼓励引导优秀外国留学生在华就业创业的改革举措做出了具体规定。

上述文件提出，鼓励引导优秀外国留学生在华就业创业，符合条件的外国留学生可直接申请工作许可和居留许可。落实《人力资源社会保障部 外交部 教育部关于允许优秀外籍高校毕业生在华就业有关事项的通知》（人社部发〔2017〕3号）等文件的要求，对符合审批条件、在中国境内高校取得硕士及以上学位且毕业1年以内的外国留学生，以及在境外知名高校取得硕士及以上学位且毕业1年以内的外籍毕业生，按照程序发放《外国人工作许可通知》《外国人工作许可证》。同时，加强对用人单位的监督、指导，确保外籍高校毕业生在粤就业工作稳妥实施。

积极引进外籍高层次人才，简化来华工作手续办理流程，新增工作居留向永久居留转换的申请渠道。落实国家外国专家局等4部门《关于全面实施外国人来华工作许可制度的通知》（外专发〔2017〕40号）等文件的要求，简化申请材料，缩短办理时限，优化审批流程，推动实行一个窗口办理发放外国人来华工作许可证，为外籍高层次人才来华工作和创新创业开辟绿色通道，提高服务保障水平。同时，做好外籍高层次人才在粤工作居留向永久居留转换的各项工作。

2018年1月，广东开始实施外国人才签证制度，签证有效期为5~10年，可多次入境。除外国高端人才本人可申请人才签证外，其配偶及未成年子女也可以申请有效期相同、多次入境的相应种类签证。②

此外，为促进外国人才尽快融入当地社会，广东研究制定了外国人才来粤工作服务与管理办法。例如，健全符合来粤外国人才工作特点的社保管理制度，保障在粤外国人才按规定参加和享有基本养老、医疗等社会保险；外国人才在参保缴费、办理社保关系接续、享受各项社保待遇等方面，与省内其他职工享有同等权利；鼓励用人单位以建立企业年金、购买商业保险等方式，提高外国人才养老及医疗保障水平。③

（2）海南省：积极开展国际人才管理改革试点，完善国际人才管理服务。

2018年5月，海南省发布《百万人才进海南行动计划（2018—2025年)》④，在

---

① 广东省人民政府办公厅关于印发广东省推广支持创新相关改革举措工作方案的通知（粤府办〔2018〕7号）[EB/OL].（2018-03-21）[2019-02-17]. http://zwgk. gd. gov. cn/006939748/201803/t20180321_757306. html.

② 广东启动实施外国人才签证制度［EB/OL].（2018-01-15）[2019-05-06]. http://news. ycwb. com/2018-01/15/content_25892286. htm.

③ 让广东成为外国人才来华首选地：创新海外人才引进方式，重点引进高精尖缺人才［EB/OL].（2018-03-14）[2019-02-18]. http://news. southcn. com/gd/content/2018-03/14/content_181088671. htm.

④ 百万人才进海南行动计划（2018—2025年）[N].海南日报，2018-05-15.

国际人才引进方面也提出了具体的要求，指出要完善国际人才管理服务。该文件提出，要积极开展国际人才管理改革试点，放宽国际人才居留和出入境限制，符合认定标准的外籍和港澳台地区高层次人才及其配偶、未成年子女可直接申请永久居留，其他外籍人才可凭工作许可证明在口岸申请工作签证入境，在琼工作的外籍华人可按规定签发有效期 5 年以内的居留许可。探索构建与国际接轨的技能人才评价体系，允许外籍和港澳台地区技术技能人员按规定在琼就业、永久居留。鼓励在国内高校获得硕士及以上学位的留学生在琼就业创业。面向"一带一路"沿线国家扩大高校留学生规模。建立吸引外国高科技人才的管理制度。开辟结汇换汇绿色通道，国（境）外人才在海南的合法收入可汇至国（境）外。

在国际人才引进方面，海南提出的一系列举措包括：规范外国人来琼就业创业的管理，提高服务保障水平；符合海南省经济社会发展需要的外国高层次人才和急需紧缺人才，以及符合"高精尖缺"市场需求导向的科学家、科技领军人才、国际企业家、专门人才和高技能人才等，经省外国专家局确认后可向我国驻外签证机关申请人才签证（R 字签证），享受 5 年至 10 年多次入境，每次最长可达 180 天的停留期。需要办理外国人来华工作许可证的，可享受以下便利：办理时限原则上自正式受理之日起 2 个工作日办结，最快可 1 个工作日办结；可根据聘用合同约定的工作期限，一次性签发有效期最长不超过 5 年的外国人来华工作许可证；申请工作许可不受年龄上限限制；申请工作许可时，最高学位（或最高学历）证书、无犯罪记录证明可采用承诺制，由本人签字承诺其真实有效性，免于提交各类公证和认证材料；允许在国内高校获得硕士及以上学位的优秀外国留学生在琼就业创业，对工作经验不做硬性要求；允许外籍和港澳台地区技术技能人员按规定在琼就业、永久居留。

（3）上海市：完善海外人才引进管理服务体系，实行更加积极、开放、有效的海外人才政策。

上海市先后出台了"人才 20 条"、"人才 30 条"、人才高峰工程行动方案、《鼓励留学人员来上海工作和创业的若干规定》、《上海市海外人才居住证管理办法》、《留学回国人员申办上海常住户口实施细则》、《上海市浦江人才计划管理办法》等一系列政策文件，积极推进外国人来华工作许可制度和外国人才签证制度试点工作，不断完善海外人才引进管理服务体系。

2018 年 1 月，公安部和上海市政府联合推出"上海出入境聚英计划（2017—2021）"，以吸引国家急需、紧缺的高端外籍人才为目标，在上海市先行先试三项出入境新政。① 政策内容包括：第一，为顶尖科研团队中的外籍核心成员申请永久居留提供便利，即授予顶尖人才自主推荐权，为其组建科研团队提供支撑；第二，允许"双自"和"双创"外籍人才兼职创新创业，即突破外国人只能在一家单位工作的限制，为外籍人才充分施展才能提供更加广阔的舞台；第三，为全球外籍优秀毕业生来沪发展提供长期居留和永久居留便利，即外籍优秀毕业生凭毕业文凭即可直接申请 2 年期居留许可，连续工作满 3 年并满足一定条件的，可申请永久居留。

6. 鼓励返乡下乡创业，助力新农村发展建设

2015 年，国务院办公厅发布《关于支持农民工等人员返乡创业的意见》（国办发〔2015〕47 号）②，提出了促进产业转移带动返乡创业、推动输出地产业升级带动返乡创业、鼓励输出地资源嫁接输入地市场带动返乡创业、引导一二三产业融合发展带动返乡创业、支持新型农业经营主体发展带动返乡创业等五项主要任务。2016 年，国务院办公厅发布《关于支持返乡下乡人员创业创新促进农村一二三产业融合发展的意见》（国办发〔2016〕84 号）③，进一步细化了扶持政策，提出了简化市场准入、改善金融服务、加大财政支持力度、落实用地用电支持措施、开展创业培训、完善社会保障政策、强化信息技术支撑、创建创业园区（基地）等八项措施，鼓励和支持返乡下乡人员创业创新。2017 年以来，各地也相应地制定了各具特色的支持返乡创业的优惠政策。

（1）山东：创新金融扶持方式，返乡创业者可申请 10 万元贷款。

2017 年 10 月 18 日，山东省人民政府办公厅印发《山东省人民政府办公厅关于支持返乡下乡人员创业创新促进农村一二三产业融合发展的实施意见》（鲁政办发〔2017〕72 号）④，提出了鼓励银行业金融机构开发符合返乡下乡人员需求的信贷产品和服务模式，落实财政贴息、融资担保、扩大抵押物范围等综合措施，解决返乡下乡人员创业创新融资难问题。

该文件规定，符合条件的返乡下乡创业人员，可申请最高 10 万元的创业担保

① 公安部批准"上海出入境聚英计划（2017—2021）"：三项出入境新政率先实施［EB/OL］.（2018-01-17）［2019-03-14］. https://www. jfdaily. com/news/detail? id=77225.

② 国务院办公厅关于支持农民工等人员返乡创业的意见（国办发〔2015〕47 号）［EB/OL］.（2015-06-21）［2018-12-13］. http://www. gov. cn/zhengce/content/2015-06/21/content_9960. htm.

③ 国务院办公厅关于支持返乡下乡人员创业创新促进农村一二三产业融合发展的意见（国办发〔2016〕84号）［EB/OL］.（2016-11-29）［2017-03-28］. http://www. gov. cn/zhengce/content/2016-11/29/content_5139457. htm.

④ 山东省人民政府办公厅关于支持返乡下乡人员创业创新促进农村一二三产业融合发展的实施意见（鲁政办发〔2017〕72 号）［EB/OL］.（2017-10-13）［2018-07-15］. http://www. shandong. gov. cn/art/2017/10/18/art_2267_19220. html.

贷款，期限最长不超过 3 年，利率可在贷款合同签订日贷款基础利率的基础上上浮 1 个百分点，财政部门第 1 年给予全额贴息，第 2 年贴息 2/3，第 3 年贴息 1/3；符合条件的小微企业，可申请最高不超过 300 万元的创业担保贷款，贷款期限最长不超过 2 年，财政部门按照贷款合同签订日贷款基础利率的 50% 给予贴息。对还款及时、信誉良好的小微企业，可根据其资金需求情况给予不超过 2 年的展期担保支持，财政部门不予贴息。稳妥有序推进农村承包土地的经营权抵押贷款试点，有效盘活农村资源、资产和资金。加大对农业保险产品的开发和推广力度，探索开展价格指数保险、收入保险、信贷保证保险、农产品质量安全保证保险、畜禽水产活体保险等创新试点，完善风险保障机制，有效降低创业风险。

（2）湖北：加大财政支持力度，大学生返乡创业可获 20 万元资金支持。

2017 年 9 月 17 日，湖北省人民政府办公厅印发《省人民政府办公厅关于大力支持返乡下乡人员创业创新促进农村一二三产业融合发展的实施意见》（鄂政办发〔2017〕73 号）[①]，提出各级各类强农惠农富农以及涉农财政支农项目和产业基金，都要尽可能将符合条件的返乡下乡人员纳入扶持范围，采取以奖代补、先建后补、贷款贴息、政府购买服务等方式予以积极支持。

该文件规定，对符合条件的返乡下乡人员以及处于创业初期的创业者参加创业培训，按政策给予一次性创业培训补贴。对返乡下乡大学生自主创业，符合"高校毕业生（含非本地户籍）自毕业学年起 3 年内在湖北省初次创办小型微型企业或从事个体经营，领取工商营业执照正常经营 6 个月以上、带动就业 3 人以上"条件的，可给予 5 000 元的一次性创业补贴；自主创业并注册登记的在校大学生和毕业 3 年以内的高校毕业生，按规定给予 2 万至 20 万元的资金扶持，所需资金从就业资金列支。留学回国和外省籍返乡下乡大学生在湖北省自主创业的，按规定享受现行大学生创业扶持政策。发展合作社、家庭农（林）场依法办理工商登记注册的，可按规定享受小微企业扶持政策，对评定为省级以上合作社示范社、示范家庭农（林）场的，给予相应的政策扶持。把返乡下乡人员开展农业适度规模经营所需贷款纳入农业信贷担保体系范围予以支持。

（3）安徽：开展"接您回家"活动，引导省外务工人员返乡就业创业。

2018 年 2 月 1 日至 2 月 22 日，安徽省人社厅在全省组织开展了"接您回家"活动。其中，在以"创业造未来"为主题的活动中，各地分级组织返乡人员代表、

---

① 省人民政府办公厅关于大力支持返乡下乡人员创业创新促进农村一二三产业融合发展的实施意见（鄂政办发〔2017〕73 号）[EB/OL]．（2017－09－17）［2017－10－09］．http://www.hubei.gov.cn/govfile/ezbf/201710/t20171009_1210060.shtml.

创业精英代表和在外创业企业家代表恳谈会，宣讲创业政策，举办招商推介，帮助解决困难，引导更多的有一定经验、技术、资金的农民工返乡创业。举办返乡创业推介发布活动，向返乡创业人员推介创业政策、工业厂房、孵化器、城市综合体、电子商务平台、土地流转信息等创业资源，加大就业扶贫车间、扶贫驿站、扶贫基地招商推介力度，举办创业项目和脱贫攻坚对接活动，引导返乡农民工利用扶贫车间、扶贫驿站、扶贫基地创新创业。[①]

2017 年 3 月发布的《安徽省人民政府办公厅关于支持返乡下乡人员创业创新促进农村一二三产业融合发展的实施意见》（皖政办〔2017〕19 号）[②] 提出了实施返乡下乡创业创新主体培育工程，每年开展返乡下乡创业培训和创业辅导 10 万人次；到 2020 年，重点打造 200 个省级返乡下乡创业示范园区（基地），扶持返乡下乡人员创业 20 万人，带动就业 100 万人以上的目标任务。

该文件提出，实施农民工等人员返乡创业培训五年行动计划和新型职业农民培育工程、农村青年创业致富"领头雁"计划、现代青年农场主培养计划、贫困村创业致富带头人培训工程，开展农村妇女创业创新培训活动，培育创业创新主体。建立返乡下乡人员信息库，有针对性地确定培训项目，实施精准培训，提升其创业能力。各级人民政府要将返乡下乡人员创业创新培训经费纳入财政预算。支持大中专院校、农业产业化龙头企业、农民合作社、各类园区等建设培训实训基地，为返乡下乡创业人员提供创业实训服务。建立健全创业指导制度，从有经验和行业资源的成功企业家、职业经理人、电商辅导员、天使投资人、返乡创业带头人当中选拔一批创业导师，充实创业指导专家服务团队，为返乡下乡创业人员提供创业辅导。建立各类专家对口联系制度，对返乡下乡人员及时开展技术指导和跟踪服务。

（4）甘肃：设立"绿色通道"，全方位支持返乡创业。

2017 年 2 月 21 日，甘肃省人民政府办公厅印发《甘肃省人民政府办公厅关于支持返乡下乡人员创业创新促进农村一二三产业融合发展的实施意见》（甘政办发〔2017〕24 号）[③]，提出县级人民政府要设立"绿色通道"，为返乡下乡人员创业创新提供便利服务，对进入创业园区的，提供有针对性的创业辅导、政策咨询、集中

---

① 安徽省组织开展"接您回家"系列活动［EB/OL］．（2018-01-17）［2018-06-24］．http://www.ah.hrss.gov.cn/web/news/322/131935.html.

② 安徽省人民政府办公厅关于支持返乡下乡人员创业创新促进农村一二三产业融合发展的实施意见（皖政办〔2017〕19 号）［EB/OL］．（2017-03-01）［2017-08-22］．http://www.ah.gov.cn/szf/zfbg/8126171.html.

③ 甘肃省人民政府办公厅关于支持返乡下乡人员创业创新促进农村一二三产业融合发展的实施意见（甘政办发〔2017〕24 号）［EB/OL］．（2017-02-16）［2017-02-21］．http://www.gansu.gov.cn/art/2017/2/21/art_4786_300727.html.

办理证照等服务。

该文件对返乡下乡创业者社会保障的相关政策也做出了明确的要求。返乡下乡人员在创业地按相关规定参加各项社会保险，有条件的地方要将其纳入住房公积金缴存范围，按规定将其子女纳入城镇（城乡）居民基本医疗保险参保范围。依托基层就业和社会保障服务平台，做好返乡下乡人员创业服务、社保关系接续等工作，确保其各项社保关系顺畅转移接入。及时将电子商务等新兴业态创业人员纳入社保覆盖范围。对返乡下乡人员初始创业失败后生活困难的，可按相关政策法规享受相应的社会救助。对初始创业失败后导致基本生活困难的返乡下乡人员家庭，符合最低生活保障制度条件的及时纳入保障范围，待家庭经济条件好转后，按规定及时退出保障范围；对因病、因学、因灾等突发性、紧迫性、临时性事件造成大额支出导致基本生活困难的返乡下乡人员家庭，符合条件的应及时给予临时救助，缓解返乡下乡人员家庭的临时性基本生活困境。对持有居住证的返乡下乡人员的子女可在创业地接受义务教育，按照当地相关规定接受普惠性学前教育。

三、各省份创业政策主要变化特点

第一，省级政府以下对创业政策更加重视，尤其体现在金融领域的补贴扶助、人才回流及鼓励留学生创业等方面。

第二，创业上更鼓励"互联网＋"模式，同时提倡结合当地具备的物质文化条件。

第三，更多私募企业参与创业孵化的过程，孵化器数量因受政策鼓励而增多。

第四，高校趋向于与企业合作，联合举办创新创业相关活动，积极引进社会资源与资金，推进创新创业项目的落地。

第五，创新创业政策更多地与市场机制相结合，推动创新创业效率化、效益化。

图书在版编目（CIP）数据

中国大学生创业报告. 2019/杜鹏，毛基业主编
. --北京：中国人民大学出版社，2021.8
ISBN 978-7-300-29819-1

Ⅰ.①中… Ⅱ.①杜…②毛… Ⅲ.①大学生-创业
-研究报告-中国-2019 Ⅳ.①G647.38

中国版本图书馆 CIP 数据核字（2021）第 174074 号

中国大学生创业报告 2019
顾　问　靳　诺　刘　伟
主　编　杜　鹏　毛基业
执行主编　田传锋　白连永　窦志成　石明明
Zhongguo Daxuesheng Chuangye Baogao 2019

出版发行	中国人民大学出版社				
社　　址	北京中关村大街 31 号		**邮政编码**	100080	
电　　话	010 - 62511242（总编室）		010 - 62511770（质管部）		
	010 - 82501766（邮购部）		010 - 62514148（门市部）		
	010 - 62515195（发行公司）		010 - 62515275（盗版举报）		
网　　址	http://www.crup.com.cn				
经　　销	新华书店				
印　　刷	唐山玺诚印务有限公司				
规　　格	185 mm×260 mm　16 开本		**版　　次**	2021 年 8 月第 1 版	
印　　张	15.75 插页 1		**印　　次**	2021 年 8 月第 1 次印刷	
字　　数	288 000		**定　　价**	49.00 元	